De la griffe du Taureau

Une Bonne Nouvelle à annoncer — Année C

PIERRE BOUGIE

De la griffe du Taureau

Une Bonne Nouvelle à annoncer — Année C

Fides

Données de catalogage avant publication (Canada)

Bougie, Pierre

De la griffe du Taureau : une bonne nouvelle à annoncer : année C

Comprend des réf. bibliogr. et des index.

ISBN 2-7621-2279-1

1. Bible. N.T. Luc – Sermons.
2. Sermons pour l'unité liturgique.
3. Église catholique – Sermons.
4. Semons canadiens-français.

I. Titre.

BS2595.4.B69 2000 252'.02 C00-941683-8

Dépôt légal : 4e trimestre 2000
Bibliothèque nationale du Québec

Les Éditions Fides remercient le ministère du Patrimoine canadien du soutien qui leur est accordé dans le cadre du Programme d'aide au développement de l'industrie de l'édition.
Les Éditions Fides remercient également le Conseil des Arts du Canada et la Société de développement des entreprises culturelles du Québec (SODEC).

IMPRIMÉ AU CANADA

Avant-propos

Au cours des dernières décennies, la lecture de la Bible s'est considérablement enrichie des points de vue particuliers de différents groupes de lecteurs. Un plus grand souci de justice sociale de la part des chrétiens ou la volonté des femmes de s'épanouir dans la liberté ont appelé une nouvelle lecture de la Bible et la révélation biblique s'est révélée infiniment plus riche que ce que l'on pouvait penser. Il y a un message divin adapté à tous ceux qui sont à la recherche de Dieu et qui découvrent son plan de restauration de la condition humaine.

Notre commentaire des lectures bibliques des dimanches du cycle C marque un effort pour livrer à un large public des pistes de réflexion inspirées de cette nouvelle situation sans jamais perdre de vue la tradition de la communauté chrétienne. Des textes rédigés par l'auteur pour le *Bulletin national de liturgie du Canada*, des numéros du *Feuillet biblique* et des *Tracts bibliques* composés pour le Centre biblique de Montréal ont formé le noyau de ce livre. Il s'y est ajouté un ensemble de textes qui montrent comment le cycle de lectures du lectionnaire dominical est représentatif de la révélation biblique dans son ensemble. Les cercles bibliques trouveront sans doute dans ce commentaire un point de départ pour leurs échanges. Ils auront un accès simplifié aux maîtres de l'exégèse : M.-J. Lagrange, P. Benoît, A. Feuillet, R. Brown, S. Légasse, P. Lamarche… En ce qui concerne les recherches des femmes exégètes, ils auront un accès aux résultats d'investigation d'Elisabeth Schüssler-Fiorenza et de Carol Meyers[1].

Cet ouvrage a pour titre *De la griffe du Taureau* pour évoquer l'évangéliste principal du cycle C, saint Luc. Celui auquel la tradition attribue l'évangile de Luc a eu une vive conscience d'agir comme écrivain. Il est le seul parmi les évangélistes à nous faire part de son propos d'écrire

1. *Women in Scripture*, New York, Houghton Mifflin, 2000.

dans un prologue où il emploie le « je ». *De la griffe* de ce missionnaire, compagnon de saint Paul, est sortie une œuvre en deux volets : l'évangile et les Actes des apôtres.

Les Pères de l'Église ont attaché à Luc le symbole du taureau, sans doute parce que l'évangile commence dans le temple. Le plus coûteux des sacrifices qu'on y offrait était celui du taureau. David, dans la joie du pardon, achevait le Miserere en écrivant : *Alors on offrira de jeunes taureaux sur ton autel* (v. 21). Luc, personnalité très riche, s'est consacré totalement à l'annonce de la Bonne Nouvelle par une œuvre écrite avec finesse et solidité.

1er dimanche de l'Avent

L'Avent célèbre un triple avènement de Jésus. Le premier est celui de l'Incarnation du Fils de Dieu, manifesté par sa naissance à Bethléem et préparé dans la longue attente d'un messie sauveur par le peuple d'Israël, ce que représente bien l'oracle du livre de Jérémie lu en ce jour. Le second avènement est celui de sa venue chaque jour parmi ses disciples par son amour et sa grâce. L'amour mutuel qui est un fruit de l'eucharistie provient de cette présence. Le troisième avènement est celui de son retour en gloire à la fin des temps, auquel font référence aujourd'hui aussi bien saint Paul que l'évangile de Luc. L'annonce de ce retour donne un sens à l'histoire qui est habitée par Dieu.

Depuis le Christ, apparemment rien n'a changé. Pourtant la vie a définitivement pris les couleurs de l'Espérance.

Isabelle Parmentier

PRO-VIDENCE = VOIR EN AVANT

Jérémie 33,14-16

Le contexte

L'oracle sur le messie dans le ch. 33 de Jérémie est une adaptation pour une autre époque de certaines paroles de Jérémie. Avant l'exil, le prophète avait en effet promis qu'un descendant de David serait le roi juste attendu depuis longtemps (Jérémie 23,4-6). Après l'exil, le rappel de cette promesse devenait plus nécessaire, car il n'y avait plus de représentant de cette dynastie régnant à Jérusalem. Les mots d'espérance de Jérémie devenaient nécessaires comme jamais. Il avait découvert le regard de Dieu en avant, sa pro-vidence.

Le message

J'accomplirai la promesse de bonheur. L'avenir d'Israël était lié à celui de la famille de David depuis que Natan, le prophète, l'avait dit au grand roi : le bonheur attendait sa dynastie. Le règne de son fils, puis celui de ses descendants, serait la garantie de l'alliance entre Yahvé et son peuple. Un roi serait même différent des autres : *Je serai pour lui un père et il sera pour moi un fils. Je le maintiendrai à jamais* (1 Chroniques 17,13-14). La parole de Dieu ne meurt pas : elle subsiste pour toujours. Ici, cette parole se lève (hébr. : *haqimoti*) comme une personne humaine ou même comme le soleil lorsque l'astre vient éclairer les ténèbres. De fait, à la suite du meurtre ou de la captivité des derniers descendants de David, il fallait une parole dite avec assurance pour réconforter la confiance du peuple.

Je ferai naître chez David un germe de justice. Ce roi sera vraiment différent de ceux qui l'ont précédé, car en matière de justice ils avaient profondément déçu. On pense à David lui-même qui avait enlevé la femme d'Urie pour commettre l'adultère. On se souvient de Joiaquim qui s'était construit un palais sans payer les ouvriers (Jérémie 22,13) ou de Sédécias infidèle à la parole donnée, même si son nom évoque le contraire (Yahvé est justice). Le titre de « germe » était traditionnel pour désigner le messie, fils de David, comme chez Isaïe quelque cent ans plus tôt : *Ce jour-là, le germe de Yahvé deviendra parure et gloire* (Isaïe 4,1).

Jérusalem, voici le nom qu'on lui donnera : le-Seigneur-est-notre-justice. La ville jadis conquise par le jeune roi David ne portera plus le nom de Jérusalem, ni même celui de Sion qu'affectionnaient les poètes. La ville qui avait mérité si souvent les paroles de condamnation de Jérémie va faire l'expérience d'une conversion profonde dans la mouvance de la nouvelle alliance. *Pourquoi Jérusalem est-elle continuellement rebelle ?* (Jérémie 8,5) Ce reproche devient dépassé par une promesse de bonheur dans la force de la sainteté. La justice ne sera plus seulement l'affaire d'un nom porté par le roi, mais d'un nom qui identifie la ville désormais parfaitement soumise à Dieu.

Aujourd'hui

Les vrais prophètes ont souvent été reconnus comme tels quand ils annonçaient de mauvaises nouvelles. C'était le cas, par exemple, de ceux qui menaçaient Jérusalem de ruine, alors que les pseudo-prophètes lui prédisaient la tranquillité. Tout prophète est cependant, au fond, un agent de la miséricorde et une garantie du salut à venir : le prophète est constamment une preuve du dialogue entre Dieu et son peuple. À cause de cela, il ne peut qu'annoncer la joie et la présence de Dieu dans les circonstances adverses.

La communauté chrétienne voit dans le Christ le roi promis.

VOIR LE SEIGNEUR QUI VIENT

1 Thessaloniciens 3,12-4,2

Le contexte

Lorsqu'il est passé de l'Asie à l'Europe, saint Paul a pris comme plan d'action pastorale la suite des villes sur la voie Egnatia. Cette voie romaine importante reliait entre elles les villes de la Grèce. Philippes, Amphipolis, Apollonia et Thessalonique (aujourd'hui Salonique) faisaient partie de ce réseau de cités grecques où saint Paul avec audace a résolu de prêcher l'Évangile. Paul a remercié les chrétiens de Philippes (Philippiens 4,10-20) pour le soutien financier durant son séjour à Thessalonique ; cela indique qu'à Thessalonique vivait une communauté aux moyens modestes.

Le message

Il convient aux disciples du Christ de se préparer *pour le jour où notre Seigneur Jésus viendra avec tous les saints.*

Pour ce faire, ils doivent vivre une vie morale élevée. *Que le Seigneur vous donne, entre vous et à l'égard de tous les hommes, un amour de plus en plus intense et débordant.* La société romaine du temps est fondée sur de nombreux regroupements de citoyens : guildes de métiers, corporations professionnelles, associations cultuelles et même mutuelles sportives. Si elle doit subsister parmi tous ces groupes, la communauté doit se distinguer par une unité interne ferme et une bienveillance ouverte à tous. Elle trouve en Paul lui-même un exemple, car l'amour que tous doivent avoir sera *comme celui que nous avons pour vous.* Jésus avait dit : *Si vous aimez ceux qui vous aiment, quelle récompense aurez-vous ? Les publicains eux-mêmes n'en font-ils pas autant !* (Matthieu 5,47) Il avait ainsi proposé un niveau élevé à l'amour des disciples.

Faites de nouveaux progrès, dit saint Paul. La suite de la catéchèse morale porte sur la vie sexuelle (4,3-8). Paul partage les conceptions presque caricaturales des juifs à propos des mœurs des païens. La communauté chrétienne de Thessalonique n'existe que depuis un an et Paul semble lui faire un enseignement à partir des dix commandements de Moïse.

Les femmes exégètes font remarquer l'absence de références aux femmes comme destinataires de cette lettre. Lorsqu'il s'agit de morale sexuelle, les conseils de Paul sont ceux que donne un homme à d'autres hommes en rapport avec le corps des femmes. Le récit que saint Luc a fait des activités de saint Paul à Thessalonique parle des femmes (Actes 17), mais ici, il n'en est pas question. Peut-être la pensée de saint Paul n'est-elle pas encore à sa pleine maturité sur ce point. Il faudra situer l'enseignement de cette épître dans un ensemble plus vaste où le partenariat et l'égalité font partie de l'éthique chrétienne (... *ni homme ni femme*, Galates 3,28).

L'exemple que Paul propose de sa propre charité est admirable. Cependant, il peut contribuer à une conception de l'Église très hiérarchisée, autoritaire et courant le risque de devenir peu fraternelle. Faut-il faire comme celui qui est « en haut » ou plus simplement reconnaître la charité chez un frère dont l'expérience humaine est valable et motivante ?

Aujourd'hui

Dans un univers où les progrès de l'humanisme et de la civilisation étonnent l'historien, les chrétiens se doivent de viser un amour toujours plus grand pour entraîner les autres. Ils peuvent diriger leurs efforts en s'inspirant de cette parole de l'abbé Pierre : « Ce n'est pas vrai qu'on aime son prochain comme soi-même tant que l'on ne fait pas passer avant soi celui qui est moins heureux que soi. »

VOIR PLUS LOIN

Luc 21,25-28.34-36

Le contexte

On lit ici le dernier grand discours de Jésus d'après saint Luc. Il parle de la chute de Jérusalem et aussi de sa seconde venue à la fin des temps. On apprend de cette façon à le connaître comme on le fera de plus en plus durant les dimanches du cycle C qui commence en ce premier dimanche de l'Avent.

Le message

Jésus est un prophète qui parle de l'avenir du peuple d'Israël comme l'ont fait Isaïe et Jérémie. À la façon des prophètes aussi, il aime se servir d'un langage qui embrasse le cosmos. La prise de Jérusalem sera tellement désastreuse que même la nature en sera affectée. Cela explique les prédictions sur les *signes dans le soleil, la lune et les étoiles*. L'événement aura des répercussions dans le ciel et sur la terre. Avec des termes dont l'ampleur poétique nous étonne, il dit que *les nations seront affolées par le fracas de la mer et de la tempête*. Il ajoute : *les hommes mourront de peur dans la crainte des malheurs arrivant sur le monde, car les puissances des cieux seront ébranlées.*

La chute de Jérusalem est ici un symbole de toutes les tragédies qui se produiront jusqu'à la fin des temps. Saint Luc coupe court lorsqu'il rapporte les prophéties de Jésus. Il ne s'attarde pas aux détails qui seraient superflus et il fait de l'histoire syncopée. L'important est que l'Histoire ne débouchera pas sur le vide. *Alors on verra le Fils de l'homme venir dans la nuée, avec grande puissance et grande gloire.* Saint Luc écrit un « évangile », c'est-à-dire une bonne nouvelle qui inspire la joie et la confiance. Le cœur de cette bonne nouvelle, c'est le retour de Jésus qui est la rencontre définitive de l'être humain avec Dieu, à titre individuel ou comme membre d'une communauté.

Les disciples qui écoutent Jésus ont fait l'expérience d'une époque difficile qui, en plus de connaître la chute de Jérusalem, a vu la famine universelle (Actes 11), l'éruption du Vésuve et la destruction de Pompéi, la persécution de Néron et la guerre civile à la mort de celui-ci. Cependant l'évangile invite à la joie : *Quand ces événements commenceront, redressez-vous et relevez la tête, car votre rédemption approche.* Ces situations ont souvent été des délivrances, elles n'ont eu qu'une durée limitée et, surtout, Dieu s'est montré un consolateur au milieu des épreuves. Le Seigneur préparait ainsi sa venue quie prendrait la forme d'une présence active à la vie de son Église.

Dans l'Église, on verra des regroupements fraternels. Il y aura des « révolutions moléculaires » selon l'expression de Leonardo Boff, des révolutions mises en route par les acteurs sociaux, qui, comme les molécules, s'organisent en groupes, en communautés, en cellules de réflexion et d'action. Ces groupes qui goûtent la présence de Dieu font l'expérience exaltante de la création d'un tissu social nouveau.

Aujourd'hui

« Il nous semble nécessaire de dire notre complet désaccord avec ces prophètes de malheur, qui annoncent toujours des catastrophes, comme si le monde était près de sa fin.

« Dans le cours actuel des événements, alors que la société humaine semble à un tournant, il vaut mieux reconnaître les desseins mystérieux de la Providence divine qui, à travers la succession des temps et les travaux des hommes, la plupart du temps contre toute attente, atteignent leur fin et disposent tout avec sagesse pour le bien de l'Église, même les événements contraires. »

Jean XXIII

2e dimanche de l'Avent

La prédication de Jean-Baptiste est tout imprégnée du souvenir des prophètes qui annonçaient aux Israélites le pardon pour leur idolâtrie et leurs injustices. La délivrance s'était accompagnée d'un retour vers Dieu de tout leur cœur dans un esprit de pénitence. Mais au-delà de ce message de conversion, Jean annonce une nouvelle manifestation divine : *Toute chair verra le salut de Dieu.*

Paul écrit avec affection et joie aux hommes et aux femmes de Philippes ; il les invite à l'espérance de la rencontre définitive avec Jésus qui se déroule dans les étapes de la vie humaine.

Les petites épines que l'on supporte
par amour de Jésus deviennent des roses.

JEAN XXIII

UNE PAROLE QUI RASSEMBLE

Baruch 5,1-9

Le contexte

Le livre de Baruch est l'un des plus tardifs parmi les livres de l'Ancien Testament. Il a été écrit en grec et ne fait donc pas partie de la Bible hébraïque. À cause de cela, on dit qu'il est « deutérocanonique » (du deuxième canon).

L'auteur est un de ces juifs du IIe ou même du Ier siècle qui avaient la nostalgie des grands jours de David et de Salomon. La restauration du temple leur paraissait bien pauvre (Aggée 2,3) et ils se retrouvaient dans la même mélancolie que les exilés de Babylone quelques siècles auparavant.

L'auteur prend le nom de Baruch, secrétaire de Jérémie (Jérémie 36,4) et exilé célèbre pour avoir encouragé la foi au Dieu d'Israël et stimulé l'espérance dans une restauration triomphale de Jérusalem.

Le nom de Baruch est un participe passé passif du verbe hébreu *barach* qui veut dire bénir. Dans les langues occidentales, ce serait *benedictus* (béni ou benoît). Sa parole est une bénédiction, car elle constitue une parole de rassemblement.

Le message

Les juifs contemporains de « Baruch » étaient à la fois des rêveurs et des réalistes. Ils rêvaient d'un état fort, d'une capitale bien fortifiée, d'une religion au culte bien organisé et surtout d'une régence morale d'un monde adhérant à leur Dieu. Ils étaient aussi réalistes : leurs énergies étaient dispersées. Beaucoup étaient toujours exilés en Mésopotamie, beaucoup également se trouvaient en Égypte ; d'autres enfin dans des communautés tout autour de la Méditerranée. Ce n'est pas par l'éparpillement qu'on construit quelque chose de fort.

Pour mettre la réalité en accord avec le rêve, il faut donc trouver un lien. Regardez Baruch par exemple : il croyait en une Jérusalem puissante qui revêtirait pour toujours la beauté de la gloire de Dieu. Au milieu des exilés qui s'appelaient eux-mêmes les saints (Daniel 7,18), sa parole a rassemblé les croyants (Baruch 1,3), elle a entretenu en eux la flamme. Ils étaient dès lors soucieux de garder contact avec Jérusalem par des lettres et des prières.

Jérusalem a été conviée à des noces où elle sera l'épousée : *Jérusalem, quitte ta robe de tristesse et de misère, et revêts la parure de la gloire de Dieu pour toujours, enveloppe-toi dans le manteau de la justice de Dieu, mets sur ta tête le diadème de la gloire de l'Éternel.*

Dans ces noces, de belles plantes embelliront le décor : *Sur l'ordre de Dieu, les forêts et leurs arbres odoriférants donneront à Israël leur ombrage.*

Aujourd'hui

Les enfants de Dieu sont dispersés dans le monde. Tant d'indifférence ou même de haine entre êtres humains ! Le péché les éloigne les uns des autres, et pourtant telle n'est pas la volonté de Dieu. L'Église est à la fois la communauté prophétique par laquelle se fait le rassemblement, et Jérusalem, lieu où tous se réunissent : *Vous êtes concitoyens des saints* (Éphésiens 2,19). Jésus, Tête du Corps et Parole de Dieu n'a pas eu d'autre but que « d'accomplir jusqu'au bout [sa] volonté et rassembler du milieu des hommes un peuple saint qui [lui] appartienne » (Canon II).

RASSEMBLÉS DANS L'ESPÉRANCE

Philippiens 1,4-6.8.11

Le contexte

C'était à vous [les juifs] d'abord qu'il fallait annoncer la parole de Dieu. Puisque vous la repoussez et que vous ne vous jugez pas dignes de la vie éternelle, eh bien! nous nous tournons vers les païens (Actes 13,46). Paul a pris son orientation définitive par cette résolution. Les juifs dispersés refusant sa parole de rassemblement, il se tourne vers d'autres « saints », les païens, nouveaux élus qui vont recueillir l'héritage juif. La première communauté européenne, celle de Philippes, a répondu avec enthousiasme à l'appel, et la lettre qui leur est adressée commence ainsi: *Paul et Timothée, serviteurs du Christ Jésus, à tous les saints dans le Christ Jésus qui sont à Philippes* (Philippiens 1,1). La communauté chrétienne de Philippes comportait beaucoup d'individus connus par leur nom. Parmi les hommes: Syzyge et Clément (Philippiens 4,3); parmi les femmes: Évodie et Syntychè. Actuellement, certains exégètes croient qu'il y avait des femmes parmi les épiscopes et les diacres à qui la lettre est envoyée (1,1). Le ministère des épiscopes et des diacres à l'époque est un ministère à la description imprécise par rapport à l'Église actuelle.

Le message

Je vous aime tendrement dans le cœur du Christ Jésus. Paul avait trouvé un grand réconfort dans le succès de sa mission à Philippes. Son deuxième voyage avait été une étape très importante parce que le passage en Europe voulait dire s'adresser à des gens d'une mentalité différente, dans des villes où les juifs étaient moins nombreux.

Je me rappelle la part que vous avez prise à l'Évangile. La simplicité les collait au réel. Leur adhésion à l'Évangile a eu un prolongement bien concret puisqu'ils ont soutenu l'Apôtre de leurs deniers. Si l'Évangile était bon pour eux, ils voulaient le faire partager aux autres et le moyen le plus efficace était *par mode de contributions pécuniaires* (4,15). Ce motif de reconnaissance s'ajoutait au sain esprit de foi qui régnait dans la communauté. Autant de tracas de moins pour Paul qui partout ailleurs devait combattre la condescendance pour *des doctrines étrangères* (1 Timothée 1,3).

Celui qui a commencé en vous cette œuvre excellente en poursuivra l'accomplissement jusqu'au Jour du Christ Jésus. Il viendra bientôt restaurer son Royaume d'une manière glorieuse. D'ici là, la parole de Dieu a commencé son travail de conversion et de rapprochement entre les personnes. Des divisions intestines menacent la paix de la communauté (2,1-3), mais Paul semble avoir confiance dans leur obéissance à l'Esprit.

Aujourd'hui

Nous sommes *les fils des saints* (Tobie 13,9), c'est par nous que Dieu veut restaurer Jérusalem, la ville de la paix. Comme les Philippiens à la prédication de Paul, nous avons compris l'appel à vivre dans des rapports fraternels. La place de Lydie dans la communauté (Actes 16,12-40) montre une variété de charismes de toutes provenances dans cette Église. Nous pouvons imiter cette communauté dans son ardeur. Déjà, Dieu par son œuvre puissante a fait naître en nous la charité qu'il nous a donnée au baptême.

RASSEMBLÉS EN ATTENTE

Luc 3,1-6

Le contexte

Saint Luc est l'évangéliste principal du cycle C de la liturgie. Le cycle C s'est ouvert dimanche dernier. En ce deuxième dimanche de l'Avent, la lecture proposée pour l'évangile consiste dans les débuts de l'activité de Jean-Baptiste en Palestine. C'est évidemment un adulte qui fait son apparition sur la scène publique. Son enfance nous est connue par les deux premiers chapitres du même évangile de Luc. L'évangéliste y introduit Jésus par un parallèle avec Jean-Baptiste. La naissance de l'un et de l'autre est annoncée par un ange, l'un et l'autre ont un rapport avec la liturgie du Temple, tous les deux enfin font l'objet de grandes prophéties. Luc, toutefois, soigne beaucoup le texte en ces deux chapitres pour montrer que Jean n'est que le précurseur du messie. Comme il y avait eu rappel des oracles des prophètes sur les origines de Jésus et de Jean-

Baptiste, la même chose se produit pour les commencements de leurs interventions publiques.

Le message

La venue de Jésus et son ministère public, précédé par celui de Jean, avaient été annoncés dans le livre de la consolation (Isaïe 40-55). Les encouragements apportés jadis aux exilés dans cette deuxième partie du livre d'Isaïe n'ont trouvé leur plein sens qu'avec Jésus.

Le livre de la consolation annonçait un nouvel Exode, non plus d'Égypte à la Terre promise mais avec Babylone comme point de départ. Yahvé-Roi, à la tête de son peuple exilé reviendrait restaurer Jérusalem. *À travers le désert, une voix crie: Préparez le chemin du Seigneur, aplanissez sa route. Tout ravin sera comblé, toute montagne et toute colline seront abaissées; les passages tortueux deviendront droits, les routes déformées seront aplanies; et tout homme verra le salut de Dieu.*

La foi dans cette promesse de Dieu avait rendu les rigueurs de l'exil moins douloureuses. Maintenant, Israël vit les souffrances de l'exil sur sa propre terre; ses chefs politiques sont des étrangers cruels (Ponce Pilate étant gouverneur de la Judée), le sacerdoce s'est dégradé dans des familles indignes (les grands prêtres étant Anne et Caïphe), le prophétisme semble éteint, la famille de David vit dans l'ombre (Hérode étant prince de Galilée): c'est ce moment d'amertume que Dieu choisit pour se souvenir de son peuple. Il suscite un prophète qui rassemble par la parole de Dieu le peuple au désert.

Luc cite la prophétie d'Isaïe 40,3 comme les autres évangélistes, pour donner le sens de la mission de Jean. Mais en prolongeant cette citation jusqu'à l'annonce de la manifestation du salut de Dieu (*et tout homme verra le salut de Dieu*), il montre qu'il pense d'abord à l'avènement de Jésus. Notons que l'évangéliste avait situé les événements dans l'univers connu par lui. En fait, dans cet ensemble poétique et fervent on est surpris de rencontrer quelques lignes qui ressemblent à un document administratif ou plus encore à un acte d'état civil. *L'an quinze de l'empereur Tibère...* Nous voici en l'an 28 de notre ère. L'empereur Tibère règne sur l'immense empire romain, un empire qui va des rivages de la mer du Nord aux confins du désert saharien, et de la Palestine au détroit de Gibraltar. La mer Méditerranée, aujourd'hui bordée par quinze nations différentes, est alors un lac romain.

Quand Luc écrit, la Bonne Nouvelle a déjà été annoncée dans bien des coins de l'empire. Luc, dont le nom est un dérivé de *lux* (lumière), contribue à l'extension de l'Évangile par l'écrit. Son œuvre concourt à l'approfondissement de la lecture par les communautés assemblées pour l'écouter.

Aujourd'hui

La liturgie de l'Avent nous rassemble. C'est à nous, qui éprouvons tant de difficultés à former des communautés unies, que l'appel de Jean-Baptiste s'adresse. Nous sommes appelés à vivre la conversion en deux temps. D'abord, nous demander comme les foules : *Que nous faut-il donc faire ?* Il leur répondait : *Que celui qui a deux tuniques partage avec celui qui n'en a pas, et que celui qui a de quoi manger fasse de même* (Luc 3,10). Ensuite, nous réjouir de l'attention de Dieu qui non seulement suscite les prophètes mais surtout nous envoie Jésus. *Tous célébraient ses louanges* (Luc 4,15).

3e dimanche de l'Avent

Le prophète Sophonie a vécu durant une période bien difficile de l'histoire d'Israël. Les pauvres ont été les premières victimes de l'instabilité politique et économique. Cependant, en dépit de cela, il a invité tout Jérusalem à se réjouir : *Le Seigneur est en toi... il te renouvellera par son amour.*

Cette espérance d'un bonheur que nul ne pourra contrarier, nous la retrouvons dans la sérénité et la paix de saint Paul invitant les hommes et les femmes de Philippes à se réjouir du retour glorieux du Christ.

L'évangile nous présente Jean-Baptiste, plus farouche, mais tout entier tendu vers la manifestation du messie promis par Dieu.

Ce n'est pas l'action qui change le monde,
c'est l'amour qu'on y met qui féconde le travail
et libère pour la joie.

JACQUES LEBRETON

POUSSE DES CRIS DE JOIE !

Sophonie 3,14-18a

Le contexte

D'après le titre de son petit livre, Sophonie a prophétisé sous Josias (640-609). Ses attaques contre les modes étrangères et les cultes des faux dieux, ses reproches aux ministres et son silence sur le roi indiquent qu'il prêcha avant la réforme religieuse et pendant la minorité de Josias, entre 640 et 630, donc juste avant que ne commence le ministère de Jérémie. Le royaume de Juda, amputé par Sennachérib d'une partie de son territoire, a vécu sous la domination assyrienne, et les règnes impies de Manassé et d'Amon ont favorisé le désordre religieux. Mais l'affaiblissement de l'Assyrie suscite maintenant l'espoir d'une restauration nationale qui s'accompagnera d'une réforme religieuse.

Le prophète Sophonie est le fils de Kush (ou Kushi), ce qui est le nom désignant habituellement les Noirs originaires d'Afrique, de l'Éthiopie en particulier. (C'est le nom donné à la femme de Moïse qui est africaine d'après Nombres 12,1 ; aussi cela est dit de Ébed-Melech, l'officier royal qui a sauvé la vie de Jérémie d'après Jérémie 38,7-13.39,15-18.) Sophonie serait-il fils d'un esclave noir et donc porté à donner de l'importance aux « pauvres », les marginalisés qu'exalte le petit livre ? D'autres soulignent qu'il descend à la quatrième génération d'Ézéchias (ou Hizqiyya), présumément le roi de Juda, descendant de David. Le lien avec la famille royale expliquerait l'assurance qu'il a à parler en public, d'une façon très directe, des dirigeants de Jérusalem et de la situation internationale.

Le message

La ville de Jérusalem étant désignée tour à tour par les noms de *fille de Sion* et de *fille de Jérusalem*, un message d'espérance lui est adressé. *Pousse des cris de joie, fille de Sion ! éclate en ovations, Israël ! Réjouis-toi, tressaille d'allégresse, fille de Jérusalem !* (v. 14) Les incursions cruelles des Assyriens, qui viennent gruger le territoire national en accusant

Israël de manquer de fidélité aux traités, semblent terminées. *Le Seigneur a écarté tes accusateurs, il a fait rebrousser chemin à ton ennemi.*

La source de ce bonheur est nouveau, c'est Yahvé qui habite le temple. *Le roi d'Israël, le Seigneur, est en toi. Tu n'as plus à craindre le malheur* (v. 15). Un avenir merveilleux s'ouvre, il est chargé de promesses: *Ce jour-là, on dira à Jérusalem: «Ne crains pas, Sion! ne laisse pas tes mains défaillir! Le Seigneur ton Dieu est en toi, c'est lui, le héros qui apporte le salut»* (v. 16-17). La communauté des croyants sent le Seigneur tellement proche qu'elle le voit se joindre aux liturgies joyeuses qui célèbrent l'alliance: *Il aura en toi sa joie et son allégresse, il te renouvellera par son amour; il dansera pour toi avec des cris de joie, comme aux jours de fête* (v. 17-18).

Aujourd'hui

Nous disons une prière très connue à l'adresse de la Vierge Marie, la mère de Jésus. Nous lui affirmons sa dignité éminente en employant les mots: *Le Seigneur est avec vous!* (ou *Le Seigneur est en toi!* si l'on suit davantage le mot à mot grec de l'évangile de Luc). C'est une parole présentant d'étranges ressemblances avec les mots de Sophonie: *Le roi d'Israël, le Seigneur, est en toi.*

Marie est saluée par l'ange Gabriel: *Réjouis-toi!* comme il l'aurait fait pour la fille de Sion, Jérusalem, le lieu du temple du Seigneur, le lieu de la présence amoureuse de Dieu à la vie des êtres humains. Dans l'oracle lu en ce jour, un cri est lancé avec force par le prophète Sophonie: *Pousse des cris de joie, fille de Sion!* L'incarnation est préfigurée par la voix de Sophonie.

SOYEZ TOUJOURS DANS LA JOIE

Philippiens 4,4-7

Le contexte

Philippes, ville importante de Macédoine et colonie romaine, avait été évangélisée par Paul lors de son deuxième voyage en l'an 50. Il y repassa à deux reprises au cours du troisième voyage, à l'automne 57 et à Pâques 58. La lettre aux Philippiens est à dater d'une captivité brève à Éphèse, en 56/57, au moment où Paul, avant le troisième voyage, espère se rendre en Macédoine après sa libération.

La lettre a été adressée *à tous les saints dans le Christ Jésus qui sont à Philippes, avec leurs épiscopes et leur diacres.* Selon Caroline Osiak, ces épiscopes (*episcopoi*) sont les anciens, responsables de la communauté comme dans les synagogues des juifs, tandis que les diacres (*diakonoi*) sont les assistants des anciens et ils doivent voir aux travaux de correspondance, d'administration et même de représentation auprès des autres églises. Parmi ces assistants, il pouvait y avoir des femmes. Phébée, une femme, porte le titre de *diakonon* (au masculin) et exerce ce rôle dans la communauté de Rome selon toute apparence (*cf.* Romains 16,1). Elle est la seule personne remplissant la fonction de *diakonos* connue par son nom dans le Nouveau Testament.

Le message

L'admirable conduite des Philippiens explique sans doute que le ton de la lettre soit aussi optimiste. Pour marquer la joie de l'Avent, préparation à Noël et attente de la seconde venue du Christ, l'Église choisit une invitation de Paul à la joie dans la finale de sa lettre. *Frères, soyez toujours dans la joie du Seigneur ; laissez-moi vous le redire : soyez dans la joie. Que votre sérénité soit connue de tous les hommes. Le Seigneur est proche* (v. 4-5). Cette communauté n'a rien à se reprocher. Elle n'a donc aucune crainte du retour de Jésus à la fin des temps.

Paul souhaite qu'elle demeure dans la même égalité d'esprit. *Ne soyez inquiets de rien, mais, en toute circonstance, dans l'action de grâce priez et suppliez pour faire connaître à Dieu vos demandes* (v. 6). Assurément, l'Église de Philippes peut servir de modèle aux autres communautés chrétiennes de l'histoire. Le retard de la Parousie (retour glorieux du Christ Juge) ne change rien à la nécessité de bonnes dispositions spirituelles. Prier signifie qu'on croit en Dieu même s'il est discret dans sa présence. Prier procure le calme. Paul dit : *La paix de Dieu, qui dépasse tout ce qu'on peut imaginer, gardera votre cœur et votre intelligence dans le Christ Jésus* (v. 7).

S'il se trouve un problème à Philippes, ce serait celui de divergences de vues entre personnes composant les équipes missionnaires. C'est le contexte immédiat de l'invitation à la joie. *J'exhorte Évodie comme j'exhorte Syntychè à vivre en bonne intelligence dans le Seigneur* (Philippiens 4,2). Elles étaient vraisemblablement des collaboratrices dans l'évangélisation, formant une paire à la façon de deux autres femmes : Tryphène et Tryphose (Romains 16,12). Des couples ont travaillé comme missionnaires : Andronicus et Junias (Romains 16,7), ainsi que Priscille et Aquila (Actes 18,2). Des paires d'évangélisateurs formées d'hommes nous sont connues, en particulier celle de Paul et Barnabé (Actes 14-15).

Aujourd'hui

Les chrétiens recherchent la joie. Parmi ceux et celles qui sont engagés dans l'apostolat actif, le désir de la joie est peut-être plus vif encore puisqu'on y est sensible à la joie venant de Dieu, celle qui provient des succès de l'évangélisation. Les conflits demeurent possibles, ce fut le cas d'Évodie et de Syntychè, et aussi le cas de Paul et Barnabé. L'Avent présente une occasion de dialogue qui ouvre à la joie. L'ambiance créée dans la célébration eucharistique constitue un climat favorable.

DANS TES COMMANDEMENTS, J'AI MA JOIE !

Luc 3,10-18

Le contexte

Selon le Nouveau Testament, le but de l'enseignement de Jésus est la joie : *Je vous ai dit cela pour que ma joie soit en vous et que votre joie soit complète* (Jean 15,11). À leur tour, les disciples visent à diffuser la joie. Jean donne par exemple le but de sa première lettre : *Tout ceci, nous vous l'écrivons pour que votre joie soit complète* (1 Jean 1,4).

Le troisième dimanche de l'Avent est à la joie. La première lecture en Sophonie est une invitation à la joie : *Pousse des cris de joie, fille de Sion !* Il convient de se réjouir puisque le Seigneur habite dans le temple. Paul dit aux Philippiens : *Frères soyez toujours dans la joie du Seigneur.* Ils sont sûrs que le Seigneur les aime et qu'il viendra à leur rencontre.

Dans les Actes, Luc a rapporté une parole de Jésus sur la joie qui est inconnue des évangiles : *Il y a plus de joie à donner qu'à recevoir* (Actes 20,36). L'évangile de Luc reflète la même tonalité.

Le message

L'évangile qui raconte l'activité de Jean-Baptiste est tout à fait dans la note de la joie, même si la chose nous frappe moins. Il y a un mouvement de conversion en Judée. Même des gens aussi mal vus que les publicains et les soldats y prennent part. C'est Dieu qui agit, pas de doute, dans les exhortations de Jean-Baptiste. Le Seigneur remet des égarés sur le chemin du bonheur et de la joie. L'idéal s'exprime par la bouche du psalmiste : *Dans la voie de tes commandements, j'ai ma joie plus qu'en toute richesse* (Psaume 119,14). Pour rendre le bonheur accessible, Dieu se sert d'un prophète parfois terrible mais surtout joyeux.

Celui qui a deux vêtements, qu'il partage avec celui qui n'en a pas ; et celui qui a de quoi manger, qu'il fasse de même !

« Le saint Baptiseur donne la réponse qui convient à chaque profession humaine, mais celle qui est unique, il la donne pour tous. Les préceptes (aux publicains et aux soldats) sont propres à chaque fonction ; la miséricorde est d'un usage commun, donc le précepte est commun : à toute fonction, à tout âge, elle est nécessaire et tous doivent l'exercer. Ni le publicain ni le soldat n'en sont exemptés, ni l'agriculteur ou le citadin, le riche ou le pauvre : tous ensemble sont avertis de donner à celui qui n'a pas. » (Ambroise de Milan)

Dans le grand mouvement de partage, il convient de penser à ceux qui n'ont rien, tant au plan matériel que spirituel. Nous avons la responsabilité de transmettre la foi. Origène disait que celui qui a deux vêtements est comme celui qui sert deux maîtres. Au contraire, celui qui donne son vêtement, le vêtement de la foi, ne le perd pas : à vrai dire il s'enrichit. « Il nous faut donner une tunique à celui qui en est complètement démuni... c'est-à-dire à celui qui est totalement privé de Dieu. »

Aujourd'hui

Jean-Baptiste représente un témoin du partage et de la joie. Son dépouillement personnel (vêtement de poil de chameau, menu de sauterelles, demeure au désert...) est la preuve qu'on peut toujours se passer de quelque chose pour partager. Nous avons beaucoup de superflu.

Aux paroles de Jésus, Jean-Baptiste réagit en disant : *L'ami de l'époux qui se tient là et qui l'entend, est ravi de joie à la voix de l'époux. Telle est ma joie, et elle est complète* (Jean 3,29).

« Jésus nous assure que l'homme est né pour le bonheur, car il est créature de Dieu, bonheur infini. » (Jean-Paul II)

4e dimanche de l'Avent

Le texte du prophète Michée est devenu célèbre, car les chrétiens y ont reconnu l'annonce de la naissance de Jésus à Bethléem ; le prophète annonçait la venue d'un Berger qui serait lui-même la paix.

La lettre aux Hébreux a surtout vu dans le Christ, non le Berger mais le Prêtre s'offrant lui-même en sacrifice. Ses dispositions d'amour et de don de soi étaient camouflées dans les Psaumes.

Dans le contexte de la proximité de Noël, ces textes rappellent la richesse du rôle de Jésus, le Fils de Dieu fait homme. Et c'est bien à son incarnation que nous ramène le récit de saint Luc. Marie, enceinte de Jésus, rend visite à Élisabeth, elle aussi enceinte. La mère du précurseur croit au mystère du salut à cause de la présence missionnaire de Marie.

Personne au monde n'a, comme Marie,
connu Jésus ; personne n'est meilleur maître
et meilleur guide pour le faire connaître.

DANIEL-ANGE

VOICI L'ESPOIR !

Michée 5,1-4a

Le contexte

Le nom de Michée est semblable à celui de Michel et il signifie la même chose : « Qui est comme Dieu ? » La réponse sous-entendue est admirative : personne n'est comme Dieu, il est incomparable.

Michée est un contemporain d'Isaïe mais un peu plus jeune que lui. Il a vécu quelque part entre 742 av. J.-C. (accession de Jotham) et 687 (mort d'Ézéchias). Né à Moreshet, dans les montagnes de Juda, Michée s'est attaqué aux riches corrompus qui formaient le gouvernement de Jérusalem. Les chefs, les propriétaires terriens, les juges, les prêtres et même des prophètes cultuels exploitaient le commun du peuple alors que Michée se sentait solidaire des plus humbles. Ah ! que ne revient-on pas au temps de Moïse, Aaron et Myriam, les trois chefs — deux hommes, une femme — qui avaient guidé le peuple jadis (Michée 6,4).

Le message

À l'époque du prophète Michée, au VIIIe siècle av. J.-C., une crise de confiance ébranle la dynastie de David qui règne à Jérusalem. Pourtant, comme dit l'oracle d'aujourd'hui, *ses origines remontent aux temps anciens, à l'aube des siècles*. Des rois comme Achaz sont-ils capables de diriger le royaume contre des grandes puissances telle l'Assyrie, ou des coalitions comme celle de Damas et de Samarie ? Le prophète réaffirme le choix que Dieu avait fait, il y avait alors trois siècles, de David et de sa famille. Il l'exprime bien haut en s'adressant au village de Jessé, le père de David : *Toi, Bethléem Ephrata, le plus petit des clans de Juda, c'est de toi que je ferai celui qui doit gouverner Israël.*

Une espérance ferme se crée par la parole du prophète. L'avenir sera grand. Pour un lendemain de joie, il y aura un Fils de David sans les faiblesses des gouvernants du temps. Une femme qui n'est pas nommée, mais qui est liée de près à la dynastie de Jérusalem, lui donnera le jour. *Après un temps de délaissement, viendra un jour où enfantera celle qui doit enfanter, et ceux de ses frères qui resteront rejoindront les enfants d'Israël.* Ce sont ceux que la faiblesse du roi actuel a abandonnés à l'ennemi comme prisonniers qui reviendront pour se réunir à leurs frères et sœurs. Le prophète s'enthousiasme pour ce jour à venir où, de nouveau, apparaîtra l'unité. C'est la force du Roi-messie qui rendra la joie. *Il se dressera et il sera leur berger par la puissance du Seigneur, par la majesté du nom de son Dieu. Ils vivront en sécurité, car désormais sa puissance s'étendra jusqu'aux extrémités de la terre, et lui-même, il sera la paix !*

Aujourd'hui

Nous comprenons les spéculations du temps de Jésus lorsque les scribes discutaient des origines du messie. Dans le quatrième évangile, on assiste à une de leurs discussions. *L'Écriture ne dit-elle pas que c'est de la descendance de David et du bourg de Bethléem que le Christ doit venir ?* (Jean 7,42)

Nous saisissons les raisons de l'insistance des évangiles sur le lieu de naissance du Christ. Matthieu dit que les grands-prêtres convoqués par Hérode à l'arrivée des mages lisent la prophétie : *Bethléem, de toi sortira un chef qui sera pasteur de mon peuple Israël !* (Matthieu 2,6) Jésus vient d'un petit village pauvre, mais qui a de la dignité dans son humilité.

ME VOICI MON DIEU !

Hébreux 10,5-10

Le contexte

La lettre aux Hébreux a un auteur qui semble très modeste, car il ne se nomme pas. Saint Paul commence sa correspondance (épître aux Romains) par une présentation de ses titres d'accréditation. Il établit sa qualité d'apôtre, ce qui lui permet de continuer avec assurance son enseignement sur le Christ ou sur la vie éthique. Rien de tel dans la lettre aux Hébreux. Elle est anonyme. Cet anonymat a amené certaines exégètes à avancer que l'auteur en était peut-être une femme gardant le secret de son identité en raison de l'interdiction aux femmes d'enseigner (1 Timothée 2,12)!

Le quatrième dimanche de l'Avent sert de préparation immédiate à la fête de Noël. La première lecture et celle de l'évangile nous parlent de la venue historique de Jésus tantôt selon l'attente des prophètes, tantôt selon les événements qui surviennent à sa mère et à sa famille. La deuxième lecture a une tout autre perspective. Elle a une vision qui dépasse l'histoire et situe le lecteur dans l'éternité. S'il était possible — et l'auteur ne se prive pas d'une telle audace littéraire — de connaître ce qu'il y avait dans le Fils de Dieu « avant » l'incarnation, ce serait ainsi qu'il s'exprimerait.

Le message

Quelles sont les dispositions du Verbe de Dieu au moment de venir dans le monde ? Saint Jean dit dans son prologue que le Verbe était auprès de Dieu et qu'il a pris chair (voir Jean 1,1.14). L'auteur de la lettre aux Hébreux tient des propos très semblables. D'après les attitudes de Jésus dans sa vie sur la terre, l'auteur de la lettre aux Hébreux peut comprendre le mystère du Verbe qui vient.

Pour rendre le portrait intérieur du Christ qui s'incarne, la lettre aux Hébreux a recours au langage inspiré des Psaumes. *En entrant dans le monde, le Christ dit d'après le Psaume : Tu n'as pas voulu de sacrifices ni d'offrandes, mais tu m'as fait un corps. Tu n'as pas accepté les holocaustes ni les expiations pour le péché ; alors je t'ai dit : Me voici, mon Dieu, je suis venu pour faire ta volonté, car c'est bien de moi que parle l'Écriture.*

Cette citation du texte grec du psaume 40 démontre une conception très particulière et très haute de l'inspiration des Psaumes. C'est le Verbe qui s'y exprime. Le Verbe s'y découvre comme victime d'immolation à l'amour du Père. Le péché obstruait le mouvement d'alliance entre Dieu et les hommes. Les sacrifices de la loi de Moïse étaient insuffisants pour purifier l'alliance et lui donner vie. Alors le Christ déclare selon les mots du Psaume: *Me voici, je suis venu pour faire ta volonté.* L'incarnation qu'on célèbre à Noël est déjà orientée vers l'offrande que Jésus-Christ a faite de son corps.

Aujourd'hui

Malgré les difficultés de comprendre le style et les méthodes de notre lecture, nous saisissons l'essentiel. À Noël, Dieu est venu assumer un corps mortel. Le Fils ne s'est pas attaché à ce qui l'égalait à Dieu, l'immortalité. Il n'y avait pas de péché en lui et il ne pouvait y avoir de mort, qui est la conséquence du péché. Pourtant Jésus, ayant en vue le Calvaire et la mort d'un juste pour les pécheurs, est venu prendre sur lui la mort. La poétesse Marie Noël l'a chanté:

> De mort, ô mon Dieu, vous n'en aviez pas.
> Pour sauver le monde… Ô douleur, là-bas,
> Ta mort d'homme, un soir, noire, abandonnée
> Mon petit, c'est moi qui te l'ai donnée.

VOICI LA MÈRE!

Luc 1,39-45

Le contexte

La Visitation de Marie à sa cousine Élisabeth est précédée dans l'évangile de Luc par les deux annonciations: celle de Jean-Baptiste et celle de Jésus. L'ange Gabriel avait annoncé à Zacharie qu'Élisabeth, sa femme, devait concevoir un fils, tandis qu'il a annoncé une conception virginale à Marie. Le nom de Zacharie signifie « Yahvé-s'est-souvenu » et le nom d'Élisabeth « Mon-Dieu-a-promis ». La naissance de Jean d'un couple âgé et stérile allait servir de signe à Marie que l'impossible devait bien se réaliser: elle, une vierge, allait donner un fils à la dynastie de David sans l'intervention d'un homme. Marie, de sa propre initiative, entreprend de rendre visite à Élisabeth, partant de sa résidence à Nazareth pour la région de la Judée où vit le couple des parents de Jean.

Le message

En ces jours-là, Marie se mit en route rapidement vers une ville de la montagne de Judée. Notons le mot « rapidement ». Marie qui porte Jésus se hâte comme le feront les prédicateurs de l'Évangile, à commencer par Jésus lui-même. Dans un même chapitre de l'évangile de Luc, on voit la mission s'accomplir dans plusieurs villes et villages (ch. 10). Le message du salut et de la grâce vole de proche en proche sans équipement encombrant qui nuirait à la vélocité. Marie figure déjà l'évangélisation à venir.

Elle entra dans la maison de Zacharie et salua Élisabeth. Or quand Élisabeth entendit la salutation de Marie, l'enfant tressaillit en elle. Marie, en voyant sa cousine enceinte, reçoit la confirmation des paroles de l'ange que l'enfant qu'elle porte elle-même est le Fils de Dieu. La vérité d'une partie du message de l'ange garantit la vérité du tout.

Alors, Élisabeth fut remplie de l'Esprit Saint. Les spirituels de tous les temps ont compris à mi-mot le message de Luc. Bérulle, au XVIIIe siècle, et Charles de Foucauld, au XXe, étaient sensibles à la force sanctifiante de Jésus, vivant caché dans le sein de la Vierge. L'ermite du Sahara fait part de son désir « de faire le plus de bien qu'on puisse faire actuellement aux populations musulmanes si nombreuses et si délaissées, en apportant au milieu d'elles Jésus dans le Très-Saint-Sacrement, comme la Très Sainte Vierge sanctifia Jean-Baptiste en apportant auprès de lui Jésus. »

Élisabeth s'écria d'une voix forte : « Tu es bénie entre toutes les femmes et le fruit de tes entrailles est béni. » La mère de Jean-Baptiste devient donc sur-le-champ une prophétesse. Ce n'est pas qu'elle prédise l'avenir, mais plutôt qu'elle ait une vision de Marie qui dépasse l'évidence. Elle comprend par une lumière particulière que l'enfant de Marie n'est pas un enfant ordinaire. Marie, la jeune mère, reconnaît pour sa part la gloire de l'enfant qu'elle porte. Elle est bénie, c'est-à-dire félicitée ou choisie pour le bonheur. Élisabeth est la première à proclamer Marie bienheureuse, mais la prédiction du Magnificat, *désormais tous les âges me diront bienheureuse,* devait se réaliser dans le « Je vous salue Marie » qui reprend les mots d'Élisabeth dans la deuxième phrase.

Aujourd'hui

La joie dans la célébration de la liturgie nous est proposée comme l'ont vécue Jean et sa mère. Élisabeth disait : *Lorsque j'ai entendu tes paroles de salutation, l'enfant a tressailli d'allégresse au-dedans de moi.* Jean dira plus tard à la vue de Jésus : *Voilà ma joie ; elle est maintenant parfaite* (Jean 3,29), mais c'est avant même sa naissance qu'il a part à la joie. Son mouvement dans le sein de sa mère est comme un pas de danse tourné en l'honneur du Dieu qui vient.

Noël (nuit)

La première lecture anticipe le bonheur du peuple en apprenant la naissance d'un héritier de la famille de David. La deuxième lecture expose les titres de Jésus Dieu et Sauveur. L'évangile décrit la bonne nouvelle de la naissance de Jésus telle qu'elle a été annoncée aux bergers. Dieu a choisi de faire naître son Fils dans une famille royale déchue et humiliée. Les milieux des familles des grands prêtres sadducéens qui avaient le pouvoir de l'organisation du temple, les dynasties de scribes pharisiens qui jouissaient du grand prestige de commentateurs de la loi, ces véritables puissances en Israël ont été ignorées. Dieu a passé outre pour mieux dire sa tendresse pour les pauvres.

La condition de pauvreté du Christ fait partie de son mystère d'humiliation et de vide de lui-même.

CLODOVIS BOFF

NUIT DE JOIE

Isaïe 9,1-6

Le contexte

Isaïe a reçu sa vocation en l'an 740 av. J. C. La première intervention notable du prophète, dont le nom Yeshayahu signifie « Dieu sauve », a précisément été un oracle de salut. Devant l'hostilité des voisins, comme signe d'espérance, il a dit: *La Vierge enfantera un Fils.* La famille de David recevait ainsi un élan revigorant. Le prophète était un appui essentiel à la dynastie de David deux siècles et demi après sa prise de pouvoir. Il a annoncé que le messie naîtrait de cette même famille. Les rois de Jérusalem et les prophètes qui les ont soutenus ont souvent puisé leur compréhension des droits et devoirs de la royauté dans le patrimoine des grandes puissances de leur époque, l'Égypte des Pharaons par exemple. Cela se fait sentir dans la lecture d'aujourd'hui.

Le message

L'extrait d'Isaïe proposé pour Noël est un poème liturgique. L'invasion du nord de la Palestine ne décourage pas le prophète. De Jérusalem, il crie son espérance. *Le peuple qui marchait dans les ténèbres a vu se lever une grande lumière; sur ceux qui habitaient le pays de l'ombre une lumière a resplendi.*

La parole de Dieu serait un mensonge si Isaïe désignait par là un triomphe réel d'Israël. Le royaume de David va continuer à se désintégrer devant les ennemis de l'extérieur. Pourtant, l'inspiré pressent un grand bonheur: *Tu as prodigué l'allégresse, tu as fait grandir la joie: ils se réjouissent devant toi comme on se réjouit en faisant la moisson, comme on exulte en partageant les dépouilles des vaincus.*

C'est à la naissance de Jésus que l'oracle reçoit un accomplissement, parce qu'aucun fils de la dynastie de David n'atteindra une telle mesure de sagesse, de puissance et de paix. *Oui! un enfant nous est né, un fils nous a été donné; l'insigne du pouvoir est sur son épaule; on proclame son nom: « Merveilleux-Conseiller, Dieu-Fort, Père-à-jamais, Prince-de-*

la-paix ». Ainsi le pouvoir s'étendra, la paix sera sans fin pour David et pour son royaume. Isaïe prend la suite du prophète Nathan qui avait promis le messie au petit berger devenu roi (2 Samuel 7,14).

La nouvelle Bible de Jérusalem explique les nombreux noms attribués à l'enfant : « Ces titres sont comparables au protocole que l'on composait pour le pharaon lors de son couronnement. L'enfant de race royale aura la sagesse de Salomon, la bravoure et la piété de David, les grandes vertus de Moïse et des patriarches (*cf.* 11,2). La tradition chrétienne, qui s'exprime dans la liturgie de Noël, en donnant ces titres au Christ affirme que celui-ci est l'Emmanuel. »

Encore sept siècles seront nécessaires pour la réalisation de l'oracle. L'accomplissement surprendra le monde, car ce sera un Royaume spirituel dont le chef est le Prince-de-la-paix. L'ampleur du plan de Dieu exigeait un tel terme. Il sera solidement établi sur le droit et la justice dès maintenant et pour toujours. Voilà ce que fait l'amour invincible du Seigneur de l'univers.

Aujourd'hui

Notons à propos du titre Dieu Fort que, par crainte d'idolâtrie, les Israélites n'attribuaient pas de titre divin à leurs rois. Ici, c'est une exception qui suit le modèle égyptien. Plus profondément, c'est une pierre d'assise de la révélation de la divinité du Christ à Noël.

NUIT DU SAUVEUR

Tite 2,11-14

Le contexte

L'épître à Tite fait partie des lettres appelées « pastorales ». Sont-elles de Paul lui-même ? Entre ceux qui le nient et ceux qui l'affirment, il faut peut-être choisir la position intermédiaire exposée dans la dernière édition de la Bible de Jérusalem (1998). « Un disciple de Paul aurait hérité de trois lettres que Timothée et Tite avaient conservées jusqu'à leur mort. Il compléta alors ces lettres en y ajoutant ce qu'il pensait que Paul aurait pu dire pour répondre aux problèmes nouveaux que rencontrait l'Église. » Un de ces problèmes est l'expression de la foi au Christ et le style de vie qu'elle suppose.

Le message

L'extrait d'une lettre pastorale de Paul à Tite peut éclairer le sens de Noël. En fait, par delà sa naissance, c'est toute la personne du Christ qui est proposée comme fondement de la vie chrétienne : son Incarnation en est la source. La présence du Christ dans le monde est comme une pédagogie pour la vie juste et sainte qu'elle entraîne à mener. *La grâce de Dieu s'est manifestée pour le salut de tous les hommes. C'est elle qui nous apprend à rejeter le péché et les passions d'ici-bas, pour vivre dans le monde présent en hommes raisonnables, justes et religieux.*

Le maître de cette pédagogie extraordinaire, c'est Jésus qui est Dieu. Notons que la formule de la foi qu'emploie Paul ici est celle qui fait l'unanimité des Églises chrétiennes qui appartiennent au Conseil mondial des Églises depuis l'assemblée d'Amsterdam (1948). La lettre aux Romains ouvrait une porte à l'usage d'appeler Jésus « Dieu », alors que ce n'était pas commun auparavant. Au lieu de limiter cela à la personne du Père, Paul étendait sa manière de voir Dieu jusqu'à dire à propos de Jésus : *le Christ au-dessus de tout, Dieu béni éternellement !* (Romains 9,5) Les chrétiens, ici selon la lettre à Tite, vivent *pour attendre le bonheur que nous espérons avoir quand se manifestera la gloire de Jésus Christ, notre grand Dieu et notre Sauveur.*

Ne négligeons pas ce dernier aspect de Noël : l'espérance du retour glorieux de Jésus et la naissance d'un nouveau monde. Tout cela a déjà été réalisé en germe par la Rédemption. *Il s'est donné pour nous afin de nous racheter de toutes nos fautes, et de nous purifier pour faire de nous son peuple, un peuple ardent à faire le bien.*

Comme le Père parlait d'Israël en disant « mon peuple », ainsi l'Église est-elle pour Jésus le peuple de sa propriété personnelle. Ce peuple est d'autant plus riche qu'il n'a pas été acquis par l'or et l'argent mais bien par le sang et la chair manifestés à Noël. La Nativité doit être contemplée comme une anticipation du mystère pascal.

Aujourd'hui

L'idéal que propose la lettre à Tite de vivre en *hommes raisonnables, justes et religieux* apparaîtra à plusieurs comme terne et bureaucratique. Être raisonnable signifie probablement comprendre que les inégalités sociales ne peuvent plus durer. Un dépouillement s'impose pour célébrer Noël dignement. La prière de Charles de Foucauld peut nous inspirer : « Mon Seigneur Jésus, comme il sera vite pauvre celui qui, vous aimant de tout son cœur, ne pourra souffrir d'être plus riche que son Bien-aimé... Être riche, vivre doucement de mes biens, quand vous avez été pauvre, gêné, pour moi je ne le puis pas, mon Dieu ! »

NUIT DE VEILLE

Luc 2,1-14

Le contexte

L'évangile de la nuit de Noël est pris chez saint Luc. Il est le seul des quatre évangélistes à raconter la naissance de Jésus. La tradition en fait un historien, car il donne des points de repère pour situer l'événement. Il écrit : *En ces jours-là, parut un édit de l'empereur Auguste, ordonnant de recenser toute la terre.*

Le message

Saint Luc met la naissance de Jésus en rapport avec un événement universel pour que l'on évalue les répercussions par *toute la terre* de la Nativité. Octave se faisait donner le titre d'Auguste, qui est un attribut divin, et il était honoré du titre de *filius divi*, fils de Dieu. En fait, le véritable roi et le véritable Fils de Dieu, c'est Jésus qui naît. La seigneurie réelle sur les hommes, César Auguste, qui se fait appeler aussi Sauveur, paraît l'avoir. En fait, seul Jésus mérite ces noms, car il est roi sur le cœur de l'homme. Origène écrivait : « Il voulait être inscrit avec tous pour sanctifier tous les hommes. » C'est que Jésus est homme et le fait que ses parents et lui partagent le sort de tous le confirme. Pour sauver l'humanité, il s'insère dans le destin des hommes, d'une manière humble et commune : il naît. Parce que homme, il est en situation pour sauver ses frères.

Par Joseph son père adoptif, Jésus appartient à une famille royale déchue, la dynastie de David. Avec sa femme, Joseph mène un train de vie modeste puisque rien d'éclatant ne signale leur arrivée chez les villageois de Bethléem. L'accouchement de Marie est raconté avec une simplicité déconcertante : *Or, pendant qu'ils étaient là, arrivèrent les jours où elle devait enfanter. Et elle mit au monde son fils premier-né ; elle l'emmaillota et le coucha dans une mangeoire, car il n'y avait pas de place pour eux dans la salle commune.* On dirait cet oracle de Jérémie : *Pourquoi es-tu Seigneur comme un étranger en ce pays, comme un voyageur qui fait un détour pour la nuit ?* (Jérémie 14,8)

La révélation du prodige n'est pas faite à des gens connus. Ils ne sont pas misérables cependant, ils sont petits propriétaires de moutons. Ils font penser à David qui avait été berger à Bethléem et qui avait reçu la première annonce d'un messie dans sa descendance (2 Samuel 7,14). Ce sont des pasteurs de petit bétail, des gens ordinaires. Le message qui leur est destiné ressemble étrangement à celui de la résurrection. Le corps de Jésus est emmailloté et couché, comme il le sera dans le sépulcre. Les titres qu'on donnera à Jésus ressuscité sont déjà mentionnés pour nous orienter vers Pâques : il est le *Sauveur*, le *Messie*, le *Seigneur*.

La troupe céleste louait Dieu en disant : « Gloire à Dieu au plus haut des cieux, et paix sur la terre aux hommes qu'il aime. » Les anges annoncent ainsi l'histoire du salut à venir. À Pâques, Jésus dira : *Je vous laisse la paix ; c'est ma paix que je vous donne ; je ne vous la donne pas comme le monde la donne* (Jean 14,27). De la paix totale octroyée par le Christ au cœur du croyant surgira un ordre nouveau de paix sociale.

Aujourd'hui

Une méditation de saint Ambroise peut nous conduire à la contemplation : « Il a donc été petit, il a été enfant, pour que vous puissiez, vous, être adulte achevé ; il est, lui, enveloppé de langes, pour que vous soyez, vous, dégagé des liens de la mort ; lui, dans la crèche, pour vous placer sur l'autel ; lui, sur terre, pour que vous soyez parmi les étoiles ; lui n'a pas eu de place dans cette salle commune, pour que vous ayez plusieurs demeures dans la maison du Père. »

Noël (jour)

La première lecture rapporte un oracle qui promet la paix parce que Dieu lui-même vient en garant de l'ordre des choses. La deuxième lecture enseigne que la venue de Jésus comme Parole de Dieu se produit au terme de nombreux événements de révélation. L'évangile présente en forme poétique l'histoire du don de Dieu au monde depuis son origine éternelle en dehors du temps. Le Verbe fait chair dans l'Incarnation se prolonge dans l'eucharistie qui actualise l'amour transcendant les siècles.

Celui qui mange ma chair et
boit mon sang a la vie éternelle.

Jean 6,54

LE VERBE ANNONCÉ

Isaïe 52,7-10

Le contexte

Le livre de la consolation comprend les ch. 40 à 55 d'Isaïe. Il est composé d'oracles souvent joyeux qui annoncent sous diverses formes la bonne nouvelle du salut. Dans un plan qui nous étonne, le Seigneur s'est servi d'un roi étranger pour libérer son peuple de la servitude de Babylone. L'empire de Nabuchodonosor, qui paraissait si imposant, est tombé à rien. Cyrus n'en a fait qu'une bouchée, lui et l'armée des Perses. Ce que cet étranger ne savait pas, c'est qu'il accomplissait un plan inimaginable. Il libérait le peuple de Jérusalem, qui maintenant retournait chez lui, appuyé d'un décret royal lui ouvrant toutes les portes.

Le message

La Bonne Nouvelle du livre de la consolation présente des analogies frappantes avec la Bonne Nouvelle de Noël. Jésus, le Fils de Dieu, est apparu sur la terre comme libérateur durant la *Pax romana*, une période de calme dans l'histoire du monde qui allait hautement favoriser la diffusion du message chrétien. De la même manière, l'ordre mondial instauré par Cyrus avait permis à Israël de jouir de la paix et de répandre chez des non-juifs l'Évangile du Dieu Un qui est l'unique maître de l'histoire.

Ici, dans la lecture, un prophète regarde venir une procession. Placé sur les murailles de Jérusalem, il voit arriver l'avant-garde des exilés. Ils reviennent de Babylone. Dans leur souffrance, Dieu était avec eux, mais à présent, il retourne au milieu de son peuple. Une nouvelle ère du règne de Dieu commence. Soyez joyeux ! Les premiers qu'on voit approcher de loin sont des messagers de la Bonne Nouvelle. Ils apportent un Évangile, celui du règne de Dieu.

Le cri de joie qui retentit est: « Il est roi, ton Dieu ! »(en hébr. : *malak èlohaïk*). Le joyeux avènement est la *basar* de l'hébreu, que le grec traduira par le radical *evang*, dernière étape avant notre mot français si vibrant d'émotion: « évangile ».

Le prophète semble considérer que la dynastie de David n'est plus digne de régner. Et de fait, il y aura une éclipse de cette famille. Désormais, par la loi préservée dans le Temple, Dieu règne lui-même, sans intermédiaire. Son règne en est un de paix. Il y a bien une allusion belliqueuse à « la force de ton bras », mais à la suite d'une victoire idéalisée sur les nations commencera un temps d'harmonie entre nations et personnes.

Aujourd'hui

On définit la paix comme étant la tranquillité de l'ordre. La paix du Christ a été instaurée par lui dans le mystère de sa Pâque. Le péché détruit la paix dans le cœur et la paix avec ses frères. La mission du Christ, ce fut de restaurer cette paix détruite par le péché. Le souhait de prédilection de Jésus à ses apôtres était: « La paix soit avec vous. » (Luc 24,36; Jean 20,19)

Le baiser de paix est un signe. C'est un rite qu'on accomplit à la messe avant la communion. Il comporte une prière pour la paix et un geste de paix échangé entre le célébrant et les clercs présents. L'échange de la paix entre le prêtre et les fidèles, déjà pratiqué par les Orientaux, s'est répandu dans l'Église latine depuis Vatican II. La poignée de main en est le signe le plus courant. Unis entre eux, les fidèles sont mieux disposés à communier ensemble au corps du Christ. Le jour de Noël donne plus de sens encore à cette pratique.

LE VERBE EST FILS

Hébreux 1,1-6

Le contexte

L'épître aux Hébreux est un écrit contemporain de la rédaction de nos évangiles. Elle contient de nombreux échos de la liturgie des premiers chrétiens, surtout l'ambiance qui n'avait rien à envier aux belles célébrations du temple de Jérusalem. Le passage suivant en donne une idée: *Vous vous êtes approchés de la montagne de Sion et de la cité du Dieu vivant, de la Jérusalem céleste, et de myriades d'anges, réunion de fête, et de l'assemblée des premiers-nés qui sont inscrits dans les cieux, d'un Dieu juge universel, et des esprits des justes qui ont été rendus parfaits, de Jésus médiateur d'une alliance nouvelle, et d'un sang purificateur plus éloquent que celui d'Abel* (Hébreux 12,22-24).

Le message

Le nom d'épître pour ce message aux Hébreux est mal choisi. Il s'agit d'un évangile au sens propre du mot. En effet, il proclame l'événement capital: Jésus est mort et ressuscité. L'autre définition la plus juste de cette communication aux Hébreux serait celle de l'exposé de théologie. On regarde et on admire le Christ sous tous les éclairages. Sans adresse aux destinataires comme dans les épîtres, on commence par un hymne exaltant la gloire de Jésus. C'est une véritable litanie: il est Fils, héritier, lumière, Premier-né.

Dieu qui avait parlé par les prophètes, en ces jours a parlé par le Fils. Saint Jean de la Croix commentait: «Le motif pour lequel, sous la loi ancienne, il était licite d'interroger Dieu, et pour lequel il convenait aux prophètes et aux prêtres de désirer des visions et des révélations, c'est que la foi n'était pas encore fondée, ni la loi évangélique établie. Par cela même, il était nécessaire que Dieu manifestât ses volontés, soit en employant le langage humain, soit par visions et révélations, figures et symboles, soit par tout autre moyen d'expression. Car tout ce qu'il disait ou répondait, toutes ces manifestations, étaient des mystères de notre foi, ou des vérités qui s'y rapportaient et l'avaient pour but.

« Mais maintenant que la foi est fondée dans le Christ et que la loi évangélique est établie en cette ère de grâce, il n'y a plus lieu de consulter Dieu de cette manière, pour qu'il parle et réponde comme alors. Car en nous donnant son Fils ainsi qu'il l'a fait, lui qui est sa parole dernière et définitive, Dieu nous a tout dit et en une fois, et il n'a plus rien à dire. »

Ajoutons un commentaire sur les citations du psaume 2 qui servent aussi de chant d'entrée à la messe de Noël : *Tu es mon Fils, aujourd'hui je t'ai engendré.*

Ce psaume a trois sens. D'abord un sens transcendant et intemporel : Dieu Père engendre son Fils de toute éternité. Ensuite un sens historique et temporel : quand un jeune roi, dans le rituel de son couronnement, écoutait un prophète lui dire qu'il était engendré, il comprenait qu'il était devenu fils par adoption. Le Christ ressuscité peut dire ce psaume, car le mystère de Pâques a fait connaître qu'il est Fils par nature. Enfin un sens liturgique et actuel : le jour de Noël permet à Dieu d'engendrer le Fils dans nos cœurs grâce à notre participation à la vie de l'Église en prière.

Aujourd'hui

L'exégète Raymond Brown signalait un fondement d'Ancien Testament à la parole : *Il vous faut naître à nouveau* (Jean 3,7). Ce fondement, c'est le psaume 2, car le jeune roi naît à nouveau en accédant au trône, il devient fils. La conclusion spirituelle : le Christ appelle le disciple à naître à nouveau pour Dieu dans l'Esprit.

LE VERBE FAIT CHAIR

Jean 1,1-18

Le contexte

L'évangile de Jean a été écrit vers l'an 90, en utilisant des souvenirs traditionnels sur Jésus d'après le disciple bien-aimé. Le dernier texte ajouté à l'ensemble a certainement été le prologue. Il démontre ce qu'était devenue la pensée chrétienne au sujet du Christ à la fin du premier siècle. Le prologue est un grand poème qui allie beauté et concision, qualité rythmique et valeur sémantique. En voici les versets les plus anciens avec un commentaire.

Le message

Au commencement était le Verbe, et le Verbe était avec Dieu, et le Verbe était Dieu. Il était au commencement avec Dieu. Comme la Sagesse, le Verbe, c'est-à-dire Jésus, se trouvait intimement proche de Dieu « au commencement », le temps avant le temps qui ne peut être décrit par un meilleur mot.

Par lui, tout s'est fait, et sans lui rien ne s'est fait. Ce qui a été fait en lui était vie, et la vie était la lumière des hommes. La lumière brille dans les ténèbres, et les ténèbres ne l'ont pas arrêtée. Les premières pages de la Bible sont résumées par Jean. Tout est venu par la Parole de Dieu. *Dieu dit: Que la lumière soit!* L'arbre de vie est devenu interdit à l'homme à cause du péché d'Adam. Cependant, Dieu se réservait l'avenir. Les ténèbres du péché ne pouvaient entraver l'activité de Dieu. Selon la promesse faite à Ève, son lignage allait un jour écraser le serpent.

Il était dans le monde, lui par qui le monde s'était fait, mais le monde ne l'a pas reconnu. Il est venu chez les siens, et les siens ne l'ont pas reçu. Mais tous ceux qui l'ont reçu, ceux qui croient en son nom, il leur a donné de pouvoir devenir enfants de Dieu. L'activité de Jésus, le Verbe, est décrite en quelques lignes. Le peuple juif forme la famille la plus proche de Dieu. Parce qu'il a refusé le Verbe, d'autres reçoivent l'invitation à devenir les siens. Les disciples, puis l'Église, deviennent la nouvelle famille des enfants de Dieu.

Et le Verbe s'est fait chair, il a établi sa demeure parmi nous, et nous avons vu sa gloire, la gloire qu'il tient de son Père comme Fils unique, plein de grâce et de vérité. Tous nous avons eu part à sa plénitude : nous avons reçu grâce après grâce. Jean résume le mystère par les mots « s'est fait chair ». C'est le même mot que Jean utilise pour décrire l'Eucharistie dans le discours sur le pain de vie (ch. 6). Le sacrement contient en lui toute l'histoire du salut révélé en Jésus.

Aujourd'hui

Parce que la lumière a été la première des créatures de Dieu, Jean en a fait la principale image pour désigner le Verbe et la vie qu'il communique. *Le Verbe était la vraie Lumière, qui éclaire tout homme en venant dans ce monde.* Au jardin d'Éden, on trouvait au centre l'arbre de vie. Le Verbe est la source de tout ce qui peut amener les hommes à vivre pleinement leur existence, non seulement la vie physique mais aussi la vie qui s'accomplit dans la rencontre de Dieu.

La Sainte Famille

La première lecture nous montre un épisode émouvant dans une famille de l'Israël ancien. Anne et son époux Elcana amènent leur enfant, Samuel, au temple du Seigneur à Silo. Il servira Dieu dans la vie quotidienne du sanctuaire. Sa naissance avait été la réponse de Dieu à la prière de sa mère.

La deuxième lecture donne aux familles l'exemple de l'amour de Dieu comme Père. Jean rappelle le plan de Dieu voulant que l'amour soit la vertu de la vie commune des familles.

L'évangile enseigne que la présence de Jésus dans une famille humaine a permis un cheminement dans la foi à Marie et à Joseph. Ils ont eu un itinéraire avec ses obscurités pour connaître le plan de Dieu sur le monde. La foi est une expérience communautaire souvent vécue en famille.

Lorsqu'il y a dix pas à faire vers quelqu'un,
neuf n'est que la moitié du chemin.

Barbey d'Aurevilly

LA FOI D'UNE FAMILLE

1 Samuel 1,20-22.24-28

Le contexte

L'enfance du prophète Samuel est racontée dans le premier des livres qui portent son nom. Ce récit permet au lecteur de la Bible de connaître Anne, une figure de femme et de mère parmi les plus intéressantes de toutes les Écritures. Elle est décrite comme une femme de foi. Son mari Elcana a deux femmes : Anne et Pennina. La présence de la deuxième épouse s'explique peut-être par le fait qu'Anne ne donnant pas d'enfant à son mari, il aurait pris une seconde épouse afin d'obtenir une descendance, comme l'avaient fait avant lui Abraham et Jacob. Anne a fait une prière ardente dans un pèlerinage annuel à Silo : elle a demandé à Dieu de faire que sa stérilité soit guérie. Sa douleur de ne pas être mère était d'autant plus grande que Peninna avait plusieurs enfants et ne se privait pas de sarcasmes envers la première épouse.

La prière d'Anne a été une prière digne de mention, car elle a été une prière silencieuse. Le prêtre Éli, le desservant du sanctuaire de Silo, observait Anne dont les lèvres bougeaient, et il croyait qu'elle était ivre. À une époque où la prière était toujours dite à voix haute, la prière personnelle et privée d'Anne était donc une innovation. Elle était vue avec scepticisme par le prêtre, mais Anne priait visiblement avec la conviction que Dieu écoutait la prière d'une pauvre femme, même si elle ne priait pas selon les usages de son temps contrôlés par l'autorité compétente. Sa manière de faire paraissait une anticipation de la parole des prophètes qui ont remis en question le formalisme du culte d'Israël.

Le message

La prière d'Anne comme mère va prendre une fois de plus une tournure originale. Dieu a répondu a sa demande d'être délivrée de la stérilité. L'union d'Elcana et Anne a finalement donné la vie à celui qu'Anne a nommé Samuel. Elle a fait acte d'autorité en donnant son nom à l'enfant, ce que son mari a accepté de bonne grâce, semble-t-il. Il acceptera de la même façon la réalisation du vœu que sa femme a professé, celui de consacrer l'enfant à Dieu pour le service du sanctuaire. Elle avait fait part de son intention en disant à Elcana : *Quand l'enfant sera sevré, je l'emmènerai : il sera présenté au Seigneur, et il restera là pour toujours.*

Anne n'a pas voulu participer au pèlerinage annuel tant que Samuel n'a pas été sevré. Cela a sans doute été une mesure de prudence pour qu'on n'ait pas à trouver une nourrice.

La lecture raconte le voyage d'Anne, d'Elcana et de l'enfant à Silo. On met en relief la grande valeur du sacrifice d'action de grâce qui a été offert puisqu'il s'agissait d'*un taureau de trois ans, d'un sac de farine et d'une outre de vin.* Le couple a démontré ainsi sa reconnaissance envers le Seigneur. Surtout, l'offrande de Samuel enfant pour le service du sanctuaire a fait la preuve d'une exceptionnelle sincérité dans la prière d'Anne, comme de la communion de pensée d'Elcana sur ce point de leur vie conjugale.

Aujourd'hui

Consacrer un enfant à Dieu pour toute sa vie, renoncer à le voir grandir près de soi et ne le rencontrer que rarement n'est pas une mince affaire. Bien que les parents de Samuel aient certainement eu beaucoup confiance en Éli, le prêtre, comme éducateur de Samuel, on devine que la décision du couple d'accomplir le vœu d'Anne a été difficile. On peut admirer le dialogue du couple dans la décision commune touchant leur enfant. Un fonds solide de foi dans le Seigneur a sans doute aidé le projet du couple. Voilà une leçon très actuelle.

LA FOI DANS L'AMOUR

Jean 3,1-2.21-24

Les trois lettres de Jean forment avec l'Apocalypse et le quatrième évangile le « corpus johannique » qui a ses vues bien distinctes et ses insistances particulières en regard des évangiles de Marc, Matthieu et Luc (les synoptiques) ou en comparaison avec les épîtres de Paul. L'une des idées saillantes est la paternité de Dieu qui s'accompagne de sa conséquence, l'amour fraternel des chrétiens. Le disciple que Jésus aimait est certainement à la source de la plus longue des épîtres, la première. Elle a souvent été vue comme le plus bel aboutissement des traditions anciennes d'Israël. Elle marque le merveilleux épanouissement de ce qui était la révélation du Dieu unique pour tous les êtres humains et des rapports de justice qui doivent exister entre eux.

La première épître, en fait, n'a rien du style épistolaire : ni salutation aux destinataires, ni recommandation et souhait final. Elle est une exhortation mise par écrit qui reprend en les adaptant les thèmes de l'évangile de Jean. Désormais, les adversaires ne sont plus les juifs, ce sont les chrétiens qui se sont séparés du groupe dont fait partie l'auteur.

Une différence avec l'évangile peut être signalée : la première épître attribue à Dieu des traits que l'évangile attribue à Jésus : par exemple en 1 Jean 1,5, Dieu (le Père) est Lumière (voir Jean 8,12 ; 9,5) ; en 1 Jean 4,21, c'est Dieu (le Père) qui donne le commandement de s'aimer les uns les autres (voir Jean 13,34).

La lecture liturgique du jour comporte une sélection de versets que l'on peut appliquer à la vie de famille et qui ont été vécus en pratique par la Sainte Famille.

Le message

Dès maintenant, nous sommes enfants de Dieu, mais ce que nous serons ne paraît pas encore clairement. Certes par notre baptême, une nouvelle naissance *dans l'eau et l'Esprit* (Jean 3,5), nous sommes devenus enfants de Dieu, mais notre condition d'enfants de Dieu n'est pas une réalité statique, elle est en devenir. Voilà une invitation à vivre dans la dignité d'enfants de Dieu, à devenir davantage ce que nous sommes. Il y a une dimension morale dans cet appel. Jean nous a déjà mis en garde contre un style de vie qui est destructeur pour toute communauté humaine comme pour toute famille. *Car tout ce qui est dans le monde — la convoitise de la chair, la convoitise des yeux et l'orgueil de la richesse — vient non pas du Père mais du monde* (Jean 2,16). C'est l'expérience commune que la sensualité, la séduction des apparences, l'orgueil qui résulte de la possession des biens terrestres peuvent contribuer à la dissolution des familles.

Voici son commandement: avoir foi en son Fils Jésus Christ, et nous aimer les uns les autres comme il nous l'a commandé. Jean déplore que des disciples se soient séparés des autres. Probablement que ce groupe schismatique est composé des plus riches, car il attire l'attention sur l'exigence du partage: *Si quelqu'un, jouissant des biens de ce monde, voit son frère dans la nécessité et lui ferme ses entrailles, comment l'amour de Dieu demeurerait-il en lui?* (3,17) La coutume des premiers chrétiens à Jérusalem (Actes 2,42) et aussi ailleurs (1 Corinthiens 10,21) était de prendre part à des repas ensemble. Les sécessionnistes ne partagent plus la table commune. Ce signe de l'amitié des frères et des sœurs en famille doit demeurer le moment privilégié de l'échange et de la joie.

Aujourd'hui

Les parents qui veulent enseigner l'amour à leurs enfants ne commencent habituellement pas là. Ils commencent par l'éducation à la politesse. On éduque les plus jeunes à juger de ce qui se fait et de ce qui ne se fait pas. Reprendre ses enfants mille fois pour qu'ils disent « s'il vous plaît », « merci », « pardon ». Que les parents gardent courage en préparant le terrain pour le don de l'amour.

LA FOI D'UN COUPLE

Luc 2,41-52

Le contexte

L'évangéliste Luc est responsable de ces pages splendides qui racontent la naissance de Jésus à Bethléem, l'adoration des bergers, ainsi que la présentation de Jésus au temple quarante jours plus tard. La Sainte Famille apparaît se conformer aux usages religieux de son temps. Toujours avec le même charme, Luc nous a raconté un épisode de plus dans l'histoire de cette famille, et il en profite pour en dire plus sur le mystère dans la personnalité de l'enfant.

Le message

Dans l'histoire de Jésus retrouvé par ses parents, le verset le plus important est la parole de l'enfant : *Comment se fait-il que vous m'ayez cherché ? Ne le saviez-vous pas ? C'est chez mon Père que je dois être.* L'auteur veut nous amener à ce sommet : une révélation de Jésus par lui-même. Jusqu'à présent il y avait eu beaucoup de proclamations enthousiastes sur l'enfant. À l'Annonciation : *l'être saint qui naîtra sera appelé Fils de Dieu* (Luc 1,35). À la Visitation, Élisabeth salue la mère de son Seigneur (Luc 1,43). À Noël, les anges disent aux bergers : *aujourd'hui vous est né un Sauveur, qui est le Christ Seigneur* (Luc 1,11). À la Présentation, Syméon bénit Dieu en disant de l'enfant : *lumière pour éclairer les nations et gloire de ton peuple Israël* (Luc 2,32). Dans une progression dramatique, Luc nous amène à une déclaration dont chaque mot porte : le Père de Jésus, c'est Dieu, le temple est son lieu d'habitation. Le mystère est découvert devant les docteurs d'Israël aussi bien que devant les humbles, Joseph et Marie.

Luc aurait été étonné s'il avait su que son récit servirait à la fête de la Sainte Famille. Son projecteur est dirigé sur Jésus et la liturgie s'attarde sur Joseph et Marie qui forment sa famille. Pour saint Luc, les autres personnages sont placés là pour mieux faire apprécier Jésus. Les ténèbres font goûter la lumière. L'incapacité de comprendre met en relief le grand mystère, c'est le Fils de Dieu qui vit parmi les êtres humains, c'est la sagesse même qui séjourne parmi les intelligences limitées.

Nous pouvons toutefois tirer parti de cet évangile pour la fête d'aujourd'hui. Dieu a vécu dans une famille humaine. Il en a partagé la vie quotidienne. La famille en tant que communauté humaine a reçu par là une dignité plus grande. Le plan de Dieu passe par ce qui fait le programme ordinaire d'une famille : travail, repas, conversations, voyages, prières. Jésus s'est manifesté dans les pleurs et les rires d'une famille villageoise. La grandeur de Dieu réside dans sa capacité d'être humble. Son amour infini ne l'éloigne pas de la condition humaine, il l'en rapproche.

Aujourd'hui

À présent, les gens se préoccupent des obscurités de la foi. Par la naissance virginale, Marie sait la destinée exceptionnelle de son Fils. Cependant, l'évangéliste décrit ainsi sa réaction avec celle de Joseph devant la parole de Jésus : *Ils ne comprirent pas.* Luc corrige l'impression qu'il aurait pu laisser en ajoutant : *Sa mère gardait tout cela dans son cœur.* Elle réfléchit d'une manière positive. Jusqu'à la Pentecôte, Marie est le témoin des événements importants du salut. Elle les voit avec le cœur et elle est le témoin qui en saisit l'enchaînement. En la fête de la Sainte Famille, nous pourrions ajouter que c'est dans la communion de pensée avec Joseph, son mari, qu'elle a vécu la croissance de la foi. L'itinéraire de ce couple pourrait être celui de nos familles.

Sainte Marie, Mère de Dieu

La première lecture rapporte la bénédiction que les prêtres faisaient sur le peuple en Israël. C'était un souhait efficace émis par des personnes représentant ici le Seigneur comme Père de son peuple. Notre bénédiction paternelle peut être rapprochée de ces paroles de bienveillance. La seconde lecture présente Marie dans le plan de Dieu. En tant que Père, il voulait faire accéder les croyants à l'état adulte dans la foi. La mère de Jésus a joué un rôle actif dans la réalisation de ce dessein historique. L'évangile contemple la rencontre des bergers avec Marie et Joseph autour du nouveau-né. Marie commence alors un itinéraire de foi avec lumière et ombre sur la réalisation du salut dans le Christ. Sa vision d'intériorité et sa confiance dans l'avenir font de Marie un modèle des chrétiens.

C'était une dame jeune et belle,
belle surtout comme je n'en avais jamais vu.

Bernadette Soubirous

LES BIEN-NÉS DE DIEU

Nombres 6,22-27

Le contexte

Le livre des Nombres est rarement utilisé dans les lectionnaires de la liturgie catholique. Pourtant, il appartient aux cinq livres de la loi de Moïse que Jésus a souvent proposés à ses auditeurs. Les Nombres commencent par un événement mineur, un recensement, d'où le nom du livre, mais son contenu est d'une grande portée théologique. C'est le récit des pérégrinations d'Israël en marche vers la terre promise, ce qui peut servir d'exemple à l'Église d'aujourd'hui qui affronte les mêmes difficultés qu'Israël : faiblesse des chefs, critiques des membres et lassitude de tous. La fidélité de Dieu se manifeste quand même, puisque le peuple avance. Aujourd'hui, il y a un sens plus vif du progrès accompli et de la force de l'Esprit de Dieu présent au milieu de la communauté.

Le message

En ce jour où l'on célèbre la plus célèbre femme dans la tradition biblique, Marie, Mère de Jésus, il est étonnant que la liturgie présente un extrait d'un livre qui ignore pratiquement les femmes. Dans le recensement du début, elles ne sont pas mentionnées. Dans le recensement des familles de prêtres, elles sont totalement méconnues. À plus forte raison, dans le rite de bénédiction accompli par ces mêmes prêtres, elles ne sont ni parmi ceux qui exécutent la bénédiction ni parmi ceux qui la reçoivent.

Quand les Nombres parlent de la communauté, on pourrait croire que les femmes sont des membres comme les autres, étant à égalité avec les hommes pour la constituer. En fait, de temps à autre, un indice montre que le rédacteur n'a pas du tout en tête cette présence des femmes. Moïse parle de « vos femmes » lorsqu'un problème touche la famille, car elles sont en marge des préoccupations de l'auteur, appelées au mieux à jouer un rôle accessoire.

Le commentateur moderne est donc forcé de creuser le texte davantage lorsqu'il veut découvrir la profondeur et l'universalité du message. La Bible n'est-elle pas un enseignement pour tous !

On note alors le sens original de la bénédiction. La « bénédiction » vient du mot hébreu *barak* ou *berek* qui signifie genoux, un euphémisme pour désigner les parties sexuelles. « Que le Seigneur te bénisse ! » veut donc dire à l'origine : « Que le Seigneur te rende fécond ! », le souhait s'adressant aussi bien à l'homme qu'à la femme.

La bénédiction la plus connue de l'histoire biblique, celle qui a le plus de conséquences, est celle qui est donnée à Abraham : « Je ferai de toi un grand peuple, je te bénirai ! » (Genèse 12,2) Il va de soi que cette parole de Dieu ne peut s'accomplir sans la collaboration des femmes. De plus, elles ne sont pas des anonymes. On connaît les matriarches d'Israël : Sara, Rébecca, Lia, Rachel. D'autres ont été mystérieusement écartées, comme Agar, mais elles n'en ont pas moins joué un rôle inoubliable.

Aujourd'hui

L'existence est la bénédiction fondamentale sans laquelle il n'en est pas d'autre. Pour la donner à l'humanité, le Seigneur s'est associé l'homme et la femme dans leur condition sexuée. Les autres dons de Dieu à l'humanité sont constamment faits par des intermédiaires, eux aussi immergés dans la condition humaine. Louons Dieu pour ses bénédictions et les personnes qui les transmettent !

NÉ D'UNE FEMME

Galates 4,4-7

Le contexte

Vers l'an 50, Paul écrit l'épître aux Galates. Il leur dit qu'il n'est pas nécessaire de suivre les prescriptions de la loi de Moïse puisque la foi dans le Christ suffit pour être sauvé. D'autres prédicateurs assuraient le contraire, et Paul a soutenu brillamment son « évangile »avec des textes bibliques. Dans une démonstration, il a parlé de la loi comme d'un pédagogue, soit cet esclave qui, dans les familles riches, veillait à ce que le fils héritier se comporte bien jusqu'à sa maturité. Le Christ a donc libéré le fils de son gardien pour qu'il jouisse de son héritage en adulte.

Le message

Dans la suite, Paul déclare que nous sommes *tous fils de Dieu par la foi* (3,26). Le problème du langage inclusif ici se pose. L'interprétation normale, si l'on veut faire des femmes des partenaires égales, serait de comprendre que nous sommes tous fils et filles de Dieu, mais une difficulté surgit. Les filles pouvaient hériter de leur père, mais toujours sous l'autorité d'un maître de sexe masculin qui administrait l'héritage en son nom. Même la fille aînée, au temps de Paul, ne pouvait hériter de son père avec l'autorité du *paterfamilias*, le chef de la maison romaine. Il faut ainsi corriger la métaphore dans le contexte culturel différent qui est le nôtre pour éviter toute interprétation sexiste et pour bien dire que tous, hommes et femmes, ont un statut égal dans la famille de Dieu ; tous constituent avec le Christ des héritiers de la vie éternelle.

Ensuite, Paul poursuit avec l'image de la maturité que l'on atteint à la venue du Christ (la lecture de cette fête). Il parle de l'origine du Christ qui est divine et humaine. *Dieu a envoyé son fils,* et aussi *il est né d'une femme.* Le fait d'un être à demi divin et à demi humain n'était pas inconnu à une époque où le mythe de Dionysos, par exemple, faisait de lui le fils de Zeus et de la femme Sémélé. Le dogme chrétien ultérieur clarifiera la pensée en disant que Jésus est totalement Dieu et totalement homme, assumant l'humanité comme personne divine et bannissant tout rapprochement avec la mythologie.

L'expression *né d'une femme* ne désigne cependant pas la virginité de Marie (elle ne l'exclut pas non plus). Jean Baptiste est, de même, *né d'une femme* dans l'évangile de Matthieu (11,11) et dans celui de Luc (7,28). L'expression a pour but d'insister sur l'origine humaine du Christ et elle introduit ce qui est dit juste après de Jésus : *il a été sujet de la loi de Moïse.* Il a par conséquent été pleinement humain et pleinement juif. Il a racheté ceux qui, comme Paul lui-même, sont sous l'autorité de la loi (les juifs), et il élève tous les enfants de la maison, non pas au statut d'esclaves mais à celui de « fils » et d'« héritiers ».

La dignité de Marie est d'avoir été l'instrument privilégié d'insertion du Christ dans la dynamique de l'histoire du salut. L'étape qui commence a été précédée par d'autres qui forment des maillons essentiels dans la révélation progressive du plan de Dieu. Quelques-uns disent de Marie qu'elle a été un instrument passif dans ce plan, mais l'ensemble du Nouveau Testament montre, au contraire, qu'elle a été une femme libre collaborant dans la foi.

Aujourd'hui

Lorsque les temps furent accomplis — et nous sommes de cette époque —, une effusion de l'Esprit Saint s'est produite. Le millénaire qui s'ouvre est une ère de la foi dans laquelle la familiarité adorante est possible envers Dieu-Père. On ose l'appeler « Abba ».

NÉ POUR SAUVER

Luc 2,16-21

Le contexte

La fête de Noël s'est prolongée pendant encore une semaine. On reprend la lecture de l'évangile de Luc là où on l'avait laissé dans la nuit de la grande fête. L'évangile se terminait alors par l'annonce de l'ange aux bergers que le messie est né. Le chœur des anges a entonné : « Gloire à Dieu au plus haut des cieux et paix sur la terre aux hommes qu'il aime ! » L'évangéliste peut maintenant raconter ce qui a suivi et la réaction des personnages devant l'événement exceptionnel.

Le message

Deux groupes de personnes apparaissent dans cet extrait d'évangile : les bergers et les parents de Jésus, Joseph et Marie. Chaque groupe révèle un enseignement spécial.

Les bergers : l'archéologue J.J. Rousseau dit qu'on a trouvé des ciseaux qui servaient à tondre les moutons dans la Palestine du Ier siècle. On a trouvé également des murailles de pierre remontant à la même époque et servant de clôtures pour le petit bétail. Une preuve de plus de l'importance des bergers dans la vie quotidienne au temps du Christ. Ils étaient toutefois méprisés. Le Talmud les range après les joueurs de dés, les usuriers, les éleveurs de pigeons de course et les marchands qui travaillaient le jour du sabbat. On les accusait de se servir à même les produits venant de leurs bêtes comme aussi de faire paître leurs animaux sur les terres des autres. Un dicton rabbinique spécifiait : « Les bergers, les collecteurs de taxes et les publicains, pour eux le repentir est difficile. » Luc, en nous rapportant qu'ils ont été les premiers invités auprès de Jésus naissant, veut sans doute nous dire que Jésus est venu pour les pauvres d'abord.

Marie et Joseph : la mère de Jésus est un témoin de la foi. Elle a répondu oui à l'ange, au jour de l'Annonciation. Élisabeth l'a saluée comme celle qui a cru. Auprès du berceau de Jésus elle écoute ce que les bergers ont entendu de la bouche des anges : *Un sauveur vous est né.* L'Écriture dit toutefois que Marie a connu les obscurités de la foi. *Marie, cependant, retenait tous ces événements et les méditait dans son cœur.* Luc décrit l'attitude de la mère de Jésus à la façon de celle du jeune Daniel devant la vision du Fils de l'homme. Le prophète voit les bêtes représentant les empires qui sont blessées à mort. Il voit le triomphe du Fils de l'homme qui reçoit la royauté des mains de l'Ancien des jours. Il comprend sans doute obscurément que viendra la victoire des saints contre les forces adverses mais il reste pensif. *Je gardai ces choses dans mon cœur*, dit-il en racontant l'événement (Daniel 7,28).

Luc, en nous décrivant Marie en méditation, veut nous donner un exemple de contemplation et d'intériorisation. En outre, il nous enseigne que Marie est demeurée dans l'ignorance sur les événements à venir. Comment Dieu réalisera-t-il ses plans ? Elle ne le sait pas. Elle fait confiance.

Aujourd'hui

La tradition a vu dans la circoncision de Jésus une prophétie de la Passion. Il verse son sang comme signe d'alliance. Nous adhérons à la foi dans la volonté de Dieu de sauver le monde et nous avons confiance dans la bienveillance de notre Dieu. Le commencement du troisième millénaire peut cependant nous inspirer de l'inquiétude. L'attitude de Marie qui réfléchit sur Jésus et son mystère devrait nous servir d'exemple et nous redonner la joie sereine.

Épiphanie du Seigneur

La première lecture décrit une vision d'avenir. Des peuples se dirigent vers Jérusalem, la ville de la foi en Yahvé, Dieu d'Israël. Son temple constitue un pôle de ralliement. La deuxième lecture enseigne que la venue du Christ réalise l'unité des nations autour du seul Dieu. La diffusion du message des apôtres manifeste que l'unification du monde fait partie d'un plan caché du Seigneur lui-même. L'évangile raconte la venue des mages auprès de Jésus. Ils n'appartiennent pas au peuple de Dieu mais ils ont reçu comme guide une étoile, symbole de la foi. La communauté des croyants inclura en elle des étrangers inespérés. Le Seigneur s'est donné à connaître d'une manière insoupçonnable.

Si Dieu se découvrait continuellement aux hommes,
il n'y aurait point de mérite à croire.

BLAISE PASCAL

LA MARCHE DES PEUPLES

Isaïe 60,1-6

Le contexte

Le livre d'Isaïe contient plusieurs hymnes joyeux sur l'unité des peuples. Dans une gigantesque procession, les nations accourent vers Jérusalem. Le livre, à toutes fins utiles, commence par une de ces visions. « Alors viendront des peuples nombreux qui diront : "Venez, montons à la montagne du Seigneur." On ne lèvera plus l'épée nation contre nation, on n'apprendra plus à faire la guerre. » (Isaïe 2,3-4) Là, à Jérusalem, Dieu prépare la résurrection : « Yahvé Sabaot prépare pour tous les peuples, sur cette montagne, un festin [...] sur cette montagne il a fait disparaître la mort à jamais. Le Seigneur Yahvé a essuyé les pleurs sur tous les visages. » (Isaïe 25,6.8) Il n'est pas surprenant que vers la fin du livre, on reprenne le thème en un beau refrain.

Le message

Le poème du ch. 60 d'Isaïe est un oracle chargé d'espérance. Le vrai Dieu aura un jour des adorateurs de toutes les nations. Si la manifestation du Christ Fils de Dieu a été faite à des mages étrangers, ce n'était pas tout à fait la première fois qu'il y avait révélation aux nations païennes. À l'époque du retour d'exil (vers 550 av. J. C.), des étrangers s'étaient en effet convertis au Dieu unique. Ils s'étaient joints aux longues caravanes venant de Babylone à Jérusalem. La Ville sainte sortait à peine de l'humiliation, elle avait retrouvé son autel, mais elle attendait encore la restauration de son temple, une population plus nombreuse et une tranquillité plus grande.

La joie à venir était déjà présente dans le cœur du poète. *Debout, Jérusalem ! Resplendis : elle est venue ta lumière, et la gloire du Seigneur s'est levée sur toi. Regarde : l'obscurité recouvre la terre, les ténèbres couvrent les peuples ; mais sur toi se lève le Seigneur, et sa gloire brille sur toi* (v. 1-2).

Le mouvement de conversion universelle paraît amorcé, il va culminer à la venue du Christ lumière. *Les nations marcheront vers ta lumière, et les rois, vers la clarté de ton aurore. Lève les yeux, regarde autour de toi; tous, ils se rassemblent, ils arrivent* (v. 3-4). On croira à ce moment revivre l'époque de David et de Salomon. Les rois qui leur étaient soumis apportaient des dons au Dieu d'Israël dans le temple. On se souvient de la reine de Saba (1 Rois 10,2). *Le poète s'exclame: les trésors d'au-delà des mers afflueront vers toi avec les richesses des nations* [...] *Tous les gens de Saba viendront, apportant l'or et l'encens et proclamant les louanges du Seigneur* (v. 5-6).

L'or et l'encens rappellent au lecteur chrétien les mages avant-coureurs de la migration vers Jésus, temple nouveau.

Aujourd'hui

Chacun de nous dans le Christ prend possession du monde. Teilhard de Chardin écrivait: « Regarde la foule immense de ceux qui construisent et de ceux qui cherchent. Dans les laboratoires, dans les studios, dans les déserts, dans les usines, dans l'énorme creuset social, les vois-tu tous ces hommes qui peinent? Eh bien! tout ce qui fermente par eux, d'art de science, de pensée, tout cela c'est pour toi. Allons, ouvre tes bras, ton cœur, et accueille, comme ton Seigneur Jésus, le flot, l'inondation, de la sève humaine. Reçois-la, cette sève, car sans son baptême, tu t'étioleras sans désir, comme une fleur sans eau; et sauve-la, puisque, sans ton soleil, elle se dispersera follement en tiges stériles sans désir. »

LA MARCHE VERS LE CHRIST

Éphésiens 3,2-3a.5-6

Le contexte

Les événements qui ont entouré la fondation de l'Église d'Éphèse ont été assez spectaculaires. Pendant deux ans Paul a loué des locaux d'une école durant les heures chaudes du jour. Il y enseignait la doctrine chrétienne avec succès. Il a fait des miracles nombreux, selon ce que dit Luc dans les Actes des apôtres. Des malades s'appliquaient des mouchoirs ou des linges qui avaient touché son corps et ils étaient guéris. Une émeute a éclaté où des orfèvres qui faisaient des statues d'une déesse ont exprimé leur mécontentement devant la religion de Paul qui ruinait leur négoce. Les chrétiens de cette région avaient sûrement besoin d'entendre parler d'unité malgré les conditions difficiles de saint Paul, prisonnier à Rome ou Césarée lorsqu'il leur écrit.

Le message

Le passage de la lettre de Paul aux Éphésiens retenu ici exalte l'amour de Dieu dans son ampleur. L'accès des païens au salut d'Israël dans le Christ est le grand mystère dont la contemplation inspire à Paul au soir de sa vie des accents inimitables : sur l'infinie sagesse divine qu'il y voit déployée, sur la charité insondable qui s'y manifeste, sur l'élection toute gratuite qui l'a choisi, lui, Paul, le dernier de tous, pour en être le ministre. Lisons ses paroles mêmes : *Frères, vous avez appris en quoi consiste la grâce que Dieu m'a donnée pour vous : par révélation, il m'a fait connaître le mystère du Christ. Ce mystère, il ne l'avait pas fait connaître aux hommes des générations passées, comme il l'a révélé maintenant par l'Esprit à ses saints apôtres et à ses prophètes* (v. 2-3a.5).

Le message qui en ressort est le même que celui de la visite des mages. Des païens qui n'étaient les héritiers ni d'Abraham ni de Moïse sont maintenant conviés à reconnaître le salut en Jésus Christ. Des gestes de Jésus envers les païens, durant sa vie publique, avaient constitué les étapes préliminaires : guérison du serviteur d'un centurion romain

(Matthieu 8,5-13), exorcisme de deux possédés gadaréniens (Matthieu 8,28-34), guérison de la fille d'une Cananéenne (Matthieu 15,21-28). Des paroles de Jésus aussi sur le festin de Dieu ouvert aux païens (Matthieu 8,11), sur la miséricorde envers Ninive (Matthieu 12,41), sur la vigne du Royaume confiée à un autre peuple (Matthieu 21,43). Voilà autant d'événements riches de sens qui préparent l'intelligence de Paul à comprendre la grâce universelle. *Ce mystère, c'est que les païens sont associés au même héritage, au même corps, au partage de la même promesse, dans le Christ Jésus, par l'annonce de l'Évangile* (v. 6).

Aujourd'hui

L'Épiphanie et le concile de Vatican II ont un rapport important. Chaque fois qu'un concile se réunissait, c'était toujours pour quelques centaines de représentants tout au plus. Le célèbre concile de Trente rassemblait des Européens. Vatican I ne comptait que de rares délégués non originaires d'Europe parmi les 600 Pères. Il faut donc attendre Jean XXIII pour convoquer un concile œcuménique au sens fort du terme. Vatican II sera universel dans toute l'acception du mot. Les évêques, les observateurs non catholiques, les théologiens représentaient tous les pays du monde, toutes les cultures et toutes les races. Somme toute, il y a une vérité sur l'Église qui éclate en ce concile : c'est le concile des nations de l'Église universelle. « Vatican II est la première manifestation visible pour l'Église de ce qu'elle est. » (Rahner) L'Épiphanie anticipait le mystère de l'Église de toutes les nations. Elle se déploie dans le nouveau millénaire.

LA MARCHE AVEC L'ÉTOILE

Matthieu 2,1-12

Le contexte

L'Épiphanie est la manifestation publique de Jésus qui est le Fils de Dieu. L'événement se produit à l'occasion de la visite des mages à Bethléem racontée par Matthieu, et il s'en dégage deux leçons principales bien en contexte chez cet évangéliste. Du point de vue de Dieu, c'est la révélation que le salut s'étend aux païens, représentés par les mages. Du point de vue de l'homme, c'est la foi qui convient comme attitude. Celle des visiteurs venus de loin est en contraste avec l'indifférence ou même l'hostilité d'Hérode et des juifs.

Le message

Chez Luc, ce sont de modestes bergers de la campagne de Bethléem qui viennent les premiers voir Jésus. Chez Matthieu, ce sont des mages de l'Orient. Leur venue est l'annonce prophétique de ce qui se passera durant la vie de Jésus et dans la primitive Église : les juifs seront insensibles ou opposés à Jésus, alors que les païens accueilleront l'Évangile en grand nombre. Le texte de Matthieu donne du relief à la collusion d'Hérode et des juifs. D'autre part, Jésus sera roi mais d'une royauté très différente de celle d'Hérode, le despote cruel et licencieux. Notons bien les contrastes entre les deux rois, Hérode et Jésus.

Les mages demandent en arrivant à Jérusalem : « Où est le roi des juifs qui vient de naître ? Nous avons vu se lever son étoile et nous sommes venus nous prosterner devant lui. » Les mages sont des astronomes qui viennent de l'est, peut-être de la Perse. Le texte de Matthieu ne précise pas qu'ils étaient des rois, ni qu'ils étaient au nombre de trois. Le titre de *roi des juifs* sera l'objet du procès qui se déroulera devant Pilate. Ce titre sera affiché sur la croix. Il provoque déjà la persécution de la part des autorités de Jérusalem, selon la suite du récit. Le titre de roi donné à Hérode montre que le problème est de savoir qui est vraiment roi des juifs. La question ne sera tranchée que par la résurrection du Seigneur.

Le fait de voir une nouvelle étoile dans le ciel signifie pour les anciens qu'un grand personnage est né. On comprend la réaction. *En apprenant cela, le roi Hérode fut pris d'inquiétude, et tout Jérusalem avec lui. Il réunit tous les chefs des prêtres et tous les scribes d'Israël, pour leur demander en quel lieu devait naître le Messie* (v. 3-4). L'ordre des choses est bouleversé. D'abord l'agitation paraît intéressée, mais elle se montrera bientôt haineuse. Les juifs qui ont la parole prophétique comme guide assuré, non seulement ne reconnaissent pas leur messie, mais ils le rejettent, et par la personne d'Hérode, ils cherchent à le faire mourir. Matthieu a derrière lui la douloureuse expérience d'une Église, formée en majorité de païens, qui est persécutée par les juifs. Les mages, les ancêtres spirituels des païens convertis, n'ont pour se guider vers Jésus que des signes ambigus. Une étoile, qu'il serait vain aujourd'hui d'identifier, leur sert d'aide pour atteindre le Christ. La différence avec les juifs est frappante. Les mages cherchent Jésus dans la joie et ils le trouvent. *Ils virent l'enfant avec Marie sa mère.*

Aujourd'hui

Ce que les mages ont vu était si humble, écrit Jean Chrysostome, que, sans la foi, ils ne se seraient pas prosternés. La foi est « cette lumière dont Dieu avait rempli leur âme », une lumière bien plus parfaite que l'étoile. La foi s'accompagne d'obéissance et c'est ce qui explique la fin de l'épisode. *Mais ensuite, avertis en songe de ne pas retourner chez Hérode, ils regagnèrent leur pays par un autre chemin* (v. 12). Pour nous, l'Épiphanie peut être un réveil de la foi.

Le baptême du Seigneur

La première lecture décrit un serviteur qui est une figure de Jésus. Sa discrétion étonne. Il agira en libérateur des victimes d'injustice. La seconde lecture présente un résumé de la vie publique de Jésus. Au début, il a été baptisé et l'habitation de l'Esprit Saint en lui paraît expliquer qu'il ait fait le bien au service des autres. L'évangile décrit Jésus qui s'est joint aux pénitents qui sont disciples de Jean-Baptiste. Les mythologies décrivaient la vie des dieux et déesses dans un monde nébuleux et imaginaire appartenant au passé. Ici, Jean-Baptiste reconnaît Jésus comme ayant une dignité transcendante. La théophanie confirme cette intuition de Jean. Jésus est le Fils bien-aimé de Dieu au milieu des êtres humains très humbles qui se confessent pécheurs. Le Fils de Dieu est engagé dans la réalité humaine concrète en vue du salut.

Charme inexprimable! on aimait l'homme et l'on sentait Dieu.

CATHERINE EMMERICH

SERVITEUR DOUX ET HUMBLE

Isaïe 42,1-4. 6-7

Le contexte

Le livre de la consolation (les ch. 40 à 55 du livre d'Isaïe) présente un individu, souvent appelé depuis le Serviteur de Yahvé. À la fin de l'exil à Babylone, ce personnage prend des dimensions grandioses dans l'imaginaire des croyants. Qui est-il ? La communauté des Israélites incorporée dans un individu ? Une personne représentative des « saints » ? Le personnage politique le plus important de l'époque était le roi des Perses, Cyrus. On a donc forcément pensé au héros d'Israël en montrant le Serviteur semblable à ce grand homme. La liturgie du Baptême du Seigneur, quant à elle, répond : le Serviteur ? c'est Jésus ! Tout le Nouveau Testament, en fait, a vu dans le destin de ce Serviteur une ébauche de la vie de Jésus de Nazareth.

Le message

Lorsque le roi Cyrus a envahi Babylone et libéré les exilés de leur servitude, son style a étonné. Il n'agissait pas comme les grands conquérants qui l'avaient précédé. Des chroniques anciennes le décrivent un peu comme celui que le chant du Serviteur dépeint. *Il ne criera pas, il ne haussera pas le ton, on n'entendra pas sa voix sur la place publique. Il n'écrasera pas le roseau froissé ; il n'éteindra pas la mèche qui faiblit, il fera paraître le jugement en toute fidélité.*

Le livre de la consolation souhaiterait que le Serviteur ressemble à Cyrus par ces qualités humaines. En réalité, il n'y en aura pas d'autre que Jésus de Nazareth pour se comparer à ce portrait. Envers les pécheurs publics et les marginaux de toute sorte, il a agi avec une mansuétude qui tranchait avec la rigueur des prophètes ses prédécesseurs. *Venez à moi, vous tous qui peinez et ployez sous le fardeau, et moi je vous soulagerai. Chargez-vous de mon joug et mettez-vous à mon école, car je suis doux et humble de cœur, et vous trouverez soulagement pour vos âmes* (Matthieu 11,28-29).

Le Serviteur sera aussi le protagoniste d'un idéal communautaire conforme à celui des prophètes de la justice sociale. Amos, le plus célèbre d'entre eux, avait condamné ceux qui *vendent le juste à prix d'argent et le pauvre pour une paire de sandales*, ainsi que ceux *qui écrasent la tête des faibles sur la poussière de la terre* (Amos 2,6-7). Le Serviteur, pour sa part, par souci de justice, fera sortir ceux qui sont en prison pour dettes. *Tu feras sortir les captifs de leur prison, et de leur cachot, ceux qui habitent les ténèbres.*

Jésus, conforme aux enseignements des *nebiim* (prophètes), manifeste une préoccupation constante en faveur des pauvres. *Heureux, vous les pauvres, car le Royaume de Dieu est à vous* (Luc 6,20). Au jeune homme riche, qui respectait pourtant le commandement de ne pas voler, il dit sans ménagements : *Si tu veux être parfait, va, vends ce que tu possèdes et donne-le aux pauvres, et tu auras un trésor dans les cieux* (Matthieu 19,21).

Aujourd'hui

Le Serviteur, selon une version différente, aurait pu être appelé le travailleur du temple, car son occupation était le travail par excellence, la préparation des sacrifices. Durant l'exil, le travail ne peut plus s'accomplir matériellement, car le temple n'existe plus. Son travail est donc l'offrande de lui-même en suppléance. C'est aussi la vocation de chacun de nous : offrir le sacrifice de l'intérieur de nous-mêmes, à l'image de Jésus.

SERVITEUR DE SES FRÈRES

Actes 10,34-38

Le contexte

En dehors des évangiles, les Actes sont le seul livre du Nouveau Testament qui nous parle du baptême de Jésus. En Actes 1,21 et dans la seconde lecture de la fête du baptême du Seigneur, on parle en effet de cet événement. Pierre s'adresse à un païen, Corneille, et il lui dit que la vie de Jésus est une épiphanie de Dieu (une manifestation glorieuse). Notons que ce sont des actions de Dieu qui transparaissent dans les faits et gestes de Jésus. « Dieu » envoie la Parole pour annoncer la paix. « Dieu » a consacré Jésus par l'Esprit Saint. « Dieu » l'a rempli de sa force. Jésus est équipé pour son service de guérison et d'exorcisme.

Le message

Le discours de Pierre chez Corneille marque une étape importante de la vie de l'Église, car il affirme l'ouverture de la foi en Jésus à toutes les nations, ouverture marquée par le baptême de Corneille, l'envoi de l'Esprit (Actes 10,44-48) et la prédication concernant Jésus de Nazareth, maintenant le Christ (10,37-43). C'est Israël qui a reçu en premier la bonne nouvelle, mais désormais l'évangile de la paix est annoncé à tous. *Jésus est le Seigneur de tous.* Notre baptême nous oblige à perpétuer cette ouverture dans un dialogue franc et une conviction à l'épreuve des pires intempéries.

Pour les aider à accomplir eux-mêmes cette mission, les apôtres avaient résumé en quelques lignes l'essentiel de l'information concernant Jésus ; c'est ce que nous appelons le kérygme primitif (Actes 10,37-43). On affirmait entre autres choses que Jésus avait été baptisé, qu'il avait reçu l'Esprit de Dieu et qu'il était passé en bienfaiteur et en guérisseur.

Dans l'Église orientale, les trois fêtes de l'Épiphanie, la visite des mages, le baptême de Jésus et les noces de Cana, n'ont pas surtout un but historique. Il est vrai que ce sont des événements racontés au début des évangiles, mais ils intéressent le croyant dans ce qu'ils disent au sujet de Jésus. Qui est-il ? Voilà la question à laquelle répond l'Épiphanie déployée en triptyque.

Le baptême est un signe de l'abaissement de Jésus dans la foule des pécheurs et l'annonce de sa gloire à venir dans le mystère de Pâques.

Aujourd'hui

Nous avons été baptisés, nous avons reçu l'Esprit, mais passons-nous vraiment en bienfaiteurs et en guérisseurs ? Pourtant, ces trois idées sont liées de façon à former une chaîne inséparable. Le baptême ne peut demeurer une formalité sans suite. Il doit mener à un engagement dans la communauté humaine.

L'Esprit est descendu sur nous pour nous permettre d'aller au bout de la mission confiée par Dieu, mission dont nous ne pouvons prévoir les nombreux méandres. L'Esprit souffle où il veut et notre barque doit suivre le courant au risque d'être emportée là où elle ne le voudrait pas. Jésus n'a pas parlé beaucoup de l'Esprit, car toute sa vie a été un témoignage de ce qu'est une vie animée par l'Esprit. Son enseignement sur l'Esprit est de l'ordre du vécu plus que de la parole ; n'y a-t-il pas un appel à faire plutôt qu'à dire ? La conversion, c'est aussi vivre l'Esprit de Dieu, le transpirer pour que *la justice et le droit coulent comme de l'eau* (Amos 5,24).

SERVITEUR ET FILS

Luc 3,15-16.21-22

Le contexte

Le mouvement religieux qui s'exprime au Ier siècle par un baptême de repentir contient en germe l'idée de destruction du temple. Le mouvement baptiste, auquel appartient Jean, fils du prêtre Zacharie, voit le pardon des péchés comme provenant d'une conversion intérieure qui peut se passer des rites du temple de Jérusalem. Voilà un défi qui porte terriblement à conséquences. Certains prophètes avaient été des critiques radicaux du temple, allant jusqu'à remettre en cause son existence même : *Quelle maison pourriez-vous me bâtir, et quel pourrait être le lieu de mon repos ?* (Isaïe 66,1)

Jésus a choisi de faire partie de ce mouvement en s'intégrant au groupe des disciples de Jean-Baptiste et en remettant en cause ce qui se passait dans le temple : *Détruisez ce temple* (Jean 2,19). Il a prêché la conversion des péchés mais sans jamais dire aux foules qui l'écoutaient qu'il fallait aller au temple offrir des sacrifices de réparation.

On ne peut manquer de noter les différences entre le temple qui fait l'admiration des disciples pour sa richesse et son architecture et le lieu où Jean a choisi d'administrer le baptême de repentir. C'est le désert dans son âpreté où le prophète est vêtu d'une peau de chameau et s'alimente de façon très frugale.

Le message

Jésus en se soumettant au baptême de Jean encourage par l'exemple le mouvement de renouveau intérieur déclenché par les baptiseurs. Il commencera l'interpellation des foules avec un message très semblable à celui de Jean, en particulier le partage avec les pauvres.

Le temple est vu comme la cour de Dieu, sa maison et le lieu de sa présence. Certes, Jésus ira prier au temple ainsi que ses disciples de la communauté primitive de Jérusalem. Pourtant Dieu se manifeste au baptême de Jésus dans le désert, ce lieu désolé : *l'Esprit Saint descendit sur Jésus, sous une apparence corporelle, comme une colombe. Du ciel une voix se fit entendre : « C'est toi mon Fils bien-aimé ; en toi j'ai mis tout mon amour. »*

L'intuition de Jean-Baptiste lui avait fait sentir la dignité tout à fait unique de celui qui s'était joint à son mouvement. Il dit : *Il vient, celui qui est plus puissant que moi. Je ne suis pas digne de défaire la courroie de ses sandales.* Les élèves des rabbins les servaient avec grand respect, mais un dicton affirmait que l'humilité du disciple admiratif de la science de son maître ne devait tout de même pas aller jusqu'à lui enlever ses chaussures. Seul un esclave était assez bas dans l'échelle sociale pour accomplir ce geste. Pourtant, lorsqu'il s'agit de Jésus, même cette tâche servile Jean ne s'en estime pas digne. La noblesse de Jésus transcende tout ce qu'il a pu imaginer.

Si le lecteur, en voyant Jésus accourir à un baptême de pénitence, pouvait croire qu'il se voyait lui-même pécheur, la théophanie (la manifestation visible du Dieu Trinité) le retient dans cette manière de regarder le Christ. Les paroles de révélation de Jésus, plus tard, le disent nettement : *Le Père, je fais toujours ce qui lui plaît. Qui d'entre vous me convaincra de péché ?* (Jean 8,29.46)

Aujourd'hui

La contemplation de Jésus à son baptême fait découvrir que Dieu se rend présent à la condition des êtres humains les plus humbles. Hommes et femmes avaient accès au baptême de Jean (le temple, lui, était compartimenté). La religion, pour demeurer vraie, doit simplifier ses rites et faire appel à ce qui est le plus fondamental dans la condition humaine : le désir d'une purification dans l'Esprit et son feu.

1er dimanche du Carême

Le Seigneur est généreux envers tous ceux qui l'invoquent, dit saint Paul. Il le fut pour les Hébreux qu'il a libérés de la servitude égyptienne. Il leur a donné une terre comme il veut le faire à présent pour les pauvres du monde.

Dieu sera généreux pour toute personne qui affirme sa foi en Jésus. Il se rend « présent » dans la bouche du prédicateur qui rapproche Dieu de l'être humain.

La générosité de Dieu n'exclut pas l'épreuve puisque Jésus lui-même a été tenté dans le désert. L'Esprit Saint constitue la force de Jésus pour croiser le fer avec le diable et se délivrer du mal.

Le plus grand péché de l'homme
n'est-il pas dans ce délai qu'il
s'accorde pour opérer sa délivrance ?

A.-M. CARRÉ

AVOIR PART À LA TERRE

Deutéronome 26,4-10

Le contexte

Le livre du Deutéronome apparaît au lecteur comme un long discours de Moïse entrecoupé de deux pauses. Il est prononcé sur les monts du pays de Moab, avant l'entrée du peuple élu dans la Terre promise. En fait, il a été écrit beaucoup de temps après Moïse, au moment où les Israélites croyaient devoir disparaître dans la tourmente des invasions. Après le retour d'exil, on en complètera des parties.

Le Deutéronome est une réflexion spirituelle profonde sur les événements de l'Exode et sur l'installation en terre de Canaan. L'essentiel consiste à se rappeler le don gratuit de Dieu à son peuple. Au moment où Babylone veut enlever aux Israélites la possession de leur terre, le besoin se fait sentir de s'entendre confirmer par l'histoire les droits très anciens sur ce pays et ses richesses. Le droit à la propriété du sol n'empêche pas de croire qu'il vient de Dieu. Un formulaire de prière est proposé par « Moïse » au croyant qui ira dans un sanctuaire pour se souvenir de la générosité de Yahvé. C'est notre lecture.

Le message

L'amour de Dieu pour son peuple a été démontré par le don de la terre.

Mon père était un Araméen errant et il descendit en Égypte. Avec une extrême concision, les faits importants de l'histoire d'Israël sont rapportés par le croyant. Il se présente au sanctuaire pour un rite d'offrande des prémices et il rappelle les commencements insignifiants de Jacob, son ancêtre, jusqu'à sa propre situation, heureux possesseur d'une terre de lait et de miel.

Yahvé nous fit sortir d'Égypte. Sans l'aide divine, Israël ne serait rien. S'il a pu entrer en possession de l'héritage, c'est bien à cause des prodiges de son Dieu. Peut-être l'omission du Sinaï s'explique-t-elle par un désir d'actualiser l'Alliance. Elle se réalise par le pays qu'Israël possède maintenant. *Ce n'est pas avec nos pères que Yahvé a conclu une alliance, mais avec nous, nous-mêmes qui sommes ici* aujourd'hui *tous vivants* (Deutéronome 5,3). Ne pas parler du Sinaï est aussi une façon de ne pas rendre la possession de la terre conditionnelle à l'obéissance aux commandements. Si Dieu nous retirait son amitié quand nous nous en montrons indignes...

J'ai apporté les prémices des fruits du sol que tu m'as donné. Les rites permettent d'actualiser l'alliance. Nos processions d'offrandes vers l'autel avec une corbeille de produits de la terre ressemblent à ce que faisaient les Israélites. Ces gestes amènent à concrétiser le leitmotiv du Deutéronome : *Garde-toi alors d'oublier Yahvé ton Dieu* (8,11).

Aujourd'hui

Au plan matériel, la lecture nous permet d'évoquer le phénomène de la désertification, un fléau terrible qui réduit les terres arables dans les pays du tiers-monde. La solidarité des nations doit enrayer ce mal qui affecte les pauvres du monde.

Au plan spirituel, une vieille tradition chrétienne fait appeler le don de Dieu « grâce ». C'est une manière de rappeler la gratuité de sa miséricorde à toutes les étapes de la vie chrétienne. Depuis le baptême, notre « exode » jusqu'à la nourriture abondante de la Parole et des sacrements, l'amour de Dieu ne nous fait pas défaut. Dieu nous soutient *par une main forte et à bras étendu* (v. 8).

PARTICIPER PAR LA FOI

Romains 10,8-13

Le contexte

L'épître aux Romains est la plus longue des lettres de saint Paul. Écrite en 57/58, elle expose toute sa pensée sur le problème de la fidélité des nouveaux chrétiens à leurs racines juives. Jusqu'à quel point? Paul a mûri ce grave problème qui a divisé plusieurs communautés naissantes: ici, il donne une doctrine très riche où il expose toute l'histoire du salut. Le don de Dieu, celui qu'il fait de lui-même en établissant une alliance, exprime une constante depuis le temps d'Abraham jusqu'à la prédication aux païens. Quelle tristesse que si peu de coreligionnaires de Paul adhèrent à la foi dans le Christ ressuscité!

Je souhaiterais d'être moi-même anathème, séparé du Christ, pour mes frères, ceux de ma race selon la chair (Romains 9,3). Les Israélites sont infidèles mais *les dons et l'appel de Dieu sont sans repentance* (11,29) et c'est pourquoi *aujourd'hui il subsiste un reste, élu par grâce* (11,5) et ce germe, la petite communauté judéo-chrétienne, fonde un espoir dans la conversion finale des juifs.

Le message

Dommage que les Israélites de son temps tardent à croire dans le Christ, car plus que jamais Dieu s'est rapproché de son peuple.

L'ancienne alliance, celle qui avait été conclue avec Moïse sur le Sinaï, était difficile à mettre en pratique. Les commandements étaient nombreux et souvent ardus. L'observance des prescriptions de la loi était une condition nécessaire pour avoir la vie promise. Par exemple, dans le livre du Lévitique on lisait: *Vous garderez mes lois et mes coutumes: qui les accomplira y trouvera la vie* (18,5).

C'est bien vrai qu'une grande partie des textes de l'Ancien Testament semblent ne connaître que la fidélité à mettre en pratique les commandements, mais d'autres textes mettaient déjà en valeur la gratuité du don de Dieu.

Pour le prouver, Paul cite les mots de Moïse dans la conclusion du Deutéronome. Moïse tentait d'y convaincre les Israélites que l'observance de la Loi n'exigeait pas qu'on monte au ciel ou qu'on descende dans un abîme. Paul fait une relecture de ces paroles à propos du Christ, car il dit que la venue du Christ a établi un pont entre les hauteurs et les profondeurs. Dans sa résurrection, Jésus s'est rendu présent au monde comme jamais Dieu ne l'avait fait auparavant. Jésus-Christ est spécialement à l'œuvre dans la prédication qui est une communication de Dieu à l'être humain.

Paul reprend des mots de Moïse selon lesquels Dieu se livre au monde dans la proclamation de l'Évangile : *La Parole est près de toi, elle est dans ta bouche et dans ton cœur.* Nous le comprenons comme le sentiment très vif que Paul éprouve de donner un message de vie lorsqu'il parle du Christ ressuscité. Le Christ est la Parole de Dieu qui se dit au monde par la bouche du prédicateur.

Cette Parole, c'est le message de la foi que nous proclamons. Paul prêche le Christ. *Si tu affirmes de ta bouche que Jésus est Seigneur, si tu crois dans ton cœur que Dieu l'a ressuscité d'entre les morts, alors tu seras sauvé.*

Aujourd'hui

Chacun peut faire ce que propose Paul : *Celui qui croit du fond de son cœur devient juste ; celui qui, de sa bouche, affirme sa foi parvient au salut.* Le lien personnel que la foi établit avec le Christ illumine toute la vie et la transforme par l'amour.

PARTICIPER À SA VICTOIRE

Luc 4,1-13

Le contexte

L'Esprit Saint descendit sur lui sous une forme corporelle, telle une colombe (Luc 3,22). C'est ainsi que la vision du baptême de Jésus peut être résumée. Notons que Luc dans toute son œuvre insiste souvent sur l'Esprit. L'important, dans la scène décrite, c'est moins le baptême que l'occasion de montrer Jésus, vrai Fils de Dieu. La colombe symbolisait les aspirations de toute femme et de tout homme à l'amour, à la vie et à l'union avec Dieu. La colombe, aussi symbole constant d'Israël dans ses plus nobles désirs (« Ma colombe, cachée au creux des rochers » Cantique des cantiques 2,14), montre que Jésus incarne l'Israël bien-aimé de Dieu.

Il est « le reste fidèle » au terme de l'histoire humaine, la généalogie qui suit le baptême nous l'indique. Il est le prototype de l'humanité nouvelle.

Enfin, dans la continuité, se place la tentation au désert dont le récit commence par les mots : *Jésus, rempli de l'Esprit Saint...* Voilà le dernier préliminaire au ministère de Jésus.

Le message

Jésus, au contraire de l'Israël ancien, est un Fils fidèle.

Il fut conduit par l'Esprit à travers le désert. Nous savons qu'autrefois le peuple hébreu avait marché dans le désert entre l'Égypte et la Terre promise. C'était l'endroit de la vie d'amitié de Dieu et son peuple mais également l'endroit de la tentation.

Ayant ainsi épuisé toutes les formes de la tentation. Les tentations du diable reviennent finalement toutes les trois au même : mettre les valeurs religieuses au service de réalisations temporelles et politiques. Les tentations d'Israël au désert sont racontées au livre de l'Exode : la critique contre le manque de nourriture et le doute sur la protection de Dieu (ch. 16); la critique contre le manque d'eau et la révolte contre les chefs (ch. 17); l'adoration du veau d'or (ch. 32). Jésus a repoussé les tentations. Il n'a pas voulu choisir un chemin facile. C'est vrai qu'il fera des miracles plus tard, mais discrètement et souvent accompagnés de la consigne du secret. Les miracles de Jésus ne forcent pas l'intervention du Père, au contraire ils sont faits en communion d'esprit avec lui, parfois assortis d'une prière pour le manifester. À la résurrection de Lazare, Jésus dit: *Père, je te rends grâces de m'avoir écouté. Je savais que tu m'écoutes toujours* (Jean 11,41-42). Les miracles de Jésus n'ont pas pour but d'acquérir pour lui la gloire des royaumes mais bien d'être signes de la miséricorde.

Le diable s'éloigne de lui pour revenir au temps marqué: Luc montre qu'il songe à une autre scène; il avertit son lecteur que le diable reparaîtra, que les tentations ne sont qu'une première escarmouche. Le diable sera un acteur de la passion. Le récit des événements de Jérusalem, étape finale du ministère, commence par les mots: *Or Satan entra dans Judas, appelé Iscariote.*

Aujourd'hui

La lutte contre le diable annonce celles que les chrétiens ont à soutenir, mais le récit qui en est fait n'a pas pour but de le leur dire: ce serait trop banal. La présence de l'Esprit Saint en Jésus comme dans tout baptisé offre un trait d'originalité qui doit être retenu. Le baptisé n'est pas qu'informé de la tentation à venir, il a surtout conscience qu'il a le pouvoir de la surmonter. Entrer en Carême, c'est suivre Jésus au désert et surtout s'associer, en approfondissant son baptême, à sa victoire *au temps marqué.*

2e dimanche du Carême

Toute l'histoire du salut part de l'alliance que Dieu propose à Abraham et qu'il ratifie par le feu. Cette alliance, Jésus la transforme et la renouvelle ; il le peut, car il est le Fils bien-aimé de Dieu, manifesté comme un soleil de lumière dans la Transfiguration. Jésus, agissant en Sauveur, transformera nos pauvres corps à l'image de son corps glorieux. Sa résurrection, figurée de façon bien partielle dans la Transfiguration, présente un gage de notre propre résurrection.

Ta pyramide n'a point de sens
si elle ne s'achève en Dieu.

Antoine de Saint-Exupéry

UNE ALLIANCE D'AMIS

Genèse 15,5-12.17-18

Le contexte

À partir du deuxième dimanche du Carême, la première lecture est extraite d'une série d'étapes de l'histoire du salut: Abraham, Moïse, Josué et le nouvel Exode. Aujourd'hui, nous en sommes au rite d'alliance entre Dieu et Abraham. Jusqu'à ce moment, Abraham a traversé diverses épreuves: d'abord, sur l'ordre de Dieu, il a quitté et donc perdu sa terre d'origine (ch. 12); ensuite, dans un voyage en Égypte, il a perdu sa femme, kidnappée pendant quelques jours d'angoisse par le pharaon (ch. 13); enfin, il a perdu son neveu Lot, enlevé avec sa famille en Mésopotamie jusqu'à ce que son oncle vienne le délivrer (ch. 14). Dans une existence qui exige beaucoup de courage, il affronte cependant une difficulté majeure: c'est la stérilité de Sara, sa femme sortie du palais du pharaon et qui ne donne toujours pas d'héritier à Abraham.

Le message

Durant la nuit, le Seigneur promet pourtant de nouveau une descendance nombreuse à Abraham. Il lui promet aussi la possession de la terre de Canaan où il séjourne en étranger depuis qu'il a quitté Our, en Chaldée. Les promesses tardent à se réaliser depuis le départ de chez lui, néanmoins *Abraham eut foi dans le Seigneur, et le Seigneur estima qu'il était juste.*

Abraham demande à Dieu de se manifester comme garantie de l'accomplissement des promesses. C'est la scène impressionnante du Seigneur qui passe sous une forme étrange entre des moitiés d'animaux partagés. *Alors un brasier fumant et une torche enflammée passèrent entre les quartiers d'animaux.* Voilà un vieux rite d'alliance: les contractants passaient entre les chairs sanglantes et appelaient sur eux le sort fait à ces victimes s'ils transgressaient leur engagement. Sous le symbole du feu (*cf.* le buisson ardent, Exode 3,2; la colonne de feu, Exode 13,21; le Sinaï fumant, Exode 19,18), c'est Yahvé qui passe, et il passe seul, car son alliance est un pacte unilatéral.

Pour appuyer encore davantage le rôle actif de Dieu qui a toute initiative, l'auteur écrit : *Au coucher du soleil, un sommeil mystérieux s'empara d'Abraham.*

Dieu aime les êtres humains et sait les sauver, même lorsqu'ils ne le connaissent pas ; mais la race humaine ne parviendra pas à sa maturité sans que quelques personnes au moins aient rencontré Dieu personnellement et que cette rencontre ait permis les expériences les plus fortes. Lorsque Dieu commence son œuvre de salut dans notre histoire, il veut qu'un homme au moins partage son secret et connaisse ses projets : *Abraham eut foi en Yahvé.* Grâce à cette foi, le décret éternel de Dieu vient habiter le cœur et l'esprit d'un croyant. À partir de ce moment-là, une mystérieuse complicité unit Abraham et Dieu pour toujours : c'est l'alliance.

Les femmes exégètes nous rappellent que la promesse comportant une naissance, il serait étrange d'oublier le rôle de Sara, femme d'Abraham. Même si notre lecture n'en dit rien, il y a une tradition sur la foi de Sara bien exprimée dans la lettre aux Hébreux : *Par la foi, Sara, elle aussi, reçut la vertu de concevoir, et cela en dépit de son âge avancé, parce qu'elle estima fidèle celui qui avait promis* (11,11).

Aujourd'hui

On ne peut manquer de penser à Abraham et Sara comme représentant, malgré leurs biens, tous ces paysans sans terre qui espèrent un lotissement pour faire leur vie. La vie de famille devient impossible dans ces conditions et l'éventualité de procréer puis d'élever un enfant en est d'autant réduite. Les réfugiés palestiniens forment un autre groupe qu'il convient d'évoquer. La foi des pauvres en Dieu doit nous trouver en solidarité avec eux.

UNE ALLIANCE CORPS ET ÂME

Philippiens 3,17-4,1

Le contexte

La lettre aux Philippiens a été écrite par Paul durant sa captivité, celle de Césarée dans les années 58-60, ou plus tôt, en 56, alors qu'il était emprisonné à Éphèse. Quand on se sent seul, on pense davantage à ceux qui nous aiment. Cela explique une lettre de Paul aussi personnelle, remplie d'attentions et de tendresse, une vraie lettre que Paul a envoyée à la communauté qui toujours s'était davantage préoccupée de lui. Plus d'une fois, Paul avait compté sur leur aide matérielle, montrant par là la confiance qu'il avait en eux. D'habitude, afin d'éviter tout soupçon d'intérêt personnel, il préférait gagner sa vie tout en travaillant à la mission. C'est dans cette lettre que nous trouvons la page si célèbre: *Ayez entre vous les mêmes sentiments qui sont dans le Christ Jésus* (2,5). L'idée force étant dans l'ensemble de cet écrit l'union au Christ.

Le message

Une continuité peut être établie entre l'enseignement de Paul aux Philippiens et la première lecture.

Pour Paul, les promesses de bonheur faites à Abraham, père des croyants, s'accomplissent en Jésus-Christ. Le bonheur pour Abraham consistait à se prolonger dans une descendance qui aurait un beau pays où vivre en paix. Abraham n'imaginait pas encore l'épanouissement total d'une personne dans la résurrection. Néanmoins, saint Paul, éclairé dans le mystère de Pâques, affirme que c'est bien là la destinée des croyants. La gloire à venir est tellement certaine que l'apôtre écrit: *Nous sommes citoyens des cieux.*

Notre corps aussi aura part à la transfiguration qu'opère la résurrection. *Nous attendons comme sauveur le Seigneur Jésus Christ, lui qui transformera nos pauvres corps à l'image de son corps glorieux, avec la puissance qui le rend capable aussi de tout dominer.*

C'est une constante de la doctrine paulinienne que la transformation de toute la personne, corps et âme, dans le monde à venir. Par exemple, aux Corinthiens : *Si cette tente [notre maison terrestre] vient à être détruite, nous avons un édifice qui est l'œuvre de Dieu, une maison éternelle qui n'est pas faite de main d'homme, dans les cieux. Aussi gémissons-nous dans cet état, ardemment désireux de revêtir, par-dessus l'autre, notre habitation céleste* (2 Corinthiens 5,1-2).

Aujourd'hui

La foi de l'homme moderne reçoit le message de Paul en l'approfondissant selon les catégories de son époque. Des mots comme « cieux », « corps », « maison éternelle », doivent être bien compris. La résurrection n'est pas un retour à notre vie spatio-temporelle. En mourant, Jésus n'est pas tombé dans le néant, mais dans la mort il est entré dans cette réalité insaisissable et englobante, première et dernière, que nous appelons Dieu. Depuis lors le croyant sait que la mort est passage vers Dieu, entrée dans le secret de Dieu, dans cette sphère qui surpasse toute représentation, *que l'œil de l'homme n'a jamais vue*, qui échappe donc à notre saisie, à notre compréhension, à notre réflexion et à notre imagination.

Le destin de la personne humaine qui entre dans la résurrection est un aboutissement de l'être humain tout entier. L'insistance que mettent les auteurs du Nouveau Testament sur le corps a pour but de le rappeler. La transfiguration de Jésus dans son corps vise le même effet.

UNE ALLIANCE DANS LE FILS

Luc 9,28b-36

Le contexte

Dès le début de sa prédication en Galilée, Jésus a fait face à une opposition violente. *Ses compatriotes de Nazareth le menèrent jusqu'à un escarpement de la colline sur laquelle leur ville était bâtie, pour l'en précipiter* (Luc 4,29). Son rejet ne fait pas de doute et avant de partir pour Jérusalem, Jésus peut prévoir un accueil semblable dans la capitale religieuse. Il prie avec une intensité particulière avec les mêmes apôtres qui se trouveront avec lui au jardin de Gethsémani.

Le message

Dans les transformations du passé, la plus importante qu'a vécue Israël a été celle de l'Exode. Ce qui n'était qu'une masse informe de personnes humiliées par le travail forcé en Égypte est devenu un peuple libre et fier. Le passage de la mer Rouge et la rencontre de Dieu dans la théophanie du Sinaï ont opéré une transfiguration de la horde de miséreux en une nation sainte et prête à aller de l'avant.

Un mot fondamental caractérise le récit qu'a fait Luc de la Transfiguration de Jésus qui est racontée en vue d'éclairer l'*exodos* de Jésus. Luc dit que Moïse et Élie parlaient de son « départ », qu'il allait accomplir à Jérusalem.

Comme Israël autrefois, Jésus va vivre une transfiguration extraordinaire. À travers l'expérience de la mort, le corps du Fils de l'homme va devenir présent à la vie de son Église d'une manière radicalement différente.

Pour Luc, l'événement qui s'était passé en Galilée, une extase de Jésus où était apparue sa relation unique avec le Père, est devenu le prologue de Pâques. Soit dans la transfiguration, soit dans la résurrection, c'est l'amour du Père pour le Fils qui est mis en relief: *De la nuée, une voix se fit entendre: Celui-ci est mon Fils, celui que j'ai choisi.*

Pas plus qu'à Gethsémani Pierre, Jacques et Jean ne sont à la hauteur de la situation. Ils dorment, puis ils saisissent assez confusément la portée de ce qui se passe. *Pierre et ses compagnons étaient accablés de sommeil; mais, se réveillant, ils virent la gloire de Jésus, et les deux hommes à ses côtés. Ces derniers s'en allaient, quand Pierre dit à Jésus: « Maître, il est heureux que nous soyons ici; dressons trois tentes; une pour toi, une pour Moïse, et une pour Élie. » Il ne savait pas ce qu'il disait.* Pierre avait l'impression d'être au ciel. Les Israélites du temps imaginaient le ciel comme un lieu avec des tentes puisque l'époque heureuse de leur histoire, avec Moïse au désert, s'était passée sous la tente. (Ailleurs, Jésus a promis une récompense quand les disciples généreux seront accueillis *dans les tentes éternelles* [Luc 16,9].)

Malgré leur petitesse, les trois disciples qui sont proches du mystère de Jésus forment l'Église en miniature. Pour les trois amis de Jésus arrive une nuée protectrice. Dans le désert du Sinaï, la nuée guidait Israël pour lui faire trouver le chemin en même temps que pour lui fournir de l'ombre (Exode 13,21), maintenant elle va former comme une habitation pour Pierre, Jean et Jacques, *les colonnes de la première communauté* selon l'expression de saint Paul (Galates 2,9).

Aujourd'hui

Demandez aux débardeurs ou aux porteurs ce qu'ils doivent *trans*pirer de sueurs pour effectuer un *trans*bordement. Ceux qui ont à *trans*former une maison, des matières premières ou de l'énergie savent bien ce qu'il leur en coûte de travail. Les *trans*fusions de sang constituent une des merveilles de la médecine moderne, mais elles impliquent que le donneur ait fait un sacrifice. Pourquoi le mot *trans*figuration ferait-il exception ? Le chemin vers la gloire n'est pas exempt des renoncements de l'exode.

3e dimanche du Carême

La manifestation mystérieuse de Dieu à Moïse à travers le buisson ardent, puis la révélation de son Nom, annoncent la libération du peuple hébreu. Une personnalité aussi forte que celle de Moïse a joué un rôle-clé à ce moment de l'histoire. Ces événements de libération préfigurent la véritable rédemption que Jésus accomplira en faisant passer les siens de la terre du péché dans le Royaume de Dieu.

Paul rappelle aux Corinthiens que ce passage ne peut se faire que dans l'humilité ; à la lecture des livres saints, on voit que les Hébreux qui récriminaient contre Dieu sont tombés au désert. De même ceux qui se disent disciples du Christ doivent faire attention de ne pas se disqualifier.

Jésus appelle ses auditeurs à se convertir. Des faits divers invitent à ce qu'ils n'oublient pas la justice de Dieu ; cependant qu'ils se souviennent aussi de sa miséricorde : sa patience est celle du bon jardinier qui soigne son figuier pour en obtenir du fruit.

Il y a dans l'amour divin, dans l'amour qu'est Dieu,
un mystère que le péché seul a permis de comprendre.

LOUIS BOUYER

IL A EXISTÉ UN LIBÉRATEUR

Exode 3,1-8a.10.13-15

Le contexte

Moïse avait fui l'Égypte où il avait grandi. Le meurtre d'un garde égyptien qui frappait un Hébreu a fait de Moïse un proscrit. Au désert, il a rencontré une famille nomade, celle de Jéthro, dont il a épousé la fille. Lui, élevé à la cour de pharaon, est devenu berger et c'est dans un pâturage à l'Horeb (ou Sinaï) qu'il a eu la révélation de Dieu.

Les récits sur la biographie de Moïse sont assez tardifs et ils appartiennent à des traditions littéraires au caractère populaire et même folklorique. Cependant nous connaissons Moïse comme un personnage réel.

Le message

Tous les historiens s'accordent pour estimer que les événements relatifs à l'origine du peuple hébreu, et surtout à sa sortie d'Égypte et à son existence nomade dans le désert avant la conquête, s'expliqueraient difficilement sans l'existence d'une forte personnalité qui a fait prendre conscience au peuple de sa situation et qui l'a amené à quitter le pays où il était opprimé. De plus, si ce peuple a découvert sa réalité de peuple, après bien des tâtonnements, s'il s'est organisé et s'il a constitué un corps de lois sociales et religieuses, ce ne peut être que par l'action déterminée d'un chef dont la vision a dépassé ce que l'homme du peuple pouvait penser. Aucun peuple ne peut connaître les étapes de sa formation, de son organisation, de son unification, sans l'action de tels chefs. Si, alors, la figure de Moïse n'était pas historique, si elle n'était qu'une création légendaire de la tradition, il faudrait admettre qu'à l'origine de cette histoire un autre chef, un autre meneur d'homme, et un autre législateur ont existé ! N'est-il pas plus simple d'admettre que la tradition biblique nous a conservé l'essentiel du rôle, de l'influence et de l'œuvre de ce personnage qui s'est appelé Moïse ?

Cela est surtout vrai du point de vue de la religion d'Israël. La période du désert a été pour le peuple celle où les fondements de sa foi en

Yahvé, Dieu de ses pères, ont été profondément enracinés en lui. Là encore, comment imaginer que cette foi yahviste, marquée par la certitude que ce Dieu l'avait délivré de la servitude, l'avait conduit au désert, lui avait donné ses lois, ait pu devenir le ciment qui unissait tous les groupes des Hébreux sortis de l'esclavage et errant dans le désert, s'il n'y avait eu une personnalité comme celle de Moïse, qui en avait reçu la révélation et la mission ?

Cette mission a comporté la révélation du nom. Moïse avait dit en parlant des Israélites : *Ils vont me demander quel est son nom ; que leur répondrai-je ? Dieu dit à Moïse : « Je suis celui qui suis. Tu parleras ainsi aux fils d'Israël : Celui qui m'a envoyé vers vous, c'est : Je suis. »* Même si l'original hébreu *Eyeh asher eyeh* est encore sujet à discussion pour les traducteurs, l'expression était interprétée dans le sens de l'être dans la version grecque du IIIe siècle av. J.-C. Le nom Yahvé signifie donc celui qui possède l'être ou l'existence à un titre unique.

Aujourd'hui

L'entreprise de Moïse consiste à arracher Israël à la servitude d'Égypte. Cette démarche évoque celle de Jésus dans l'évangile. Cependant, la tâche sera bien plus ardue parce qu'il s'est attaqué à la libération du péché. Nous dirions de nos jours que cela représente toute une œuvre d'éducation. On sait bien qu'on ne libère pas facilement quelqu'un qui s'est enfermé lui-même dans un corset de fer, celui de l'habitude du mal. Les médiations du salut ne peuvent s'exercer sans la patience d'êtres humains dans la force de Dieu.

IL Y A UNE LIBÉRATION

1 Corinthiens 10,1-6.10-12

Le contexte

À Corinthe, chrétiens d'origine juive ou païenne formaient une Église dynamique quoique peu ordonnée. Après l'enthousiasme des premières années, beaucoup d'entre eux s'étaient laissés reprendre par leurs vices et leurs coutumes sensuelles, et les responsables de la communauté ne se sentaient pas capables de faire face à toutes les difficultés : divisions internes ou doutes concernant la foi. Ils firent donc appel à Paul. Retenu à Éphèse par son travail apostolique, il leur envoya en réponse une première lettre.

Dans un problème délicat qu'il a eu à résoudre, Paul a dit qu'il fallait agir selon sa conscience. Chacun pouvait consommer des viandes offertes aux idoles et que l'on se procurait au marché public. Cependant la charité oblige à ne pas agir sans tenir compte de la fragilité de certaines personnes dont la conscience est moins libre et plus fragile. La charité a priorité sur tout, et celui qui ne mettrait pas ce principe en pratique risquerait d'être disqualifié. Israël au désert avait déjà commis des fautes graves qui lui avaient valu un châtiment sévère.

Le message

Paul utilise l'Ancien Testament pour instruire les Corinthiens en énonçant un principe qui englobe toute l'histoire du peuple hébreu. La clé de la méthode de lecture est donnée dans les derniers versets : *Leur histoire devait servir d'exemple, et l'Écriture l'a racontée pour nous avertir, nous qui voyons arriver la fin des temps.*

Le rapport entre l'alliance ancienne et la nouvelle est établi à partir des sacrements.

Le baptême. *Nos ancêtres ont tous été sous la protection de la colonne de nuée, et tous ils ont passé la mer Rouge. Tous, ils ont été pour ainsi dire baptisés en Moïse, dans la nuée et dans la mer.* Dans les deux cas, baptême dans la mer Rouge et baptême chrétien, il s'agit d'un passage de l'oppression à la liberté. Encore ne faut-il pas retomber dans le mal qui se présente sous d'autres formes!

L'eucharistie. *Tous, ils ont mangé la même nourriture [la manne], qui était spirituelle; tous ils ont bu à la même source, qui était spirituelle; car ils buvaient à un rocher qui les accompagnait, et ce rocher, c'était déjà le Christ.*

En somme, le rejet de Dieu qui a mené à crucifier Jésus n'était pas le premier refus. Déjà, Israël, à la sortie d'Égypte, avait reçu les signes de l'amour de Dieu. Le Fils de Dieu, lui, était présent, bien que pas encore sous forme humaine.

Paul conclut que la fidélité à une conduite morale obéissante s'impose d'autant plus que les baptisés connaissent l'histoire tragique d'Israël. *Ils sont tombés au désert.*

Aujourd'hui

Le lien que fait saint Paul entre le Nouveau Testament et l'Ancien est un encouragement pour les croyants modernes. La lecture de la Sainte Écriture est un aliment pour la foi.

Il est évident qu'il faut avoir une disponibilité spéciale pour entendre et comprendre la Parole de Dieu. Celui qui croit pourra seul saisir en profondeur la portée du message pour sa propre personne au moment où il l'entend. La foi est l'attitude positive de l'intelligence qui fait confiance et qui essaie de comprendre ce qui est clair dans les textes bibliques, au lieu de s'arrêter indéfiniment sur les obscurités et les difficultés, ou d'opposer de multiples objections. La prière à l'Esprit Saint pour obtenir la lumière et la sagesse est également une condition essentielle pour assurer une lecture fructueuse.

UN APPEL À LA LIBÉRATION

Luc 13,1-9

Le contexte

Tout au long de la Bible, les appels de Dieu au changement et à la conversion se produisent de diverses façons. Il y a la manifestation personnelle de Dieu et l'autre, plus subtile, qui se trouve dans le déroulement de l'histoire.

Moïse, Moïse! Pour Martin Buber, philosophe juif contemporain, ce sont les mots les plus importants de toute la Bible hébraïque. Ils signifient la volonté de Dieu d'entrer en rapports personnels avec l'être humain. Dans son livre *Je et tu*, il montre la dignité de l'être humain devenu l'interlocuteur de Dieu. Il n'y a pas que l'alliance entre Dieu et une communauté. Il y a surtout la rencontre intime et grandiose du Saint avec Moïse. Au buisson ardent le prophète figure chaque personne humaine. La volonté du Seigneur est celle d'un dialogue entre la créature et lui-même. Au livre de la consolation (Isaïe 40-55), cette volonté d'une relation personnelle s'exprime dans le verset si connu: *Ne crains pas, car je t'ai racheté, je t'ai appelé par ton nom: tu es à moi* (Isaïe 43,1).

À l'autre terme de l'histoire du salut, les interlocuteurs en présence sont les mêmes: Dieu et l'être humain. Cette fois, Dieu se manifeste dans un être de chair et d'os, Jésus. Encore, il appelle des personnes à la rencontre. Des noms jalonnent les évangiles qui signifient une volonté d'échange. *Simon, j'ai quelque chose à te dire* (Luc 8,40), *Zachée, descends vite* (Luc 19,5), *Simon, Simon... j'ai prié pour toi* (Luc 22,31), *Pierre, je te le dis* (Luc 22,34). Ressuscité, Jésus dit à une femme: *Marie!* (Jean 20,16). À celui qui deviendra l'apôtre par excellence, il lance le cri: *Saoul, Saoul* (Actes 9,4).

Le message

De toutes ces personnes, de Moïse aux familiers de Jésus, une conversion est exigée. Ils doivent changer. Ils doivent s'élever à la hauteur de celui qui les a interpellés. Beaucoup échouent, d'autres acceptent de se laisser transformer. Ils deviennent alors des figures de lumière qui éclairent le monde.

L'appel ne se fait pas entendre seulement dans le cœur à cœur de la prière. Il retentit dans ce que l'observateur appelle parfois le fait divers. L'évangile en mentionne deux : Pilate, par crainte d'une sédition, a fait massacrer des Galiléens qui offraient un sacrifice dans le temple, probablement avec une certaine excitation de type messianique ; à Siloé, un village au sud de Jérusalem, une tour s'est effondrée, tuant dix-huit personnes. Dans le journal d'aujourd'hui, ce serait peut-être un gros accident de voiture, peut-être un écrasement d'avion. Autant d'occasions de réfléchir à la fragilité de l'être humain dans le cours de l'histoire. Sa vie n'a pas de sens à moins d'être en amitié avec plus grand que lui, avec Dieu.

Jésus transforme les faits divers en signes, en appels. *Si vous ne vous convertissez pas !* Ne cherchez pas tant à savoir qui est coupable ! Vous êtes tous et solidairement responsables des conditions dans lesquelles vivent les autres. L'individualisme rend la responsabilité vagabonde. « C'est la faute du gouvernement ! C'est la faute des syndicats ! C'est la faute des Anglais ! » Comme Moïse (première lecture) nous sommes invités à nous convertir de l'insignifiance à la responsabilité.

Aujourd'hui

La parabole du maître qui demande à son jardinier d'attendre encore une année avant d'arracher le figuier stérile planté dans la vigne reprend un oracle de Jérémie : *Je suis décidé à en finir avec eux, pas de raisin à la vigne ! pas de figues !* (Jérémie 8,13) C'est une menace aux médiocres satisfaits d'eux-mêmes, mais c'est aussi une révélation de la patience de Dieu. La croissance des plantes est quelque chose qui semble toujours prendre trop de temps.

4e dimanche du Carême

La liturgie du Carême voit dans l'entrée des Israélites en terre de Canaan sous la conduite de Josué un moment de purification et de célébration de la liberté. Aussi c'est une annonce du passage des baptisés dans le Royaume du Père à la suite du vrai guide Jésus.

Le monde a besoin d'une purification du péché comme de réconciliation. Jusque dans la communauté des disciples elle-même, le ministère du pardon est nécessaire. Il découle de Jésus qui a réconcilié le monde avec Dieu.

Le péché est un drame. Néanmoins, la réconciliation réjouit le Père prêt à accueillir maintenant dans son amour ceux et celles qui s'étaient égarés loin de lui comme le fils prodigue de la célèbre parabole.

La miséricorde, c'est l'amour qui vit la misère de l'autre comme si elle était sienne.

Bernard Bro

PURIFIÉS DU PÉCHÉ

Josué 5,10-12

Le contexte

Le livre de Josué est parmi les livres historiques celui dont l'enseignement est le plus nettement deutéronomique après le Deutéronome lui-même. Les traditions de l'installation difficile d'Israël dans la terre de Canaan, qu'on trouve par exemple dans le livre des Juges, ont été relues selon un principe théologique très clair.

Rappelons en schématisant la grande pensée spirituelle du Deutéronome. *Garde ses lois et ses commandements que je te prescris, afin d'avoir, toi et tes fils, bonheur et longue vie sur la terre que Yahvé ton Dieu te donne pour toujours* (Deutéronome 4,40). Formulée autrement, la recommandation de Moïse revient à dire : Dieu a pris l'initiative d'une alliance ; si Israël y est fidèle, il aura en possession la Terre promise, sinon Dieu la lui enlèvera.

Le message

Durant les quarante années d'errance dans le désert, le peuple a péché. Il est incirconcis comme les Égyptiens et les autres peuples païens. Maintenant que Dieu a donné à son peuple une loi de purification, la circoncision, puisqu'il lui a fait passer le Jourdain et qu'il lui a donné la terre promise, la Pâque est de nouveau possible. *Après le passage du Jourdain, les fils d'Israël campèrent à Guilgal et célébrèrent la Pâque le quatorzième jour du mois, vers le soir dans la plaine de Jéricho.*

En somme, Dieu s'est purifié un peuple : la Pâque, rite d'alliance, est un rite normal désormais. La conquête de Josué sera très facile parce que Dieu donne la Terre à un peuple sanctifié.

Les rites sont unifiés par le lieu où ils se passent. Guilgal est l'endroit de la purification ou de la sanctification, c'est aussi l'endroit de l'alliance ou de la communion entre Dieu et son peuple. Par la volonté de Dieu, les droits d'Israël sur la terre de Canaan sont confirmés et déjà, à peine entrés, les Hébreux mangent les premiers produits de cette terre avant de l'avoir toute en leur possession. *Le lendemain de la Pâque, ils mangèrent les produits de cette terre: des pains sans levain et des épis grillés.*

Les femmes exégètes ont fait remarquer qu'il s'agit des *fils d'Israël* et qu'il n'est pas question des filles d'Israël, pas plus dans ce passage que dans l'ensemble du livre. Comme l'intention du livre est de raconter la guerre de la conquête, il est prévisible qu'on n'y parle des femmes que d'une façon épisodique. Dans le combat, elles n'ont pas un rôle de premier plan même si elles ne manquent pas forcément d'esprit belliqueux.

Les femmes sont à la périphérie de l'alliance. Quand il est dit que *tout le peuple* a été circoncis (5,5) ou qu'on a achevé de circoncire *toute la nation* (5,8), il est bien évident que les femmes ne sont pas incluses. Elles n'ont pas de rôle dans la transmission des traditions de la foi, c'est la prérogative des pères pour leurs fils (4,21-24). Elles n'ont pas de rôle dans l'administration d'Israël, comme anciens, chefs, juges, etc. (23,2; 24,1). Dans le livre des Juges, qui raconte à peu près la même époque, les Israélites épousent des femmes étrangères qu'on accuse ensuite de corrompre l'alliance en menant à l'idolâtrie (Juges 3,6).

Ces observations font voir le chemin parcouru.

Aujourd'hui

Les rites sacramentels de pénitence et d'eucharistie que le Christ a laissés à son Église témoignent de la volonté de Dieu d'établir une alliance durable. Après la traversée du Jourdain (notre baptême), Dieu continue de pourvoir à nos besoins en signifiant son amour fidèle à toutes les étapes de notre vie.

PURIFICATION ET RÉCONCILIATION

2 Corinthiens 5,17-21

Le contexte

Nous ne sommes pas comme la plupart, qui trafiquent la parole de Dieu ; non, c'est en hommes sincères, c'est en envoyés de Dieu que, devant Dieu, nous parlons dans le Christ (2 Corinthiens 2,17). *Aurions-nous besoin, comme certains, de vous présenter des lettres de recommandation ou de vous en demander ? Notre lettre, c'est vous, une lettre écrite en nos cœurs, connue et lue par tous les hommes. Oui, vous êtes manifestement une lettre du Christ rédigée par nos soins, écrite non avec de l'encre, mais avec l'Esprit du Dieu vivant* (2 Corinthiens 3,1-3). Le ministère apostolique de Paul est contesté et le meilleur argument de l'apôtre, c'est le succès de sa prédication. Dieu est avec lui puisque les Corinthiens vivent en Jésus-Christ.

Le message

Dieu a confié à l'Église le ministère de la réconciliation que Jésus a méritée.

Si quelqu'un est dans le Christ, c'est une création nouvelle. Par la mort et la résurrection de Jésus, une relation nouvelle a été établie entre Dieu et la famille humaine. Ce mystère, que Paul exprime souvent en termes d'acquisition d'un peuple nouveau, de libération comme celle de l'Exode, d'expiation comme dans le culte lévitique, il le décrit ici par l'image de la nouvelle création.

Nous sommes donc en ambassade pour le Christ. Jésus ressuscité vit en gloire, l'Église apostolique ne le remplace pas comme un successeur. Elle est plutôt en ambassade pour le signifier en visibilité.

Celui qui n'avait pas connu le péché, Il l'a fait péché pour nous, afin qu'en lui nous devenions justice de Dieu. Paul n'entend pas signifier que le Christ ait dû subir la condamnation qui pesait sur l'humanité pécheresse et qui était la définitive séparation d'avec Dieu. Dieu envoie son propre Fils se faire l'un d'entre nous et, par solidarité avec nous, prendre sur lui non certes notre péché, mais ce que Paul appelle *la ressemblance d'une chair de péché* (Romains 8,3), c'est-à-dire justement la condition de l'enfant prodigue ou de la brebis égarée, plus exactement celle de personnes réduites par le péché d'Adam à leur condition naturelle, non seulement capables de mourir, mais condamnés à mourir.

Aujourd'hui

Les exégètes qui font l'histoire de l'Église primitive démontrent par le recoupement de textes que les divisions dans l'Église étaient alors très profondes. Il y avait des divergences de vues entre les judaïsants favorables au maintien des usages de la loi juive et les hellénistes, comme Paul lui-même, représentant le camp libéré de ces usages.

Lorsque Pierre et Paul ont été martyrisés à Rome, le témoignage des historiens Tacite et Pline dit que des chrétiens ont comparu devant les autorités romaines en accusés de l'incendie de Rome qui a eu lieu sous Néron. Ils ont protesté de leur innocence mais non sans dénoncer d'autres chrétiens qui furent ainsi faussement tenus coupables. Les responsables de la mort de Pierre et Paul auraient peut-être été des chrétiens mécontents de la tendance libérale représentée par les deux apôtres, tellement qu'ils auraient été prêts à mentir pour se débarrasser d'eux.

Les deux tendances du christianisme étaient présentes dans toutes les communautés, dont celles de Corinthe. L'exhortation de Paul à se laisser réconcilier avait une portée très concrète dans la communauté. Elle constituerait une mise en garde contre l'*odium theologicum* (la haine théologique) qui existe souvent de notre temps dans des factions de l'Église.

PURIFIÉS PAR L'AMOUR D'UN PÈRE

Luc 15,1-2.11-32

Le contexte

C'est un thème constant des évangiles de montrer que la bonté de Dieu dépasse de beaucoup ce que les gens en pensent. L'occasion pour Dieu de manifester son infinie bonté, ce sera le refus par le peuple choisi de la Bonne Nouvelle de Jésus. Dans la parabole des invités qui se dérobent, ce sont les pauvres, les estropiés, les aveugles et les boiteux qui sont les appelés au banquet du Messie (Luc 14,21). Même les pécheurs sont conviés pour le Royaume au grand scandale des pharisiens et des scribes. Les trois paraboles de la miséricorde du chapitre 15 enseignent la bonté de Dieu pour les pécheurs.

Le message

Saviez-vous qu'une alliance, c'est un contrat en bonne et due forme! « Je te donne tant, tu me donnes tant et tout le monde est content. » C'est l'idée du jeune fils quand il quitte son père: *Père, donne-moi la part de fortune qui me revient* (Luc 15,12). Sa naissance lui a donné des droits sur l'héritage et il sait les faire valoir au moment opportun, le jour de l'aventure.

Mais l'alliance avec Dieu, c'est un contrat d'un genre très particulier. Qu'est-ce qui fonde les droits du fils sinon la bonne volonté du père? Ce n'est pas un contrat comme les autres parce qu'une des parties va tellement plus loin que l'autre!

Il a fallu au jeune homme la crise pour s'en rendre compte. Parti à l'étranger, il tombe dans la misère. Il mijote un plan habile dans sa tête avant de retourner: *Je veux partir, retourner vers mon père et lui dire: Père, j'ai péché contre le ciel et contre toi; je ne mérite plus d'être appelé ton fils, traite-moi comme l'un de tes journaliers*. C'est un finaud qui parle, un sans-vergogne, peu sympathique parce que trop calculateur.

Celui qui est attachant dans cette histoire, l'homme que Jésus décrit brièvement, c'est le père. Il ne donne pas, au fils qui revient à la maison, un cours de droit sur la loi des successions; il l'accueille dans une joie surabondante comme s'il oubliait ce qui s'était passé.

Aujourd'hui

On parle souvent aujourd'hui d'une perte du sens du péché chez un grand nombre de catholiques. Il n'y a plus rien de péché… Le sens du péché, cependant, va de pair avec le sens de l'amour de Dieu. On ne craint pas d'offenser un être qu'on ne connaît pas ou qui nous est indifférent. Au contraire, lorsqu'un être nous est cher, lorsqu'on tient à une amitié, on craint tout ce qui pourrait être mal interprété par l'autre, on craint d'offenser, de perdre l'amour de l'autre.

Le péché, c'est une indélicatesse ou même un affront, c'est un refus d'aimer un être qui nous aime et qui nous l'a bien prouvé ! Si on pouvait comprendre qui est Dieu, ce qu'est son amour, ce qu'il est prêt à nous offrir et combien il peut donner le vrai bonheur, on découvrirait plus facilement ce qu'est réellement le péché, et aussi toute l'horreur qu'est un refus à Dieu.

La miséricorde de Dieu n'est jamais présentée dans les évangiles comme une attitude d'excessive « bonté » de Dieu devant le péché, qu'il s'agisse du meurtre, de la fraude ou de la superstition. Le péché conserve à chaque fois un aspect tragique. Le pécheur, lui, est toujours favorablement accueilli lorsqu'il décide de retourner à Dieu : *Va et ne pèche plus* (Jean 8,11). Il convient de ne pas bouder le pécheur qui revient comme le fait le fils aîné de la parabole mais de voir que malgré la gravité du mal, Dieu pardonne. « On sait assez comment le père a jugé le fils qui était parti et qui est revenu. C'est encore le père qui pleurait le plus. » (Charles Péguy)

5e dimanche du Carême

Quel rapport entre le monde nouveau annoncé au livre d'Isaïe (première lecture) et le pardon accordé par Jésus à la femme adultère (évangile) ? Dans le monde nouveau du prophète, Dieu va délivrer la nature de ce qui en altère la beauté et la rend inhospitalière. Le Seigneur va faire vivre un nouvel Exode à son peuple. Il va désaltérer son peuple en révélant sa tendresse.

Dans le Royaume proclamé par Jésus, le jugement ne s'exerce pas selon des critères purement légaux. Plutôt, il fait que la personne pardonnée retourne à ce qu'il y a de bon en elle. La rencontre de la femme adultère avec Jésus a produit cette merveille.

Saint Paul montre le chemin pour entrer dans ce monde nouveau : courir vers Jésus-Christ en le préférant à tout ce qui nous retient de trop humain. Pour imiter Paul, il faut communier aux souffrances du Christ et éprouver la puissance de sa résurrection, en bref se laisser saisir par le Christ. Nous n'avons pas d'autre juge que lui.

Juger, c'est évidemment ne pas
comprendre puisque, si l'on comprenait,
on ne pourrait plus juger.

ANDRÉ MALRAUX

DANS LA NATURE COMME DANS L'ÂME

Isaïe 43,16-21

Le contexte

Le livre de la consolation d'Israël est constitué de la deuxième partie du livre d'Isaïe. À partir du chapitre 40, en effet, l'horizon change. L'axe Babylone-Jérusalem retient l'attention du visionnaire. Le peuple, ou plutôt son élite en déportation, reviendra d'exil. Des façons nouvelles de voir Dieu apparaissent. L'anonyme, ou les anonymes, à la source de ces poèmes de grande envolée osent dire des choses inédites. La « sensibilité » de Dieu est beaucoup plus présente. Une floraison d'images neuves s'épanouissent pour révéler Dieu. Comme si les formes anciennes devaient se dissoudre pour laisser voir Dieu en ce qu'il est vraiment. Le Seigneur agit sur la nature aussi bien que dans l'histoire.

Le message

L'oracle d'ouverture du livre de la consolation dévoile un mystère étonnant. *Jérusalem a reçu de la main du Seigneur double punition pour tous ses péchés* (40,2). Pourquoi double ? La communauté d'Israël a souffert les douleurs de l'exil non seulement pour elle-même mais aussi pour le monde. Elle a reçu une mission propre pour servir les nations, car sa responsabilité est vaste comme l'univers.

Une grande question est posée : *Qui ?* car on demande qui a bouleversé les éléments naturels, qui a été le maître de l'histoire et qui est à l'origine de l'Exode, la sortie d'Égypte arrivée aux jours de Moïse. La réponse : c'est Yahvé, le Dieu unique, *lui qui fit une route à travers la mer, un sentier au milieu des eaux puissantes, lui qui mit en campagne des chars et des chevaux, des troupes et de puissants guerriers et les voilà couchés pour ne plus se relever.* Le premier Exode a permis à Israël de comprendre ce que Dieu fait maintenant : il agit en Dieu de libération.

Toutefois, ce qu'il fait est un nouvel Exode, éblouissant, beaucoup plus grand que le premier. *Ne vous souvenez plus d'autrefois, ne songez plus au passé. Voici que je fais un monde nouveau. Je vais faire passer des fleuves dans les lieux arides.*

Dans le cas de la sortie d'Égypte, le mal se trouvait chez l'adversaire, le garde-chiourme qui, avec son bâton, obligeait les Hébreux à faire des briques dans un champ de glaise. La servitude à Babylone était pénible, mais son sens était plus profond. Elle a été comprise comme un châtiment pour les outrages à la justice commis par les Israélites eux-mêmes. Lorsque Israël a quitté Babylone, c'était avec le sentiment d'être la propriété personnelle d'un Dieu de miséricorde. Le Seigneur rénovait le milieu ambiant. Désormais, la communauté purifiée avait le devoir de faire connaître Yahvé à toutes les nations. La nature paraissait s'associer à la joie du pardon.

Aujourd'hui

L'oracle du Nouvel Exode et du monde nouveau rappelle la situation actuelle de la planète (pollution de l'air, contamination des sols, pauvreté des deux tiers de l'humanité). Cela révèle l'état de la psyché humaine. Nous sommes malades au-dedans. Ainsi, comme il existe une écologie extérieure (écosystèmes en équilibre ou en déséquilibre), il existe aussi une écologie intérieure. L'univers n'est pas seulement hors de nous avec son autonomie, il est également au-dedans de nous. Les violences et les agressions au milieu ambiant ont leurs racines profondes incrustées dans les structures mentales qui ont leur genèse et leur provenance à l'intérieur de nous-mêmes. Engageons le mouvement pour une écologie globale. Que l'on ait pitié de la terre.

DE TOUTE MON ÂME

Philippiens 3,8-14

Le contexte

Pour connaître ce qui tenait le plus à cœur à saint Paul, on peut faire une comparaison entre ce que le Nouveau Testament et les autres sources historiques disent de lui par rapport à ce que lui-même a écrit de ses traits biographiques.

Il est né à Tarse, de parents juifs qui avaient émigré et s'étaient installés en territoire grec. Ses parents étaient riches et bien considérés puisqu'ils jouissaient de la dignité et des droits de citoyens romains (*cf.* Actes 22,28). Comme Tarse était une ville universitaire, on peut présumer qu'il a profité de l'ambiance culturelle de cette ville d'Asie mineure et qu'il y a fait les études qui convenaient aux jeunes gens de bonne famille de son temps.

À côté de la culture grecque, Paul a reçu l'éducation religieuse de la Bible hébraïque et du peuple juif. Il voyait de près les fêtes païennes et les sacrifices, et il se sentait fier d'appartenir au peuple de Dieu, d'être circoncis et instruit des promesses de Dieu à sa race. Ses parents l'envoyèrent à Jérusalem pour étudier l'Écriture et la Loi avec les grands maîtres du temps comme Gamaliel, lui-même descendant de Hillel, fondateur du mouvement pharisien.

Paul portait le nom de Saoul en araméen, qui est le nom du premier roi d'Israël, choisi jadis dans la tribu de Benjamin par Samuel le prophète.

Paul a été un pharisien convaincu. C'est peut-être ce qui l'a amené à persécuter les disciples de Jésus muni de lettres du grand-prêtre l'autorisant à le faire jusqu'à Damas en Syrie. Il était certainement un jeune homme de talent reconnu comme tel dans la société des puissants de Jérusalem.

Le message

Dans la lettre aux Philippiens, alors qu'il devait témoigner de ce qui l'avait guidé dans la vie, il n'a pas hésité à dire : *Tous les avantages que j'avais autrefois, je les considère maintenant comme une perte à cause de ce bien qui dépasse tout : la connaissance du Christ Jésus, mon Seigneur.*

En rompant avec les autorités de Jérusalem qui avaient condamné Jésus et en polémiquant avec les protagonistes de la théologie pharisienne, Paul s'est coupé de ceux qui auraient pu lui assurer une brillante carrière dans la société. Il écrit par conséquent aux Philippiens : *À cause de lui, j'ai tout perdu ; je considère tout comme des balayures, en vue d'un seul avantage, le Christ, en qui Dieu me reconnaîtra comme juste.*

La pensée d'Hillel et de ses adhérents mettait en valeur la dignité de celui qui observe non seulement la loi, mais encore y ajoute, quoique laïque, toutes les prescriptions dont les prêtres avaient besoin pour être ministres du culte dans le temple. Pour Paul, la justice ne provient pas de l'addition des rites de purification. Il affirme : *La justice ne vient pas de moi-même — c'est-à-dire de mon obéissance à la loi de Moïse — mais de la foi au Christ : c'est la justice qui vient de Dieu et qui est fondée sur la foi. Il s'agit de connaître le Christ, d'éprouver la puissance de sa résurrection.*

Aujourd'hui

La personnalité de saint Paul a exercé un puissant attrait sur tous les disciples de Jésus qui ont eu le désir de la perfection. L'imitation de Paul est un authentique chemin de salut, car mieux que tout autre il a compris l'amour du Christ pour lui. *J'ai moi-même été saisi par le Christ Jésus. Oubliant ce qui est en arrière, et lancé vers l'avant, je cours vers le but pour remporter le prix auquel Dieu nous appelle là-haut dans le Christ Jésus.*

EN MON ÂME ET CONSCIENCE

Jean 8,1-11

Le contexte

L'épisode de la femme adultère est omis par les plus anciens témoins du texte, manuscrits, versions et homélies des Pères. Il a un style qui fait penser aux évangiles synoptiques (Matthieu, Marc, Luc), en particulier saint Luc. Les allées et venues entre le temple et le mont des Oliviers, lieux que Luc affectionne, suggèrent de l'insérer à Luc 21,38. Comment cette histoire a-t-elle abouti là ? Les meilleures spécialistes en manuscrits l'ignorent. Cependant le contexte est celui qu'on pouvait trouver de plus logique en Jean. La femme passe en procès et la suite du ch. 8 présente Jésus qui dit : *Vous, vous jugez selon la chair ; moi je ne juge personne ; et s'il m'arrive de juger, moi, mon jugement est selon la vérité* (Jean 8,15-16).

Le message

Une parole de Jésus qui résume admirablement son action se trouve dans le repas qui suit la vocation de Lévi. Dans la maison du publicain converti, des critiques sont formulées devant la miséricorde de Jésus. Il répond : *Ce ne sont pas les gens en bonne santé qui ont besoin de médecin, mais les malades ; je ne suis pas venu appeler les justes, mais les pécheurs, au repentir* (Luc 5,31-32). En fait tout au long de sa vie publique, Jésus s'affirme le prophète de la dernière chance. À des pécheurs désespérés de leur état, à ceux que l'opinion publique dirigée par les pharisiens range parmi les incurables, Jésus vient offrir une occasion inespérée. Son comportement transcende toute prudence humaine. Un autre aurait craint de se mouiller mais Jésus, Fils du Père, aborde les pécheurs avec l'audace de Dieu lui-même.

Les exemples se multiplient en saint Luc. La pécheresse pardonnée et aimante vient lui arroser les pieds de ses larmes et les oindre de parfum (Luc 7,38). Le publicain de Jéricho, Zachée, est convoqué à une rencontre chez lui pour fêter son retour à Dieu (Luc 19,5). L'un des malfaiteurs suspendus à la croix à côté de Jésus reçoit une promesse de lui: *En vérité, je te le dis, aujourd'hui tu seras avec moi dans le Paradis* (Luc 23,43). Ces hommes et ces femmes ont senti que Jésus pouvait récupérer ce qu'il y avait de bon en eux.

Ici, Jésus agit en conformité avec son attitude de toujours. La femme adultère n'a pas trouvé parmi les docteurs de la loi un seul qui la croie récupérable. Selon le Lévitique (20,10) et le Deutéronome (22,22), la lapidation était la punition de ceux qui commettaient l'adultère. Il n'est pas clair si la femme a déjà été jugée par une cour juive ou si cette cour a le pouvoir d'appliquer la peine capitale au Ier siècle. Il n'est pas clair non plus si les autorités juives sont sur le point d'appliquer la loi ou si on va voir Jésus pour qu'il en décide. Le partenaire adultère est absent, lui qui, si la femme est mariée, est également adultère. Au contraire de ceux qui s'apprêtent à la lapider, Jésus lui dit: *Je ne te condamne pas. Va, désormais ne pèche plus.*

Aujourd'hui

La miséricorde de Dieu atteint tous les milieux, même ceux où l'action humaine ne paraît rien donner. Les prisons constituent souvent des lieux où se passent d'étonnantes conversions. On ne désespère ni du criminel que les preuves accablent ni des habitudes invétérées qui peuvent s'agripper au-dedans de nous. Prenons garde aux jugements rapides et définitifs sur les autres de peur de nous faire dire: *Celui d'entre vous qui est sans péché, qu'il soit le premier à lui jeter la pierre...* et d'avoir à nous retirer, à commencer par les plus âgés. Soyons discrets avec ceux qui sont pris en flagrant délit. Jésus, lui, écrivait sur le sable, peut-être pour ne pas dévisager la femme et lui faire honte.

Dimanche des Rameaux et de la Passion

Dans l'évangile de Luc, l'arrivée de Jésus à Jérusalem est présentée comme le terme d'une longue marche vers le lieu où doit s'accomplir en plénitude sa mission. Le récit a donc un caractère triomphal et royal mais cependant plein de modestie : Jésus n'est monté que sur un âne. La personne qui lit la Passion doit s'identifier au Christ ainsi qu'aux hommes et aux femmes du chemin de croix qui présentent des leçons de vie.

L'humilité de Jésus, le livre d'Isaïe en avait décrit la figure émouvante dans le Serviteur de Dieu persécuté mais toujours fidèle (première lecture).

Le chemin de la gloire de Jésus devait passer par la souffrance et la mort, c'est ce que nous décrit longuement l'évangéliste. C'est aussi ce que chante saint Paul dans un des témoignages les plus anciens que nous possédions de la prière des premiers chrétiens glorifiant Jésus qui donne sa vie.

Nul ne se connaît s'il n'a pas souffert.
Alfred de Musset

CELUI QUI N'EN PEUT PLUS

Isaïe 50,4-7

Le contexte

À la surprise de la foule, après la guérison d'un boiteux, saint Pierre a commencé à parler de la résurrection du Christ. C'est dans ce discours qu'il a désigné Jésus comme le Serviteur, celui dont parle le texte d'Isaïe en ce dimanche de la Passion. Saint Pierre disait: *Le Dieu d'Abraham, d'Isaac et de Jacob, le Dieu de nos pères, a glorifié son Serviteur Jésus que vous, vous avez livré et que vous avez rejeté en présence de Pilate* (Actes 3,13). Dans le Nouveau Testament, le livre des Actes emploie ce terme rare de Serviteur de Dieu pour désigner Jésus. Plus souvent, il le désigne comme le Saint, le Juste, le Prince de la vie. Mais la coutume d'identifier Jésus avec le Serviteur a duré jusqu'à nos jours tellement cette attribution a paru évidente. Les chants du Serviteur sont au nombre de quatre dans le livre de la consolation (Isaïe 40-55) et ils se distinguent très nettement du reste du texte: Isaïe 42,1-9; 49,1-6; 50,4-11; 52,13-53,12.

Le message

La caractéristique la plus frappante dans le personnage du Serviteur est son innocence. Il est un juste. Cependant il souffre et sa souffrance est absolument imméritée. On s'est posé la question: quel personnage de la Bible hébraïque a pu s'approcher de cette description. Serait-ce Jérémie? Il avait fait, c'est vrai, l'expérience de la souffrance, et son courage demeurait un exemple pour les générations futures. Serait-ce Moïse? On cerne la réalité de plus près encore, car il a souffert beaucoup. De plus, il est mort puni pour une faute qu'il n'avait pas commise. Il n'a pas vu la terre promise, il est mort avant, solidaire du péché de son peuple. Paradoxalement, il est mort en châtiment d'un péché dont il avait été lui-même la victime. Au désert, c'est à lui que les Israélites en révolte adressaient leurs critiques avec véhémence.

Dans ces personnages, on voit donc se profiler le Christ. Lui est innocent du péché et il meurt solidaire des pécheurs dont il est venu accomplir la conversion.

Ici, le Serviteur se présente comme un disciple, celui qui écoute, qui apprend le message qu'il portera au nom de Dieu ; pour dire la Parole de Dieu, pour être prophète, il faut que le Serviteur écoute la Parole. *Dieu mon Seigneur m'a donné le langage d'un homme qui se laisse instruire.* Non pas pour lui seul, mais pour les autres, car il est au service de son prochain : *pour que je sache à mon tour réconforter celui qui n'en peut plus.* Non seulement auditeur attentif de la Parole pour les cas où il devra la répéter, le Serviteur devient encore disciple qui est éveillé chaque jour par la Parole. Parfait disciple, exemple d'obéissance, le Serviteur peut dire : *Le Seigneur Dieu m'a ouvert l'oreille, et moi, je ne me suis pas révolté, je ne me suis pas dérobé.*

Aujourd'hui

La grande leçon de la Passion est celle de la patience au milieu des épreuves. C'est une déduction qu'il est assez facile de faire mais qui demeure bien difficile à mettre en pratique. Là où l'idéal devient héroïque, c'est lorsque l'on demeure patient dans les souffrances que l'on endure de la part des autres alors que l'on avait vraiment tout fait pour en enrayer les causes. Nous sommes invités à la fermeté de Jésus au milieu des contrariétés. « Malgré le mépris des hommes, il est sûr que rien jamais ne pourra vraiment condamner le Serviteur puisque, par sa souffrance, il témoigne de valeurs et de vérités qui le dépassent lui-même et dépassent encore plus ceux qui le font souffrir. » (Jean Martucci)

LE POUVOIR DE L'HUMILITÉ

Philippiens 2,6-11

Le contexte

La communauté chrétienne de Philippes existait depuis que saint Paul avait traversé le détroit du Bosphore qui sépare l'Asie de l'Europe et depuis qu'il y avait prêché l'Évangile. L'Église de Philippes était celle qui lui avait donné le plus de satisfaction entre tous les groupes qui avaient adhéré au Christ. Il y a bien eu comme ailleurs la tentation d'un retour aux pratiques juives mais aussi une grande docilité à l'autorité de saint Paul qui avait rétabli les choses. Une difficulté existait cependant : un attrait pour la chicane chez un certain nombre de Philippiens. Saint Paul dit par exemple : *J'exhorte Évodie et j'exhorte Syntyche à vivre en plein accord dans le Seigneur.* (Les noms de ces deux chrétiennes font penser à un jeu de mots — Ev-odie, chemin facile ; Syn-tyche, rencontre — et Paul, remarque la TOB, semble souligner d'un sourire le contraste entre leur nom et leur conduite.) Pour changer cette mentalité, la lettre va jusqu'à demander la méditation sur l'exemple du Christ, son humilité, ce qui manque le plus dans les querelles personnelles.

Le message

Le poème en forme d'hymne qui est proposé aux Philippiens comporte deux mouvements : l'abaissement volontaire du Christ (v. 6-8) et son élévation par Dieu (v. 9-11).

Le Christ Jésus, lui qui était dans la condition de Dieu, n'a pas jugé bon de revendiquer son droit d'être traité à l'égal de Dieu. Il semble y avoir un contraste entre ce que va faire le Fils de Dieu et ce qu'Adam a fait. Le Christ choisit sur la terre l'humilité et l'obéissance au lieu de l'orgueil et de la révolte d'Adam qui a cherché à se faire l'égal de Dieu. *Vous serez comme des dieux,* disait le serpent (Genèse 3,5).

Il se dépouilla lui-même en prenant la condition de serviteur. C'est l'Incarnation qui est décrite comme une « kénose » (*il s'est vidé lui-même*, en grec : *ekenosen*). Cette kénose ou anéantissement, selon la

TOB, n'implique pas que Jésus cesse d'être égal à Dieu ou d'être l'image de Dieu : c'est dans son abaissement même qu'il révèle l'être et l'amour de Dieu. Les cinq verbes suivants décrivent cet abaissement : *il s'est dépouillé, en prenant la condition de serviteur. Devenu semblable aux hommes et reconnu comme un homme à son comportement, il s'est abaissé lui-même en devenant obéissant jusqu'à mourir, et à mourir sur une croix.*

Le mouvement ascendant vient ensuite. *C'est pourquoi Dieu l'a élevé au-dessus de tout.* Comme pour la partie antérieure, l'hymne reprend les expressions exposant le destin du mystérieux Serviteur du livre d'Isaïe. L'élévation (peut-être une « surexaltation ») se confond avec la résurrection ou l'ascension qui est l'action souveraine du Père. Le rapprochement est à faire avec le lyrisme du livre de la consolation : *Voici que mon serviteur prospérera, il grandira, s'élèvera, sera placé très haut* (Isaïe 52,11).

Aujourd'hui

Il faut oser faire la même chose que saint Paul. Il n'a pas hésité à recommander la contemplation du mystère même de la kénose pour donner un élan à l'existence quotidienne des chrétiens. L'humilité à l'image du Christ contribue à la qualité de la vie entre les membres de la communauté. *Ayez un même amour, un même cœur ; recherchez l'unité ; ne faites rien par rivalité, rien par gloriole, mais, avec humilité, considérez les autres comme supérieurs à vous. Que chacun ne regarde pas à soi seulement, mais aussi aux autres. Comportez-vous ainsi entre vous, comme on le fait en Jésus-Christ* (Philippiens 2,2-5).

LE POUVOIR DU DON

Luc 22,14-23,56

Le contexte

On connaît l'enchaînement des événements de la Passion : la Cène, Gethsémani, le procès juif, le procès romain, le chemin de croix, les paroles de Jésus en croix et sa mort, la déposition et la mise au tombeau. Les quatre évangiles suivent d'assez près ce plan, sauf qu'ils rapportent des détails, soulignent certains traits ou en racontent quelques-uns connus d'eux seuls d'après leurs insistances théologiques. Marc présente les faits dans leur simplicité dramatique : Jésus, le Fils de Dieu, souffre et meurt pour le salut du monde, mais Pâques viendra. Matthieu montre dans la souffrance et la mort de Jésus des événements qui sont à la source de la vie de l'Église et qui sont médités par elle. Jean exalte la royauté de Jésus au milieu des douleurs : il est le Seigneur qui juge Pilate et distribue les biens du Royaume du haut de la croix qui est déjà son trône de gloire.

Quant à Luc, il exhorte le disciple dans son récit de la Passion. Il faut regarder Jésus et se convertir. L'imitation de Jésus qui est doux et miséricordieux constitue la touche propre de Luc. Nous attirons l'attention sur quelques-uns des traits qu'il met en relief.

Le message

La Cène. En écoutant les paroles : *Faites cela en mémoire de moi*, nous sommes invités à nous souvenir de Jésus et de ses gestes d'amour. Désormais, l'amitié entre Dieu et l'être humain est renouvelée et consolidée par une transformation de l'intérieur de la personne.

Pierre. Même son reniement n'abolira pas l'alliance. Quand tu seras revenu, lui dit Jésus, affermis tes frères. Si nous avons péché, nous pouvons nous prévaloir de la miséricorde de Dieu comme Pierre et contribuer à la vitalité de l'Église.

Gethsémani. Jésus dit : Priez pour ne pas entrer en tentation. C'est le mot d'ordre du Seigneur pour ce moment de crise, mais aussi pour toutes les circonstances difficiles que traverseront les disciples.

Le sang. La trahison. On reconnaît la plume de Luc, le *cher médecin* dont parle Paul (Colossiens 4,14), dans la description physique à un moment de peur intense : *Dans l'angoisse, Jésus priait avec plus d'insistance ; et sa sueur devint comme des gouttes de sang qui tombaient jusqu'à terre.* Plus loin, le dégoût pour le geste de Judas est appuyé par les mots de Jésus : *Judas, c'est par un baiser que tu livres le Fils de l'homme !* Le disciple reçoit une mise en garde contre la trahison aussi bien qu'un stimulant à se préparer au combat.

L'oreille du serviteur. Jésus interrompt l'échauffourée où quelqu'un tranche l'oreille du serviteur du grand-prêtre. Le Sauveur montre sa tendresse pour un ennemi. *Touchant l'oreille de l'homme, il le guérit.*

Chez Caïphe. Chez Hérode. Le regard est important chez Luc. Il est chargé de grâce ou de péché. Après le reniement de Pierre, il y a ces lignes bouleversantes : *Le Seigneur, se retournant, posa son regard sur Pierre ; et Pierre se rappela la parole que le Seigneur lui avait dite : « Avant que le coq chante aujourd'hui, tu m'auras renié trois fois. » Il sortit et pleura amèrement.* Il y a aussi le regard mondain et superficiel de Hérode. *Il désirait le voir.* Le disciple est incité à croiser le regard de Jésus pour se faire pardonner et aussi pour le voir tel qu'il est.

Le portement de la croix. Pour Simon de Cyrène, Luc évite de parler de réquisition ; il choisit un mot de sens plus général : *charger de*, qui peut aussi bien être utilisé pour une mission de confiance que pour une peine. La suite de la phrase est la formule de l'engagement chrétien : *la croix [...] pour qu'il la porte derrière Jésus* (voir Luc 9,23 ; 14,27). C'est ainsi que l'image de Simon forme pour chaque disciple un rappel de sa vocation à suivre réellement le Christ.

Les femmes. Elles font partie du groupe des amis qui se tenaient à distance et Luc précise qu'elles *regardaient*. Elles apparaissent comme des figures méditatives, dont la présence invite le lecteur à contempler lui aussi.

Le pardon. Père, pardonne-leur : ils ne savent pas ce qu'ils font. C'est l'accomplissement du précepte de Jésus sur l'amour des ennemis, souligné fortement par Luc (Luc 6,27-36 ; 17,3). Le premier martyr, Étienne, s'engagera sur la même voie (Actes 7,60).

Le larron. Un des malfaiteurs refuse de s'associer aux outrages proférés par l'autre, il confesse leur culpabilité à tous deux, reconnaît l'innocence de Jésus et dit : *Jésus, souviens-toi de moi quand tu viendras inaugurer ton Règne.* Jésus lui répond : *Amen, je te le déclare, aujourd'hui, avec moi, tu seras dans le Paradis.* Luc atteste de cette manière l'efficacité du sacrifice de Jésus : la croix transforme le monde en produisant la conversion des âmes et en leur ouvrant le paradis.

La mort. Jésus donne un dernier exemple par son attitude filiale. C'est le parfait abandon. *Jésus poussa un grand cri : « Père, entre tes mains je remets mon esprit. » Et après avoir dit cela, il expira.*

Résurrection du Seigneur (jour)

La première lecture relate les paroles d'un apôtre annoncant à un non-juif le message de Pâques: la mort et la résurrection du Christ. C'est le fait d'un homme, Jésus, qui s'est laissé connaître aussi bien avant qu'après avoir été libéré de la mort. La deuxième lecture établit le rapport entre ce qui est survenu à Pâques et le sacrement de baptême. Par le rite d'eau, le croyant prend part à l'itinéraire de Jésus de la mort à la vie. L'évangile donne un exemple de quelqu'un qui a eu foi dans la résurrection. Le disciple que Jésus aimait n'a pas eu besoin d'apparitions ni de démonstrations logiques. Dans la continuité des signes qu'il avait perçus dans la suite de Jésus, il a pressenti le dénouement d'une victoire sur la mort. Le suspense narratif débouche sur les mots: *Il vit et il crut.*

La foi est faite de fidélité à une personne
plus que de l'adhésion à un formulaire dogmatique.

Gabriel Marcel

CROIS EN LA JOIE

Actes 10,34.37-43

Le contexte

Le Nouveau Testament peut se résumer dans la diffusion par des hommes et des femmes de la Bonne Nouvelle de Pâques. Pour raconter Pâques, l'Esprit Saint a suscité un écrivain de grand talent, saint Luc. Dans le troisième évangile, il a montré comment toute la vie de Jésus convergeait vers cet événement final, puis, dans les Actes des apôtres, comment tout le reste en a découlé. L'œuvre écrite de saint Luc a probablement été rédigée vers l'an 70 après le Christ. Le succès fulgurant de l'évangélisation fait penser que les héros de la mission, Pierre et Paul, ont été des géants, mais suggère également de croire que d'autres, des femmes par exemple, ont accompli un travail efficace de porte-parole de la joie.

Le message

Dans les Actes des apôtres, saint Luc rapporte plusieurs discours où l'on entend le « kérygme ». C'est l'essentiel de la prédication des apôtres. Les éléments qui formeront les livres appelés « évangiles » y sont déjà contenus. Paul étant mis à part, les apôtres sont ceux qui ont accompagné Jésus depuis son baptême. Ils ont vu ses miracles. Ici, saint Pierre, la tête du collège apostolique, insiste surtout sur la Passion et la Résurrection auprès d'un centurion romain de Césarée qui désire se convertir. *Nous, les apôtres, nous sommes témoins de tout ce qu'il a fait dans le pays des juifs et à Jérusalem. Ils l'ont fait mourir en le pendant au bois du supplice. Et voici que Dieu l'a ressuscité le troisième jour. Il lui a donné de se montrer, non pas à tout le peuple, mais seulement aux témoins que Dieu avait choisis d'avance, à nous qui avons mangé et bu avec lui après sa résurrection d'entre les morts.*

La résurrection de Jésus manifeste le plan de Dieu. Il intervient dans l'histoire humaine. Il ne laisse pas la mort accomplir son œuvre de destruction. Pour sa part, le croyant est pressé de s'opposer aux forces destructrices du péché. Il doit ainsi collaborer avec Dieu et son Christ : *Tout homme qui croit en lui reçoit par lui le pardon de ses péchés.*

Dans l'évangile de Jean, il existe des traditions sur l'annonce missionnaire du Christ par des femmes. Jean écrit : *Marie Madeleine vient annoncer aux disciples qu'elle a vu le Seigneur et qu'il lui a dit cela* (Jean 20,18). Le quatrième évangile dit en somme que Marie Madeleine est envoyée par le Seigneur ressuscité en personne, et ce qu'elle proclame, c'est l'annonce apostolique type de la Résurrection : « J'ai vu le Seigneur. » Certes, ce n'est pas là une mission destinée au monde entier ; mais Marie Madeleine remplit les conditions de base exigées selon Paul pour être apôtre : avoir vu Jésus ressuscité et avoir été envoyé pour le proclamer (1 Corinthiens 9,1-2 ; 15,8-11 ; Galates 1,11-16). Dans la tradition de l'Église d'Occident, elle a reçu l'honneur d'être avec la mère de Dieu la seule femme dont la fête comportait la récitation du Credo, précisément parce qu'elle fut considérée comme un apôtre, l'« apôtre des apôtres » (*apostola apostolorum*). L'usage du qualificatif « apôtre » donné à Marie Madeleine est fréquent dans sa célèbre biographie par Raban Maur au IXe siècle.

Aujourd'hui

La mission de porter le kérygme, ou la destinée éternelle de la personne humaine à la suite du Christ, incombe à tous. Le Nouveau Testament a clairement montré l'égalité de responsabilité dans l'apostolat.

CROIS EN TON BAPTÊME

Colossiens 3,1-4

Le contexte

La lettre aux Colossiens s'adresse aux chrétiens de Colosses, « une ville que Paul n'avait jamais visitée, bâtie à quelque cent cinquante kilomètres à l'est d'Éphèse, au voisinage de Laodicée et de Hiérapolis. L'Église à laquelle il écrit, fondée par Épaphras, un natif de Colosses, était en majorité composée d'adhérents d'origine païenne, mêlés à des Hébreux conquis à la foi nouvelle. L'authenticité de cette lettre fut mise en question par la critique du XIXe siècle pour les mêmes raisons qui firent douter de l'origine paulinienne de la lettre aux Éphésiens : langue, style, choix des mots, caractère de la christologie. Les exégètes tendent à expliquer ces faits par l'intervention de Paul qui dut user d'une certaine liberté dans la rédaction de ce texte. D'autre part, ce document aurait été rédigé vers 63, cinq ou six ans après ses grandes épîtres aux Galates, aux Corinthiens et aux Romains, d'où une évolution sensible de sa pensée et de son style. Paul s'élève contre les enseignements hérétiques en leur opposant ses propres doctrines inspirées par le maître qu'il sert, Iéshoua' bèn Elohîm, messie d'Israël, source d'amour et d'harmonie. » (André Chouraqui)

Le message

La lettre aux Colossiens comporte une pensée très riche sur Jésus que l'on peut résumer autour de certains titres qui lui sont attribués.

Jésus est appelé *Christ* : voilà le titre classique du messianisme davidique. Jésus a été oint comme David et manifesté comme le bien-aimé de Dieu. Dieu ne l'a pas laissé écraser par les forces adverses mais lui a, au contraire, donné la victoire sur ses ennemis. La pensée contemporaine voyait dans le psaume 110 la meilleure expression de ce partage du pouvoir divin. Notre texte dit : « assis à la droite de Dieu » (Psaume 110,1).

Jésus est appelé le *Premier-né d'entre les morts* (en Colossiens 1,18, en dehors de la lecture du jour) : La résurrection des morts que les pharisiens enseignaient à partir de certains textes de l'Écriture a été anticipée et garantie dans la personne de Jésus. Paul, lui-même pharisien, était déjà sensibilisé à cette espérance.

Jésus est appelé *Plénitude de la Divinité* (en Colossiens 2,9, encore en dehors de la lecture du jour) : En lui, Dieu a la parfaite maîtrise de sa création. Il en est le Juge qui rétablit le bien.

La résurrection de Jésus est le gage de la résurrection de tous les hommes. Elle est une anticipation de la gloire que doivent avoir en partage les justes. La résurrection est donc une exhortation à vivre dès ici-bas dans la condition des amis de Dieu qui communieront à sa vie en plénitude dans le ciel. Il ne faut rien faire pour contredire l'élan vital qui nous unit déjà à Dieu dans la foi en Jésus.

C'est l'idée qui est explicitée dans ce passage de la lettre aux Colossiens où Paul fait une exhortation morale. Notre union avec le Christ ressuscité est le principe de la vie nouvelle.

Aujourd'hui

Nous remarquons le rôle capital du sacrement de baptême dans la démonstration que fait saint Paul. Pourquoi peut-il écrire : *vous êtes ressuscités avec le Christ* ? Parce que le baptême nous fait vivre de la résurrection de Jésus, c'est-à-dire de la vie divine. Dans le baptême, nous sommes désormais animés par l'amour. Il nous reste à devenir ce que nous sommes, selon l'expression de saint Augustin.

IL VIT ET IL CRUT

Jean 20,1-9

Le contexte

Jean est à l'origine de la rédaction du quatrième évangile selon toute vraisemblance. Lui que la tradition identifie avec le disciple « que Jésus aimait » décrit son expérience. Sans doute que Jean est avec Jésus depuis l'heure où le Baptiste a désigné l'Agneau de Dieu (Jean 1,36). Après le discours sur le pain de vie, il se range parmi les fidèles. Beaucoup s'en vont, lui croit que Jésus a les paroles de vie éternelle (Jean 6,68). Surtout, dès que s'amorce la Passion, il se rapproche encore de son maître. Il comprend la pensée profonde du Christ, lorsqu'il écrit : *Avant la fête de la Pâque, Jésus, sachant que son heure était venue de passer de ce monde vers le Père, ayant aimé les siens, qui étaient dans le monde, les aima jusqu'au bout* (Jean 13,1). Jean vibre à la même réalité que le Christ. Pour lui, la Passion n'est pas qu'une tragique erreur judiciaire. C'est la plus grande preuve d'amour qui puisse être donnée et c'est le salut du monde qui s'accomplit.

Le message

Dans l'évangile de Pâques, l'amitié qui lie Jésus et Jean est mise en relief dès les premières lignes de l'épisode. À qui Marie Madeleine annonce-t-elle le tombeau vide ? Remarquez comment on appelle saint Jean. *Le premier jour de la semaine, Marie Madeleine se rend au tombeau de grand matin, alors qu'il fait encore sombre. Elle voit que la pierre a été enlevée du tombeau. Elle court donc trouver Simon-Pierre et l'autre disciple, celui que Jésus aimait.* Le lecteur d'aujourd'hui est intrigué : comment va réagir à la nouvelle l'homme qui était si proche de Jésus ? Que sera sa réaction lorsqu'elle leur dit : *On a enlevé le Seigneur de son tombeau, et nous ne savons pas où on l'a mis* ?

Le quatrième évangile présente le chef des apôtres, saint Pierre. Cependant, il a un regard particulier pour son compagnon. *Pierre partit donc avec l'autre disciple pour se rendre au tombeau. Ils couraient tous les deux ensemble, mais l'autre disciple courut plus vite que Pierre et arriva le premier au tombeau.* Pourquoi nous parler de cette course et du rang d'arrivée ? Pour nous dire que l'un était plus jeune et plus rapide ? Non, c'est pour nous tenir en haleine et stimuler notre intérêt pour lui. Pas à pas, nous suivons sa démarche de foi. *En se penchant, il voit que le linceul est resté là; cependant il n'entre pas.* Pourquoi préciser qu'il n'entre pas ? Pour souligner sa politesse envers Pierre ? Peut-être, mais surtout pour préparer le lecteur à noter sa foi. Simon-Pierre, qui le suivait, arrive à son tour. *Il entre dans le tombeau, et il regarde le linceul resté là, et le linge qui avait recouvert la tête, non pas posé avec le linceul, mais roulé à part à sa place.* Un passage de l'évangile de Luc raconte le même fait: *Pierre cependant partit et courut au tombeau. Mais, se penchant, il ne voit que des linges. Et il s'en alla chez lui, tout surpris de ce qui était arrivé* (Luc 24,12). Pour Pierre, le corps de Jésus n'a pas été volé. Des voleurs ne plient pas les linges funèbres. Toutefois, sa réaction se borne à la perplexité.

Aujourd'hui

Arrive le sommet de l'épisode. Notre attention était dirigée vers l'ami de Jésus et notre curiosité éveillée sera maintenant satisfaite. *C'est alors qu'entra l'autre disciple, lui qui était arrivé le premier au tombeau. Il vit et il crut.* Voilà vers quoi l'extraordinaire pédagogie du petit livre nous entraînait. Nous l'avions vu à table à la Cène: *Il se trouvait tout contre Jésus* (Jean 13,23). À la croix, il était là. Cette fidélité indéfectible est récompensée: il reçoit le don de la foi et devient le modèle des croyants d'aujourd'hui.

2e dimanche de Pâques

Les Actes des apôtres nous montrent d'une façon un peu idéalisée la première communauté des croyants. Ils vivent d'un seul cœur dans la joie de Pâques (première lecture). Le texte de l'Apocalypse nous transporte au moins cinquante ans plus tard en pleine période de persécutions : mais la foi est la même, elle conduit à l'adhésion au Christ vivant pour les siècles. Cette adhésion, Jésus l'a demandée dès le jour de Pâques à ses apôtres et spécialement à Thomas l'incrédule qui devait exprimer sa foi une semaine plus tard.

Mon credo : je crois parce que j'aime.

Henri Huvelin

TOUS POUR UN

Actes 5,12-16

Le contexte

Durant le temps de Pâques, la première lecture est prise dans le livre des Actes des apôtres, la seconde œuvre du Nouveau Testament attribuée à saint Luc. On y retrouve le même style et les mêmes préoccupations qui se notaient dans son évangile.

L'auteur n'a pas donné de titre à son livre pas plus qu'il ne l'avait fait pour l'évangile. Plus tard, les écrivains chrétiens lui ont attribué le nom d'« Actes » (au sens de « faits remarquables »), établissant ainsi une analogie avec les écrits hellénistiques qui portent ce nom et qui décrivent la carrière et les hauts faits des hommes fameux. Le complément « des apôtres » demeure un peu vague, car en réalité il n'y a que deux figures remarquables : Pierre (qui est l'un des Douze, et qui apparaît en premier lieu avec Jean) a un rôle majeur dans neuf ou dix chapitres, et Paul (qui n'est appelé *apôtre* que deux fois, et apparaît d'abord en compagnie de Barnabé) est le héros dans dix-sept chapitres. Parfois les spécialistes préfèrent le titre d'« Actes de Pierre et Paul ». Nulle part ailleurs dans le Nouveau Testament on ne rapporte d'informations sur l'Église d'avant la mission de Paul, d'où l'intérêt des chrétiens qui veulent savoir des choses sur les premières communautés ; elles sont dignes d'être imitées comme celle de Jérusalem.

L'auteur ne se serait pas donné la peine d'écrire un livre s'il s'était attendu à la fin du monde pour bientôt ou à un retour prochain du Christ en gloire dans l'immédiat. Il ne se serait pas préoccupé non plus de dire que la mission des Douze devait atteindre les limites du monde s'il avait estimé que personne n'aurait le temps de s'y rendre pour prêcher la Bonne Nouvelle. Il a donc fait une œuvre avec l'intention qu'elle soit durable et qu'elle serve à une fin utile. Ce but devient apparent lorsque l'on s'attache à lire les « sommaires », des résumés du genre de vie que menaient les disciples de Jésus. L'auteur a recueilli, peut-être de la bouche des apôtres, des résumés de ce que vivaient les *nazoréens* de Jérusalem. À trois endroits, 2,42-47 ; 4,32-35 ; 5,12-16, il nous a renseignés sur ce groupe singulier dont l'influence devait être considérable.

Le message

Le troisième sommaire que l'on relit en ce dimanche insiste sur deux aspects.

Les disciples vivent d'un seul cœur. On ne peut les appeler « chrétiens », d'une part parce qu'ils ne recevront ce nom que lorsqu'ils seront un groupe nombreux à Antioche, et d'autre part parce qu'ils ne sont pas encore vraiment détachés de la communauté juive. Les premières étapes en vue de la formation d'un groupe distinct existent déjà cependant. L'appel de Pierre le jour de la Pentecôte à recevoir le baptême marque une identité distincte. Des groupes juifs de la même époque, par exemple les moines esséniens de Qumrân au bord de la mer Morte, ont un sens d'appartenance très fort à cause du partage d'un idéal commun.

Beaucoup de signes et de prodiges se réalisaient. Ce sont des miracles de guérison qui se produisent. La venue de l'Esprit Saint à la Pentecôte paraît avoir donné aux apôtres la capacité d'accomplir des merveilles touchant à la santé. La réputation des apôtres s'étend à la région.

Aujourd'hui

« Dans la "sanctorum communio" *nul d'entre nous ne vit pour soi-même comme nul ne meurt pour soi-même* (Romains 14,7). *Un membre souffre-t-il ? tous les membres souffrent avec lui. Un membre est-il à l'honneur ? tous les membres prennent part à sa joie. Or vous êtes le Corps, et membres chacun pour sa part* (1 Corinthiens 12,26-27). Le moindre de nos actes fait dans la charité retentit au profit de tous, dans cette solidarité avec tous les êtres humains, vivants ou morts, qui se fonde sur la communion des saints. Tout péché nuit à cette communion. » (Catéchisme de l'Église catholique n° 953)

UN POUR TOUS

Apocalypse 1,9-11a.12-13.17-19

Le contexte

La seconde lecture de la liturgie des dimanches sera prise pendant quelques semaines dans l'Apocalypse.

L'Apocalypse est l'un des soixante-treize livres de la Bible et on le place toujours à la fin du volume. Des protestants l'appellent « Révélation », ce qui veut dire la même chose, le grec *apocalyptein* signifiant « retirer le voile », tandis qu'on reconnaît le mot *velum* (voile) dans le latin *revelare*. Plusieurs sections de la Bible sont des apocalypses. Par exemple, les chapitres 24 à 27 du livre d'Isaïe sont sous-titrés « Apocalypse » dans la Bible de Jérusalem. L'Apocalypse de saint Jean a été écrite par l'auteur du quatrième évangile selon le témoignage d'Irénée (IIe siècle). L'apôtre est nommé souvent dans le livre. Ainsi : *Dieu a envoyé son Ange pour faire connaître la révélation de Jésus-Christ à Jean son serviteur* (1,1). Ses visions ont été mises par écrit sous le règne d'empereurs persécuteurs, Néron d'abord, puis Domitien.

Pour qui ? Luc écrivait son évangile pour Théophile (voir Luc 1,3). Paul écrivait ses lettres pour les Corinthiens, les Galates et les autres. Jean écrit pour les chrétiens de son temps, surtout ceux d'Éphèse et de la région (les sept Églises d'Asie). Notons que les destinataires sont les Églises du Ier siècle et non celles du XXe.

Le message

Puisque l'auteur insiste sur sa situation de souffrance, on en conclut que le but du livre est à mettre en rapport avec le problème du mal. Il dit en effet : *Moi, Jean, votre frère et compagnon dans la persécution, la royauté et l'endurance avec Jésus, je me trouvais dans l'île de Patmos à cause de la parole de Dieu et du témoignage pour Jésus.*

On voit que Jean veut adapter le message des évangiles aux disciples qui vivent entre l'an 60 et l'an 100 de l'ère chrétienne. Il faut leur parler de

Jésus ressuscité. L'auteur réfléchit à la souffrance vécue à sa suite, dans un style où les images bibliques sont extrêmement concentrées. Ce style difficile avait déjà été employé dans les livres d'Ézéchiel, de Zacharie et de Daniel. Les chrétiens vivent des épreuves pareilles à celles des livres des prophètes ou même de l'Exode, le récit de la sortie d'Égypte. La lecture de l'Apocalypse suppose la familiarité avec les livres bibliques anciens et surtout les évangiles. Autrement, les allusions sont inintelligibles et le message incohérent.

Pour enseigner que Jésus est vainqueur de la mort, le visionnaire rapporte la vision qu'il a eue du Christ glorieux: *Je vis sept chandeliers d'or; et au milieu d'eux comme un fils d'homme, vêtu d'une longue tunique; une ceinture d'or lui serrait la poitrine.*

La vision est racontée dans le détail. Les autres visions qui seront décrites le seront avec encore plus de précision. Il semble contradictoire de voir une vision, qui arrive habituellement dans un état second, rapportée en parfaite conformité littéraire avec les visions anciennes du livre de Daniel ou d'autres livres en particulier. Il est en effet difficile d'imaginer que Dieu se soit plié dans sa manifestation à l'art littéraire de différents auteurs anciens qu'il aurait « lus » avant l'apparition. À moins que la vision ne soit qu'un artifice d'écriture, on croit généralement que la description aurait été retouchée conformément aux traditions littéraires anciennes.

Aujourd'hui

Le chrétien menacé par la tristesse qui résulte de la souffrance ne se détourne pas de la contemplation du Christ. Avec l'Apocalypse, il « dévoile » un plan divin dans les épreuves. « Au pied de la Croix de Notre Seigneur toutes nos amertumes deviennent douces. » (saint François de Sales)

UNITÉ ET PAIX

Jean 20,19-31

Le contexte

Rédigé dans sa version finale environ soixante ans après la résurrection, l'évangile de Jean est le dernier des quatre évangiles. Tout y est centré sur l'événement pascal. Les épisodes de la vie de Jésus sont racontés dans la perspective de la vie de l'Église qui s'épanouira ensuite. Ainsi, plus encore que dans les trois autres, l'évangile de Jean rapporte les paroles et les miracles de Jésus en anticipation des sacrements à venir. La rencontre avec Nicodème donne par exemple la théologie du baptême. *Nul, s'il ne naît d'eau et d'Esprit, ne peut entrer dans le Royaume de Dieu* (Jean 3,5). La multiplication des pains préfigure l'eucharistie. *Celui qui mange ma chair et boit mon sang a la vie éternelle* (Jean 6,54). Les rites du pardon des péchés trouvent cependant un enracinement encore plus proche avec la résurrection.

Le message

Pâques déclenche l'intervention ultime de Dieu dans l'histoire avant le dernier jour. Jésus donne la paix, il donne aussi l'Esprit Saint.

Dans la Bible, la paix est plénitude de vie ; elle est le don messianique par excellence (Isaïe 9,5-6 ; Michée 5,4). La paix se dit en hébreu « shalom ». C'est la salutation traditionnelle mais elle ne s'épuise pas dans tous les vœux que les hommes se font depuis des millénaires. En effet, Jésus à la dernière Cène a prévenu ses disciples : *Je vous laisse la paix, je vous donne ma paix. Ce n'est pas à la manière du monde que je vous la donne* (Jean 14,27). À vrai dire, c'est un synonyme du salut. La paix connote l'intégrité du corps humain comme celle du corps social. C'est la santé véritable. Le but du Créateur : une humanité saine. Et Jésus ressuscité apparaissant aux siens répète : « La paix soit avec vous ! » (Jean 20,19,21)

Le premier souhait de paix est relié à ses blessures et à sa souffrance, car après cette parole, il leur montra ses mains et son côté. Le bienfait qui accompagne la résurrection a été mérité dans la Passion. Paul écrit plus tard : *Il a fait la paix par le sang de sa croix* (Colossiens 1,20).

Le deuxième souhait de paix est relié à la mission des apôtres, dont le titre veut dire « envoyés ». En effet, il suit l'envoi. Dans les communautés humaines, comme la famille de Corneille, par exemple, les apôtres seront porteurs de paix. Les Actes rapportent les paroles de Pierre dans la maison du centurion : *Dieu annonce la bonne nouvelle de la paix par Jésus-Christ* (Actes 10,36).

Le troisième souhait de paix est relié à l'incroyance. Celui qui doute est souvent malheureux et inquiet, torturé et rongé de l'intérieur. Le portrait de Thomas est celui d'un pessimiste (Jean 11,16) ; le soir de Pâques, il s'est isolé, il est absent. Par ses paroles, Jésus l'apaise : *Cesse d'être incrédule, sois croyant.*

Aujourd'hui

Le souffle de Jésus donnant l'Esprit Saint évoque la première création de l'homme (Genèse 2,7) et suggère qu'il s'agit d'une nouvelle création, d'une véritable résurrection. L'Esprit sera la puissance de salut que les disciples manifesteront désormais en communion avec Jésus. Le baptême est le premier sacrement qui remet les péchés. Notons cependant que la tradition catholique, spécialement au concile de Trente, voit dans « vous remettrez les péchés… » le fondement biblique du sacrement de pénitence.

3e dimanche de Pâques

La première lecture montre la force de caractère des Douze qui rendent témoignage de la résurrection de Jésus devant les hautes autorités du judaïsme. La foi crée l'unité des Douze entre eux et avec d'autres groupes qui apparaîtront plus tard.

La deuxième lecture relate la vision céleste de Jean. Une liturgie céleste se déroule avec l'agneau égorgé au centre de la louange. Le règne du Christ relativise toute autre autorité humaine. Le proclamer est une critique des pouvoirs abusifs.

L'évangile rapporte la manifestation de Jésus ressuscité aux disciples qui sont à la pêche. Il se fait connaître peu à peu dans sa condition de Christ glorieux à ceux qui l'aiment. Il le fait humblement.

L'honneur lui-même se perd dès qu'on le recherche.

Thérèse d'Avila

TÉMOINS DE L'AUTEUR DE LA VIE

Actes 5,27b-32.40b-41

Le contexte

Les douze premiers chapitres des Actes des apôtres racontent la vie de la communauté chrétienne de Jérusalem. Ces récits mettent en valeur la fonction de saint Pierre en tant que chef et porte-parole des Douze. Il n'a pas été l'« évêque » de cette communauté, cette fonction ayant été dévolue à Jacques, un des frères de Jésus. Pierre a fait partie des Douze, un groupe dont le nombre de membres était important. Jésus, en choisissant douze disciples pour l'accompagner et être avec lui, a voulu montrer que c'est l'Israël nouveau qui commençait, suivant de près le modèle de l'Israël ancien, issu des douze fils de Jacob (Israël). Les Douze ont eu un rôle exclusif à eux et qui était intransmissible. Lorsque Judas a fait défaut à cause de sa trahison et de sa mort, on l'a remplacé par Mathias afin de compléter le nombre sacré ; quand Jacques, fils de Zébédée et frère de Jean, est mort victime de la persécution d'Hérode Agrippa, on ne l'a pas remplacé. On jugeait sans doute que la fonction des Douze comme témoins privilégiés n'était plus nécessaire après une dizaine d'années d'existence. D'autres structures d'Église, peut-être plus souples et correspondant davantage à la mission en terres étrangères, devaient désormais avoir la priorité. (La légende des Douze se dispersant aux quatre coins du monde est une invention tardive sans fondement historique.)

Les qualités que doivent remplir les Douze sont énoncées ainsi : *ces hommes qui nous ont accompagnés tout le temps que le Seigneur Jésus a vécu au milieu de nous, en commençant au baptême de Jean jusqu'au jour où il nous fut enlevé* [...] *afin de devenir témoin* [s] *de sa résurrection*, c'est-à-dire des apparitions (Actes 1,21-22). Ce sont des paroles de Pierre qui a lui-même été un témoin de la résurrection, en en proclamant le fait devant des auditoires variés.

Le message

Les Apôtres ont témoigné de la résurrection de Jésus même devant les plus hautes autorités juives.

Pierre a dit: *Le Dieu de nos pères a ressuscité Jésus, que vous aviez exécuté en le pendant au bois du supplice. C'est lui que Dieu, par sa puissance, a élevé en faisant de lui le Chef, le Sauveur, pour apporter à Israël la conversion et le pardon des péchés.*

C'est devant le Sanhédrin que comparaissent Pierre et les Apôtres. L'initiative de la persécution n'est pas venue des pharisiens mais plutôt des sadducéens qui avaient charge de l'administration du temple et disposaient par conséquent d'une troupe de soldats qui en assuraient le bon ordre.

Aujourd'hui

Ce qui fait l'unité des Apôtres devant leurs juges, c'est la foi dans le Christ Seigneur. L'essentiel de l'Évangile porte sur la victoire de Jésus sur la mort. Les disciples de Jésus à Jérusalem peuvent diverger d'avis sur autre chose, mais là-dessus, ils partagent un accord profond et voient ce qui crée l'identité propre au groupe. Au chapitre qui suit (ch. 6), on constate des divergences de vues sérieuses entre ceux qui sont de culture hébraïque (ou araméenne) et ceux qui sont de culture grecque (les Hellénistes). Ces derniers rejettent le temple, tandis que les Hébreux continuent à le fréquenter. La tension était si grave qu'on coupait l'aide aux veuves des Hellénistes. La dispute, portée devant les Apôtres, a été réglée en établissant des chefs distincts pour les Hellénistes, soit Étienne et ses compagnons. Ils n'ont pas été rejetés de l'Église. Les deux groupes ont cohabité pacifiquement. C'est une leçon d'acceptation de l'autre à la condition que l'on ne sacrifie pas au pluralisme l'essentiel de la foi. Le même principe œcuménique doit guider l'Église de tous les temps.

TÉMOINS DE LA VIE ÉTERNELLE

Apocalypse 5,11-14

Le contexte

L'introduction au livre de l'Apocalypse dans la Nouvelle Bible de Jérusalem (1998) dit ceci : « Le mot apocalypse est la transcription d'un terme grec signifiant : révélation ; toute apocalypse suppose donc révélation faite par Dieu à l'humanité de choses cachées et connues de lui seul, spécialement de choses concernant l'avenir. Il est malaisé de définir exactement la frontière séparant le genre apocalyptique du genre prophétique, dont il n'est en quelque sorte qu'un prolongement ; mais tandis que les anciens prophètes entendaient les révélations divines et les transmettaient oralement, l'auteur d'une apocalypse reçoit ses révélations sous forme de vision qu'il consigne dans un livre. »

Une tradition, cependant controversée, identifie Jean le visionnaire à l'auteur du quatrième évangile.

Le message

L'auteur présente une vision d'une cérémonie au ciel qui ressemble beaucoup à la liturgie chrétienne, elle-même une adaptation de la liturgie juive du temple et de la synagogue.

Dès le début, il a été question d'acclamations chantées, de voix comme une trompette, de candélabres, toutes choses qui font penser à ce que sont devenues nos églises d'à présent avec leur musique, leurs discours et leurs cierges. On a entendu parler également d'un lecteur, aussi bien que de lettres adressées aux Églises comme le sont les épîtres de saint Paul. Surtout, le Christ qui se manifeste est vêtu d'une tunique longue, le vêtement sacerdotal, et le peuple est désigné du titre de *royauté de prêtres* (Apocalypse 1,6).

La liturgie du ciel dont la lecture biblique du jour a retenu une partie, ressemble à l'eucharistie concélébrée par l'évêque assis sur son trône et entouré par les anciens.

Jean, le visionnaire, regarde au-delà *d'une porte ouverte au ciel* (Apocalypse 4,1). Ce qu'il voit, il le voit avec les yeux de quelqu'un habitué à prendre part à la liturgie de la communauté chrétienne, encore à ses débuts mais déjà attirante par sa beauté. Le spectacle céleste est d'une grandeur transcendante : *J'ai entendu la voix d'une multitude d'anges qui entouraient le trône, les Vivants et les Anciens : ils étaient des millions, des centaines de millions.* Le plus important est celui dont les êtres présents font la louange. *Ils criaient à pleine voix : « Lui, l'Agneau immolé, il est digne de recevoir puissance et richesse, sagesse et force, honneur, gloire, et bénédiction. »*

« L'Agneau » est un nom imagé employé 30 fois pour Jésus dans l'Apocalypse. Jean-Baptiste avait présenté Jésus comme l'Agneau de Dieu (Jean 1,29). L'Exode parlait de l'Agneau pascal (Exode 12) et Isaïe du rédempteur comme d'un agneau muet mené à l'abattoir (Isaïe 53,7). Plus loin, l'Agneau est le chef des martyrs. *Il sera leur pasteur* (7,17). Il triomphe au ciel et il jouit le premier de la récompense destinée aux martyrs. Son combat contre les forces du mal va se continuer : *L'Agneau les vaincra, car il est Seigneur des seigneurs et Roi des rois, avec les siens : les appelés, les choisis, les fidèles* (17,14). Dans le martyre, l'Église est tellement unie au Christ que l'on parle de noces : *Heureux les invités au festin de noces de l'Agneau* (19,9). L'Agneau a douze apôtres (21,14) et il est lumière pour l'Église : *l'Agneau lui tient lieu de flambeau* (21,23).

Aujourd'hui

Il faut replacer le Christ au centre de notre liturgie. L'Agneau est au cœur de nos louanges. Toutefois, il faut prendre garde que la liturgie n'ait plus prise sur la vie. L'Apocalypse est un livre presque séditieux qui dénonce l'empire romain pour tout ce qui est violence, exactions par les taxes, viol des consciences par l'imposition du culte de l'empereur. Dans ce combat, le chef demeure le Christ rendu Seigneur par sa résurrection.

TÉMOINS DE LA VIE NOUVELLE

Jean 21,1-19

Le contexte

Le dernier chapitre de l'évangile de Jean raconte une apparition de Jésus ressuscité à sept de ses disciples. On note que le Christ se fait connaître peu à peu, par étapes. Cette scène devient une parabole de la Bible tout entière, car la révélation de Dieu dans les Saintes Écritures se fait elle aussi progressivement. L'identité de Jésus ressuscité est un mystère, non pas au sens que Jésus veut se dissimuler à nos yeux, mais au sens qu'il veut se faire connaître dans les richesses de son être infini.

Le message

1. — Il est dit que Jésus *se manifesta* aux disciples. Vers la fin, on conclut : *C'était la troisième fois que Jésus ressuscité des morts se manifestait à ses disciples.* Il s'agit de découvrir l'identité de la personne qui est là, au bord du lac. Cette illumination ne se fait pas sans difficulté. *Jésus était là sur le rivage, mais les disciples ne savaient pas que c'était lui.* Plus loin, l'évangéliste écrit à la suite de la pêche miraculeuse : *Alors, le disciple que Jésus aimait dit à Pierre : c'est le Seigneur !* Il faut préciser en présence de qui l'on est parce qu'on se trouve avec une personne étrange. *Aucun des disciples n'osait lui demander : Qui es-tu ? Ils savaient que c'était le Seigneur.* L'évangéliste nous fait participer à une chose secrète qui est dévoilée ; Jésus, qui était mort, est très réellement présent au milieu de ses disciples.

2. — C'est Jésus qui se révèle. C'est lui qui donne l'ordre de jeter le filet. C'est lui qui fournit le signe qui permet de le connaître. C'est lui qui prend l'initiative du déjeuner. *Jésus prend le pain et le leur donne, ainsi que le poisson.* Tout proche d'eux, Jésus agit et se met dans des attitudes tout à fait familières. Il dialogue avec Pierre avec la même aisance qu'aux jours de compagnonnage avant la Passion. Il révèle qu'il est une personne ressuscitée, vivant d'une vie donnée par Dieu, qui n'enlève rien à son humanité.

3. — Jésus s'occupe de nourrir ses disciples. Comme jadis Dieu au désert fournissait des cailles et de la manne aux Hébreux, Jésus donne à ses disciples du poisson. Sur un feu de braise, *ils voient du poisson posé dessus, et du pain.* Nourrir quelqu'un est le geste d'amour par excellence ; Jésus prépare des aliments pour ceux qu'il aime. Ce sont des personnes auxquelles il avait déjà dit : *Venez et voyez* (Jean 1,39) ou encore : *Suis-moi* (Jean 1,43). La communauté des disciples est réunie autour de la nourriture donnée par Jésus. Le chef de groupe s'entend demander : *M'aimes-tu ?* Par ceux qui désormais la convoquent, c'est toute l'Église qui est appelée à l'amour.

4. — Jésus ouvre un avenir inconnu. Le symbole du filet plein de cent cinquante-trois gros poissons invite à voir la multitude humaine qui fera partie de l'Église dans le plan de Dieu. Comment est-ce possible alors que le filet ne se déchire pas ? Le pouvoir de créer l'unité appartient au Seigneur. Nous essayons en vain d'évaluer la puissance de rassemblement du Christ. Nous nous étonnons de la durabilité de l'Église comme force de rassemblement. Elle prolonge Pierre à qui Jésus dit : *Sois le berger de mes brebis.* L'avenir montrera que l'unité est un mystère inépuisable.

Aujourd'hui

Tout être humain a quelque chose de mystérieux et de caché. Chacun a son intimité. En fait, nous ne connaissons quelqu'un que dans la mesure où il accepte de se livrer à nous par une confidence. Et chacun sait aussi le rôle que jouent les confidences dans toutes les vies humaines.

Parler de révélation, c'est du même coup parler d'amour. Pas de révélation en effet sans amour et pas d'amour non plus sans révélation. Lorsque quelqu'un se livre à un autre, c'est déjà parce qu'il l'aime, et parce qu'il veut le faire entrer davantage dans le mystère de sa vie et de son amour.

4e dimanche de Pâques

La première lecture rapporte un moment crucial dans l'histoire de l'Église. Paul réussit à attirer à la foi chrétienne une communauté nombreuse de nouveaux disciples en dehors de la Palestine parce que la plupart de ses coreligionnaires se détournent de son message qui leur est présenté dans les synagogues d'Asie mineure. C'est le prologue au développement exponentiel de l'Église dans ces territoires où sévira une persécution quelques dizaines d'années après. La deuxième lecture a comme fond de scène la violence faite aux chrétiens. Jésus sera le Pasteur de ces victimes que seront les martyrs et la vision de Jean décrite dans l'Apocalypse permet de le croire. Jésus avait déjà révélé son identité profonde en disant : *Je suis le bon Pasteur*. En reprenant ce titre bien connu de Dieu dans la Bible, Jésus manifeste au monde son unité profonde avec Dieu tel que connu dans la première alliance. Il déclare : *Le Père et moi, nous sommes un.*

Douter de Dieu, c'est y croire.

BLAISE PASCAL

SERVITEUR

Actes 13,14.43-52

Le contexte

Pierre a eu la vedette dans les Actes des Apôtres jusqu'au chapitre 12. À partir de là, Luc va décrire l'envoi en mission de Barnabé et Paul. Ce dernier prend de l'importance dans l'Église et, finalement, c'est son travail apostolique que Luc décrit jusqu'à la fin du livre. Paul, voilà l'homme des grandes audaces. Bien sûr, c'est Pierre qui a fait prendre le tournant à l'Église en s'adressant à un centurion romain, Corneille, et à sa famille au chapitre 10. Les premiers païens ont été baptisés sur son ordre, mais c'est à Paul que revient de montrer le plan de Dieu dans toutes ses dimensions. Faire entrer un païen dans l'Église en Palestine où la grande majorité des croyants a une identité juive homogène est une chose, mais bien plus considérable est de mettre sur pied des communautés en terres étrangères qui vont être composées presque entièrement d'une population non juive. Prêcher aux païens n'est pas une tâche marginale, c'est l'œuvre de Dieu qu'il encourage lui-même en envoyant son Esprit à Barnabé et Paul.

Le message

La rencontre des apôtres avec l'assemblée qui est décrite ici montre que l'Évangile doit franchir des frontières de toutes sortes.

Quant à eux, poussant au-delà de Pergé, ils arrivèrent à Antioche de Pisidie. Barnabé et Paul, après un séjour à Chypre, sont entrés dans le cœur de l'Asie mineure, bien loin des côtes. Dans les villes, ils s'adressent d'abord aux personnes qui fréquentent les synagogues, le jour du sabbat. Ici, une communauté les a écoutés deux sabbats d'affilée. La Parole de Dieu court depuis Jérusalem et Antioche de Syrie (il ne faut pas confondre Antioche de Pisidie et Antioche de Syrie bien que les deux Antioche se trouvent dans l'actuelle Turquie).

Devant l'hostilité de certains juifs, Paul, qui leur adresse un discours, confirme leur rejet temporaire au profit des païens ; ce discours forme tout un programme, retenons-en deux expressions.

Puisque vous ne vous jugez pas dignes de la vie éternelle. C'est la situation tant de fois décrite par les prophètes, Israël doit choisir entre vie et bonheur, mort et malheur (Deutéronome 30,15). Le rejet du message de l'Évangile est un signe que Paul interprète.

Je t'ai établi lumière des nations, pour que tu portes le salut jusqu'aux extrémités de la terre (Isaïe 49,6). Nos lecteurs connaissent bien ce qu'on appelle les quatre chants du Serviteur. Ce sont des oracles de la deuxième partie d'Isaïe (ch. 40-55) qui sont sûrement les textes de l'Ancien Testament qu'on retrouve le plus dans le Nouveau. Ces oracles ne sont pas toujours explicites — c'est même rare — mais leur message est sous-jacent à de très nombreux récits de la Passion ou de la prédication apostolique. Aujourd'hui, les lectures liturgiques se comprennent mieux quand on a relu le second chant en Isaïe 49,1-6 qui dit en particulier : *Je t'ai établi lumière des nations...* (v. 6) La prophétie s'applique-t-elle à Paul ou à Jésus ? On peut dire aux deux parce que si Jésus est la lumière des nations, il ne les éclairera effectivement que grâce au témoignage des apôtres.

Aujourd'hui

Nous imaginons l'Évangile comme un ensemble de choses à dire. C'est vrai mais insuffisant. Paradoxalement, l'auditoire à qui il est adressé fait partie intégrante de la Bonne Nouvelle. L'Évangile de Jésus Sauveur, s'il n'était pas l'Évangile annoncé aux pauvres, c'est-à-dire annoncé à des milieux difficiles, ne serait plus la Bonne Nouvelle. Il nous faut encore à présent cibler qui a le plus besoin d'une parole de libération spirituelle et aller vers ces gens avec l'audace de saint Paul.

AGNEAU

Apocalypse 7,9.14b-17

Le contexte

Nous poursuivons la lecture de l'Apocalypse commencée au deuxième dimanche de Pâques. La première partie parlait du présent tandis que depuis le chapitre 4 on parle des événement futurs. La mission que Jean s'est tracée sous l'inspiration divine, c'est de réconforter l'Église universelle déjà passablement répandue aux alentours de l'an 100 et qui subit la persécution de Domitien.

Entre les chapitres 6 et 8, Jean décrit une vision de l'Agneau (le Christ) qui brise les sept sceaux. Les sceaux sont des morceaux de cire qui tiennent ensemble les pages d'un livre. Ils ferment le livre au lecteur qui doit les briser s'il veut le lire. Dans l'Apocalypse, les sceaux symbolisent l'histoire du monde marquée par la souffrance. Seul Jésus peut briser les sceaux et lire. Pourquoi les persécutions et les cataclysmes naturels ? L'énigme est levée par l'Apocalypse. À travers les malheurs, le disciple doit atteindre le ciel et la communion avec Dieu. Les tragédies terrestres ne forment qu'un préambule à la gloire, comme la croix a précédé la résurrection. L'Agneau fait une lecture de l'histoire humaine en situant la souffrance dans l'ensemble du plan de Dieu.

Le message

L'Agneau, leur pasteur, mènera les martyrs et les saints au ciel.

Voici qu'apparut une foule immense debout devant l'Agneau, des palmes à la main. Entre le sixième et le septième sceau, Jean a placé en intermède une vision qui décrit l'Église sur la terre (7,1-8) puis au ciel (7,9-17). Dans cette partie, les élus sont décrits célébrant la fête des Tabernacles, la plus joyeuse et la plus populaire des fêtes juives, celle qui annonçait les temps messianiques. Ce sont des gens de toute nation, race, peuple et langue, bien que les signes comme les palmes soient typiquement juifs.

Ce sont ceux qui viennent de la grande épreuve. Les victimes de la persécution sont nombreuses et leur sort inquiète les chrétiens. Que deviennent-ils jusqu'au retour de Jésus ? Jean répond qu'ils goûtent le bonheur. Ils sont les modèles de tous les chrétiens puisque la fidélité les a conduits au don total d'eux-mêmes. C'est en imitant leur générosité, même si ce n'est pas par le martyre, que les chrétiens toucheront le bonheur éternel.

L'Agneau sera leur pasteur et les conduira aux sources des eaux de la vie. Dans l'image du berger et de son troupeau utilisée par les prophètes, il y a une insistance sur la familiarité amoureuse du berger avec les bêtes confiées à ses soins. De là à mêler les images et à appeler le berger lui-même agneau, il n'y a qu'un pas. Au quatrième chant du Serviteur, on trouve : *Tous comme des brebis, nous étions errants... et Yahvé a fait retomber sur lui les crimes de nous tous. Affreusement traité, il s'humiliait, il n'ouvrait pas la bouche. Comme un agneau conduit à la boucherie...* (Isaïe 53,6-7). Après l'humiliation, les élus ont part à la vie du Ressuscité.

Les femmes exégètes éprouvent un malaise devant certaines métaphores de l'Apocalypse. Elles réagissent vivement quand elles lisent, par exemple, que les élus sont des hommes qui accompagnent l'Agneau parce qu'*ils ne se sont pas souillés avec des femmes* (Apocalypse 14,4). Notre époque, tout en percevant que c'est là un langage qui associe l'idolâtrie à la prostitution sacrée dont les élus se sont éloignés, a besoin d'explication et d'adaptation...

Aujourd'hui

Le Seigneur est mon berger. La familiarité amoureuse de Dieu avec les êtres humains l'a conduit à devenir comme l'un d'eux. Toutes les épreuves auxquelles Dieu soumet ceux et celles qu'il aime sont autant d'appels à passer au travers victorieusement comme Jésus lui-même. Hommes et femmes de tous les types ont reçu les mêmes invitations.

PASTEUR

Jean 10,27-30

Le contexte

Ses parents dirent cela par peur des Juifs ; car les Juifs s'étaient déjà mis d'accord pour exclure de la synagogue quiconque reconnaîtrait Jésus pour le Christ (Jean 9,22). C'est ce qu'écrit Jean au sujet de l'aveugle-né guéri miraculeusement ; il a été chassé de la synagogue par les mauvais chefs d'Israël. Jésus l'accueille et dit : *Je suis le bon pasteur* (Jean 10,11). Par son geste, Jésus annonce l'Église qui rassemble les rejetés.

Le message

Le Bon Pasteur fait paître ses brebis. Nous n'aimons pas tellement l'image du berger, car elle fait de nous des moutons. Écoutons alors les mots de Jésus selon leur sens mystique.

Mes brebis écoutent ma voix, je les connais et elles me suivent. Les bergers de tous les temps, même ceux peu nombreux d'aujourd'hui, passent des heures, des jours et des nuits, avec les bêtes confiées à leurs soins. Les solitudes dans lesquelles ils rassemblent et conduisent les bêtes créent des personnalités méditatives. À la longue, pasteurs et moutons connaissent les habitudes les uns des autres. Ce n'est pas étonnant que Jésus se serve de cette comparaison, car *lui savait ce qu'il y a dans l'homme* (Jean 2,25).

Je leur donne la vie éternelle. Le berger est celui qui sait où on trouve les bons pâturages. *Sur des prés d'herbe fraîche il me parque, vers les eaux du repos il me mène* (Psaume 23,2). Jésus est celui qui donne la meilleure des nourritures, il se donne lui-même à manger dans la foi en sa parole et surtout dans le sacrement de son corps et de son sang.

Le Père et moi nous sommes un. La prophétie d'Ézéchiel au chapitre 34 disait qu'à cause des infidélités des chefs d'Israël : *Je susciterai pour le mettre à leur tête un pasteur qui les fera paître, mon serviteur David : c'est lui qui les fera paître et sera pour eux un pasteur* (Ézéchiel 34,23).

Jean dépasse l'annonce prophétique parce que non seulement Dieu reprend la direction de son troupeau et la confie au Messie, mais « la commune puissance de Jésus et du Père indéterminée à dessein, laisse entrevoir un mystère d'unité plus large et plus profond » (Nouvelle Bible de Jérusalem). Dieu et le pasteur à venir sont un. Les adversaires de Jésus comprennent cela sans se tromper comme la prétention de Jésus d'être Dieu.

Aujourd'hui

Quand un berger veut faire traverser un cours d'eau à son troupeau, il amène à lui un agneau avec sa grande houlette et il le prend dans ses bras. Le berger connaît ce qu'est l'instinct grégaire, il sait que les autres moutons vont traverser eux aussi parce qu'ils en ont vu un autre de l'autre côté. S'il en est ainsi d'un berger humain qui connaît ses bêtes, qu'en est-il du berger divin ? Il connaît tellement plus profondément ce qu'il y a dans le cœur de chaque homme et de chaque femme : des impulsions spirituelles combien plus grandes. Ces élans intérieurs, le berger les libère et les fait mettre en mouvement.

Par sa résurrection, Jésus est un pasteur toujours présent à la vie de son Église. Cependant, l'association d'idée évoque les prêtres, signes et instruments de Jésus. En leur nom, Paul écrit : *Nous sommes en ambassade pour le Christ ; c'est comme si Dieu exhortait par nous* (2 Corinthiens 5,20). Les pasteurs sont les serviteurs du *peuple saint, race choisie, sacerdoce royal* auquel ils ont pour mission prophétique de rappeler sa dignité.

Chaque chrétien a également une mission de rassembler, de guider et de garder les autres membres du troupeau de Jésus. Prenons nos responsabilités envers nos frères et sœurs.

5e dimanche de Pâques

La première lecture rapporte la naissance et la consolidation des Églises dans le territoire évangélisé par saint Paul. La désignation d'« anciens » pour les animer a constitué un moment décisif dans l'histoire de ces communautés.

La deuxième lecture fournit une consolation à des chrétiens dans l'épreuve. La vision d'un ciel nouveau et d'une terre nouvelle soutient leur espérance. Une réalité invisible existe au-delà du mesurable : la Jérusalem nouvelle qui descend des cieux signifie la présence fidèle de Dieu malgré la souffrance qui la rend opaque.

L'évangile rapporte le commandement de l'amour que Jésus a livré à ses disciples à la dernière Cène. Il donne un commandement nouveau parce qu'il n'exclut pas les ennemis, parce que l'obéissance à ce commandement est rendue possible par la présence de l'Esprit et parce que Jésus est venu en fournir le modèle. C'est le commandement d'une alliance nouvelle.

Aime et fais ce que tu veux. Si tu te tais, tais-toi par amour;
si tu parles, parle par amour; si tu corriges, corrige par amour;
si tu pardonnes, pardonne par amour.

SAINT AUGUSTIN

UNE COMMUNAUTÉ BIEN SOLIDE

Actes 14,21b-27

Le livre des Actes des apôtres relate l'histoire de l'Église des origines en choisissant des épisodes significatifs. L'Église primitive a été en période de croissance et elle a reçu des structures qui devaient assurer son développement ultérieur.

1. — La structure de base a été celle des Douze que Jésus lui-même avait établie. Les Douze avaient pour mission d'enseigner ce que Jésus avait dit et c'est ce qu'ils ont fait au profit de la communauté de Jérusalem. Leur fonction principale, unique et intransmissible, était toutefois, comme groupe, de témoigner des apparitions de Jésus ressuscité.

2. — Les disciples de Jérusalem avaient un chef, Jacques, cousin de Jésus et personnage distinct des Douze. On ne sait pas comment il avait été choisi et, même si sa parenté avait certainement influencé les événements l'amenant à cette fonction, le mode d'élection est demeuré inconnu ; élection par les Douze ? élection par tous les baptisés ? choix par Pierre ? autorité reconnue spontanément par la force de sa personnalité ?

3. — Les chefs de la communauté des chrétiens hellénistes de Jérusalem, Étienne et ses compagnons, ont constitué une hiérarchie distincte de ministres. Ils ont été choisis par la communauté parmi les hommes de cette même communauté et ils ont été acceptés par les Douze qui leur ont imposé les mains.

Le message

Saint Paul a imposé les mains à des anciens dans les communautés chrétiennes qu'il a quittées dans ses voyages missionnaires en Asie mineure, Iconium, Antioche de Pisidie et la région. Il a créé ainsi une structure hiérarchique qui n'avait pas de modèle antérieur. Ces Anciens sont ce qui ressemble le plus à ce que nous appelons les prêtres dans l'Église d'aujourd'hui.

Jésus lui-même, qui a été comparé sur ce point avec d'autres fondateurs de religions, a agi avec des structures très légères. C'est vrai qu'il a appelé certaines personnes (spécialement les Douze) qui ont dû laisser leur travail et le suivre. À part ce choix, il semble s'être contenté de laisser sans contact subséquent ou sans formation ceux qu'il a rencontrés et qui étaient visiblement émus par ce qu'il disait et faisait. Les évangiles nous disent dans de vagues généralisations qu'ils sont retournés à leurs villes et villages, qu'ils ont raconté ce qui leur était arrivé, mais il n'y a pas de preuve qu'ils aient formé des groupes de disciples de Jésus durant leur vie.

Après la résurrection, cependant, ses disciples démontrent une volonté de se réunir et de maintenir ensemble ceux qu'ils ont convaincus concernant Jésus ; ces hommes et ces femmes ont demandé un signe distinctif et le baptême qui leur a été conféré a constitué le premier pas dans la démarche de rassemblement. Il ne paraît pas y avoir eu de gestes de personnes qui s'élançaient de leur propre chef pour proclamer : « Je crois en Jésus » et agissaient à leur guise. Tous sont justifiés et peuvent être sauvés, mais non comme individus.

Aujourd'hui

Une division tragique existe entre ceux qui croient seulement en « Jésus et moi » et ceux qui sont restés fidèles à une tradition d'Église, héritière des apôtres. Le dialogue ne doit cependant pas être rompu entre les croyants en un même Sauveur.

Les structures doivent être adaptées aux nécessités sociologiques de l'époque et elles doivent changer selon l'inspiration de l'Esprit. Le respect pour la tradition tempère ces changements.

UNE COMMUNAUTÉ D'ESPÉRANCE

Apocalypse 21,1-5a

Le contexte

L'auteur de l'Apocalypse ne savait pas comment ni quand la fin du monde allait survenir. L'usage qu'en font certains groupes actuels nous empêche malheureusement de voir sa grande valeur spirituelle, car nous nous attachons beaucoup trop à nier la réalité de ses prophéties pour notre temps et même à nier la tension du monde vers sa fin dans l'inattendu de Dieu.

Rappelons que depuis le début l'auteur s'attaque par la parole à l'empire romain persécuteur. La persécution, celle de Domitien, n'a pas eu l'ampleur prévue, mais il faut concéder une grande intuition de l'auteur sur le cours des événements qui allaient entraîner de graves persécutions avec de nombreuses victimes et un terrible choc culturel entre deux systèmes de valeurs.

La violence dans la description de la ruine de Rome ne doit pas faire illusion. L'Apocalypse n'invite nulle part à la révolte armée contre Rome. Il n'y a pas eu dans l'antiquité chrétienne de groupe militaire chrétien qui se réclame de l'Apocalypse pour une rébellion armée. La violence du langage est identique à celle des psaumes. Elle a pour but par l'usage des mots de soulager les victimes de l'oppression. C'est un soulagement de se défouler de cette façon tout en s'en remettant à Dieu pour appliquer les mesures rétablissant la justice.

Le message

Le visionnaire décrit le spectacle à venir après la destruction de la ville impie.

Moi, Jean, j'ai vu un ciel nouveau et une terre nouvelle, car le premier ciel et la première terre avaient disparu, et il n'y avait plus de mer. Et j'ai vu descendre du ciel, d'auprès de Dieu, la cité sainte, la Jérusalem nouvelle, toute prête, comme une fiancée parée pour son époux.

Pour la culture contemporaine qui idolâtre la science et la connaissance du mesurable, la pensée apocalyptique qui imagine la Jérusalem céleste est un témoin durable d'une réalité qui défie toutes nos connaissances mathématiques. La vision de la Jérusalem céleste témoigne d'un autre monde qui trouve son expression dans des symboles et des visions en dehors des poids et mesures. Ce monde n'est pas créé par l'imagination mais sert de moyen pour accéder à l'au-delà.

Les artistes, depuis Pieter Brueghel en passant par William Blake jusqu'à Salvador Dali, ont compris de quel monde il s'agissait. Comme psychologue, Jung a abordé ce monde par son étude des symboles. Dans le domaine proprement religieux, ce sont les mystiques qui ont offert une lumière.

La liturgie, qui évoque constamment la présence de Dieu et l'abolition de la frontière entre le monde d'ici bas et celui de l'au-delà, aide à percevoir le sens d'une image comme celle-ci : *Voici la demeure de Dieu avec les hommes ; il demeurera avec eux, et ils seront son peuple, Dieu lui-même sera avec eux.*

Aujourd'hui

Les personnes qui éprouvent un deuil trouvent dans l'Apocalypse une évocation du ciel comme récompense des élus demeurés fidèles. L'espérance chrétienne se nourrit des paroles de consolation que le visionnaire proclame : *Il essuiera toute larme de leurs yeux, et la mort n'existera plus.*

UNE COMMUNAUTÉ D'AMOUR

Jean 13,31-33a.34-35

Le contexte

À l'époque de Jésus, deux courants principaux de pensée existent concernant l'amour des autres. On a, d'une part, les groupes apocalypticiens et, d'autre part, le groupe pharisien. Les groupes apocalypticiens de toutes tendances attendent le grand bouleversement du monde pour bientôt. Ils ont cette caractéristique en commun qu'ils se considèrent, eux seuls, comme le peuple choisi d'Israël. Quiconque n'en fait pas partie appartient à la masse des damnés, qu'il soit juif ou païen. Cette croyance fait naître l'idée d'une haine de l'ennemi ordonnée par Dieu.

On trouve ces mots dans la règle des moines de Qumrân, près de la mer Morte. Le devoir des membres de la communauté est le suivant: « aimer tous les fils de lumière, chacun selon sa place dans le dessein de Dieu, et haïr tous les fils des ténèbres, chacun suivant son péché dans la vengeance de Dieu ».

Les pharisiens, au point de vue de la participation au monde à venir, mettent les justes païens au même rang que les juifs. C'est en ce sens qu'il faut comprendre aussi la morale pharisienne des rapports avec le prochain. Déjà dans le Lévitique (19,18-34) il est écrit qu'on doit aimer comme soi-même le prochain appartenant à sa race et aussi l'étranger. Le grand pharisien Hillel, qui vécut une génération avant Jésus, tira de là ce qu'on appelle la « règle d'or » : ce qui ne te plaît pas, ne le fais pas non plus à ton prochain (Traité Shabbat). Il ressort du contexte que le mot « prochain » ne s'applique pas seulement aux Israélites. Dans le Midrash (livre de commentaires) sur la Genèse, le même précepte est donné, avec cet argument à l'appui que tous les hommes ont été créés à l'image de Dieu.

Le message

Jésus donne un commandement d'amour mutuel qu'il faut bien situer dans le contexte de son temps. Il emprunte des idées à son milieu mais en les renouvelant.

On sait que l'évangile de Jean est très proche par son style et ses enseignements des manuscrits de Qumrân. Dans l'évangile d'aujourd'hui, Jésus s'adresse à ses disciples et non à tous les hommes. Il commande l'amour fraternel à ceux qui sont avec lui. C'est une scène intime après le dernier repas qu'il a partagé avec ses amis. On croirait trouver le même esprit de corps que chez les moines de la mer Morte.

Si Jésus retient de la pensée apocalyptique que le grand bouleversement de l'histoire se produit (*Maintenant le Fils de l'homme vient d'être glorifié…*), il refuse toutefois un combat contre les ténèbres qui se fasse dans la haine des ennemis. *J'ai vaincu le monde* (Jean 16,33), dit-il, mais c'est par la douceur. La non-violence durant son arrestation le démontre (Jean 18). Jésus paraît s'adresser à ceux qui avaient les idées des Esséniens lorsqu'il dit dans le sermon sur la montagne : « Vous avez entendu qu'il a été dit : Tu aimeras ton prochain (Lévitique 19,18) et tu haïras ton ennemi. Eh bien ! moi je vous dis : Aimez vos ennemis et priez pour ceux qui vous haïssent. » (Matthieu 5,43) On trouve bien dans l'Ancien Testament le commandement de l'amour du prochain, mais la haine de l'ennemi n'est prescrite ni dans l'Ancien Testament ni dans les récits rabbiniques pharisiens.

L'ouverture d'esprit de Jésus ressemble donc beaucoup à celle des grands docteurs pharisiens. Au contraire des leaders esséniens prêts à lancer les sectaires dans une guerre à finir contre les pécheurs, Jésus veut l'accueil des païens (*cf.* Luc 4,25-26). Il montre que même les étrangers comme le Samaritain pratiquent le commandement de l'amour (Luc 10,29-37). Parmi les 613 préceptes de la loi de Moïse, il privilégie le commandement de l'amour (Luc 10,25-28).

Aujourd'hui

Nous nous mettons à l'écoute de Jésus qui a parlé, à la différence des pharisiens, d'un commandement nouveau. La nouveauté ne réside pas dans le contenu. Elle est le fait des temps nouveaux qui commencent. À présent, l'Esprit souffle. Ils sont venus les jours de l'alliance nouvelle prédits par Jérémie (Jérémie 31,31). Jésus lui-même est au principe de cette ère nouvelle : *Comme je vous ai aimés...*

L'Ascension du Seigneur

La première lecture décrit la montée de Jésus au ciel, son ascension. Elle exprime sa gloire. Elle s'accompagne de la promesse de l'Esprit. La deuxième lecture présente une réflexion théologique sur Jésus qui, avec son humanité désormais, partage la force glorieuse du Père et veut bien y associer l'humanité. Le baptême opère cette participation. L'évangile résume les apparitions du Ressuscité et la dernière qui est l'ascension. Sous un mode mystérieux, Jésus reste présent, pour aider les croyants dans la mission d'évangéliser. Les manières diverses de Jésus d'être présent à l'humanité enseignent différents aspects de son amour échelonnés dans l'histoire.

Si la mémoire m'a été donnée, Seigneur,
c'est pour que je me souvienne de ton nom.

Saint Ambroise de Milan

PARTI SANS T'OUBLIER

Actes 1,1-11

Le contexte

L'œuvre de Luc (évangile et Actes) occupe plus du quart du Nouveau Testament. Luc a un sens aigu de l'histoire. L'évangile était centré sur Jésus. Les Actes traitent de l'Église qui fait vraiment partie de l'histoire du salut. C'est la différence des centres d'intérêt qui explique les différences chronologiques des deux livres. Dans l'évangile, Jésus monte au ciel le jour de Pâques. Dans les Actes, c'est quarante jours après. Le premier livre dit tout ce qu'il faut savoir au sujet de Jésus : il a été exalté auprès du Père après sa Passion. Le deuxième livre insiste plutôt sur la continuité de l'Église avec la vie de Jésus. Le Seigneur ressuscité a voulu l'Église et il l'a préparée. Sa dernière apparition en particulier, avant l'Ascension, prépare la suite. Cela, Luc veut le faire connaître à son cher Théophile et à nous tous qui aimons Dieu (sens du nom Théophile).

Le message

Jésus dit qu'il faut attendre ce que le Père avait promis. Les apôtres reçoivent donc l'ordre d'aller à Jérusalem pour s'ouvrir à l'Esprit qui va venir. Nous savons que l'Esprit est l'objet de très nombreux oracles de consolation d'après l'exil. Pierre résumera plus tard cette espérance dans l'Esprit lorsqu'il cite Joël dans son discours de la Pentecôte : *Je répandrai de mon Esprit sur toute chair* (Joël 3,1-5). Quand Jésus parle de promesse entendue de sa bouche, il parle en fait d'une parole de Jean-Baptiste dont le message se confond avec le sien sur ce point : *Pour moi, je vous baptise avec de l'eau [...], lui vous baptisera dans l'Esprit Saint* (Luc 3,16).

Les apôtres eux-mêmes se sont interrogés sur la continuité du baptême. Le baptême signifiait-il le début d'un règne temporel ? On s'explique leur question : *Seigneur, est-ce maintenant que tu vas rétablir la royauté en Israël ?* Jésus répond que son règne qui s'établit par le baptême ne se limite pas à Israël mais qu'il doit s'étendre jusqu'aux extrémités de la terre, une manière de dire chez les païens. La fin du monde n'est pas pour maintenant. Il faut le temps de la mission.

Luc, en écrivain consciencieux, reproduit en ce premier chapitre la parole de Jésus qui va servir de plan au livre : *mes témoins à Jérusalem, dans toute la Judée et la Samarie,* c'est la mission de Pierre et Jean ; *et jusqu'aux extrémités de la terre,* c'est la mission de Paul : les Actes se terminent à Rome.

Vous allez recevoir une force (en grec : *dunamis*), dit Jésus. Le mot employé est celui qui désigne la puissance de Dieu engagé dans son propre plan. C'est donc l'histoire du salut qui continue par le ministère des apôtres. De plus, Luc enseigne que c'est par la médiation de Jésus que la troisième personne de la Trinité va bientôt se manifester.

Aujourd'hui

Luc, avec la montée physique du corps de Jésus, nous révèle quelque chose de crucial sur la condition humaine. Jésus est libéré de toute pesanteur terrestre. Son corps est vraiment différent, puisque nous savons très bien que pour le moment nos corps n'ont pas cette légèreté qui les fait échapper à la maladie et aux agressions. *Ils le virent s'élever et disparaître à leurs yeux dans une nuée.* Dans un langage qui comporte bien sûr sa part de symbole pour faire fonctionner notre imagination, Luc ne voudrait-il pas nourrir notre espérance ? Nous aussi, à cause de notre foi, nous connaîtrons la libération vécue par Jésus notre frère.

PARTI AUPRÈS DU PÈRE

Éphésiens 1,17-23

Le contexte

Éphèse, comme Antioche ou Alexandrie, était une des grandes métropoles de l'Orient ancien. Elle était traversée par toutes sortes d'influences, mais pourtant le christianisme y a pris racine rapidement. Les deux ans et demi de séjour de Paul y ont été fructueux. De sa captivité à Césarée ou Rome, Paul écrit une lettre soit aux habitants de la ville qui sont chrétiens, soit aux communautés de la région qui se passeront la missive. Il exprime ses soucis, sa volonté de lutter contre les déviations de la foi, sa certitude de collaborer par sa souffrance à la croissance de l'Église. Mais tout cela est illuminé par sa réflexion sur le Christ. Car le Christ, de toute éternité, est au centre de tout.

Le message

« Paul a une façon rapide de résumer sa compréhension du mystère de Jésus — nous dirions sa christologie — en nommant Dieu *le Dieu de notre Seigneur Jésus Christ, le Père dans sa gloire.* "Dieu de *notre* Seigneur" nous fait participer au mystère, nous projette au cœur de leur relation. "*Dieu* de Jésus" rappelle l'obéissance, l'abaissement, l'Incarnation de Jésus. "Dieu de notre *Seigneur*" rappelle l'exaltation, la résurrection, la domination universelle. *Christ* résume toute l'attente de l'Ancien Testament, celle du Roi-Messie. *Le Père* fait référence tant à la relation intime de Jésus avec Dieu qu'à celle à laquelle il nous convie. » (Bertrand Ouellet)

C'est le Christ qui réconcilie avec Dieu les hommes pécheurs, rassemble en un seul peuple les juifs et les païens, donne à tous sa vie nouvelle de ressuscité, qui doit se traduire dans tous les actes de l'existence, en particulier par une vie fraternelle, où disparaissent tous les conflits, toutes les oppositions sociales.

Sans employer le mot, Paul parle du baptême. *Ce que les croyants ont reçu alors, c'est la force même, le pouvoir, la vigueur, qu'il [Dieu] a mis en œuvre dans le Christ quand il l'a ressuscité d'entre les morts et qu'il l'a fait asseoir à sa droite dans les cieux.* Cette dernière expression de session à la droite signifie l'égalité de Jésus avec le Père. Pour Paul, le Christ est tout, il explique tout ce qui existe, commande toutes les décisions concrètes de l'existence. Le mystère de l'Ascension a signifié pour les apôtres de manière visible l'exaltation du Christ au-dessus de tout.

La pensée théologique de Paul complète cette merveilleuse scène de la recherche de Marie Madeleine au matin de Pâques. Jésus lui apparaît et lui dit : *Ne me touche pas, car je ne suis pas encore monté vers le Père. Mais va trouver mes frères et dis-leur : je monte vers mon Père, vers mon Dieu et votre Dieu.* Ce que recherche Marie Madeleine, c'est un mort, un cadavre, des restes palpables. Elle découvrira un Vivant dans la rencontre personnelle du ressuscité. Cela semble rejoindre la quête de plusieurs d'entre nous qui cherchons souvent les restes palpables d'un Jésus de Nazareth encore au tombeau.

Aujourd'hui

Nous nous accrochons trop facilement à une vague figure terrestre, comme Marie qui voulait retenir Jésus et comme les disciples qui voulaient le garder dans les limites de leurs perceptions étroites. Le mystère pascal qui trouve son achèvement dans l'Ascension, c'est l'éclatement d'une relation nouvelle de Jésus au monde. C'est un lien nouveau entre le *Je* de Dieu et le *tu* de l'homme.

UN CORPS GLORIEUX

Luc 24,46-53

Le contexte

La première lecture nous a rapporté le même événement que l'évangile du jour mais selon un point de vue différent du même auteur. Luc, au début des Actes, annonce les commencements de l'Église qui prolonge l'action de son Seigneur. Dans l'évangile, l'attention porte non sur l'Église mais sur la personne de Jésus. Après la Passion humiliante, il est vraiment ressuscité et il est maintenant glorifié auprès de son Père.

Le message

Quand Luc relatait la prophétie de la Passion et de la Résurrection de Jésus à la Transfiguration, il disait: *Moïse et Élie [...] apparus dans la gloire, parlaient de son départ, qu'il allait accomplir à Jérusalem* (Luc 9,31). On pourrait traduire « départ » par « exode » en serrant le texte de plus près. Ce que Luc retient de préférence dans les événements de Jérusalem, c'est le passage de Jésus au Père. Saint Jean a compris les événements un peu de la même manière puisqu'il a commencé son récit de la Passion ainsi: *Jésus sachant que son heure était venue de passer de ce monde au Père* (Jean 13,1).

L'Ascension, c'est le mystère de Pâques du point de vue du Père. La vie nouvelle qui est manifestée en Jésus, elle vient d'un autre, c'est la plénitude de l'Esprit qui est en lui et qu'il reçoit du Père. Jésus lui-même est tellement plein de l'Esprit d'amour que toute sa personnalité devient tension et retour vers Dieu.

Notons que l'attitude des disciples n'est pas la même dans le récit de l'Ascension selon les Actes et dans le récit selon l'évangile de Luc; ces récits ont pourtant le même auteur. Dans le premier cas, ils regardent Jésus s'élever vers le ciel et ils fixent les yeux tellement longtemps vers le haut que des hommes vêtus de blanc viennent leur dire: *Galiléens, pourquoi restez-vous là à regarder vers le ciel?* (Actes 1,11) Dans le deuxième cas, ils regardent plutôt vers le bas puisqu'ils se prosternent devant lui. Il ne faut pas chercher trop l'exactitude factuelle, mais plutôt considérer l'intention théologique. Dans le cas des Actes, les disciples ressemblent à Élisée. Son maître, Élie lui avait dit que s'il le voyait monter au ciel, ce serait le signe qu'il recevrait double part de son esprit (2 Rois 2,10). Cela s'est produit comme prévu. Selon Luc, puisque les disciples ont vu Jésus monter, c'est qu'ils recevront à la Pentecôte l'Esprit, force d'en haut promise par Jésus.

La finale de l'évangile montre Jésus qui bénit les disciples avant de monter vers le ciel. Il fait les gestes qui conviennent à un prêtre. Les disciples réagissent comme on fait dans une célébration cultuelle : *ils se prosternent*, reconnaissant ainsi que Jésus inaugure un culte nouveau dans une alliance nouvelle. Jésus en est le prêtre. Comme il avait dit dans sa première parole de portée publique : *Il me faut être dans la maison de mon Père* (pour en célébrer le culte).

Aujourd'hui

L'Église a retenu la présentation liturgique du mystère de Jésus ressuscité chez Luc. Chaque célébration se rapporte à une personne divine en particulier, comme elle donne aussi une grâce spéciale.

• Pâques : le Fils ressuscite, il se montre aux témoins qui croient. Dieu donne la foi.

• Pentecôte : le Fils ressuscité avait promis au nom du Père une force d'en haut, l'Esprit Saint. Dieu donne la charité.

• Ascension : quarante est toujours le chiffre de la préparation biblique. Jésus a préparé ses disciples pendant quarante jours à recevoir l'Esprit Saint avant de disparaître à leurs yeux. Dieu lui a donné la plénitude de l'Esprit Saint qui l'établit Tête du Corps, triomphant auprès du Père. La vie sur terre se déroule alors que Dieu donne l'espérance du ciel où nous partagerons la vie des personnes divines.

La Pentecôte (jour)

La première lecture montre la réalisation de la parole de Jésus. Il avait promis la force d'en haut et l'Esprit vient sous forme de langues de feu donner aux disciples l'énergie pour témoigner de lui. La deuxième lecture rapporte une réflexion sur l'Esprit qui doit unifier une communauté perturbée par la division. L'unité n'exclut pas la diversité. L'évangile raconte une pré-Pentecôte lorsque les disciples ont reçu l'Esprit pour pardonner les péchés. Le potentiel individuel et communautaire de chaque être humain était atrophié par le péché. Grâce à l'Esprit Saint, se révèle la promesse d'un développement merveilleux.

Priez Dieu de graisser votre girouette afin qu'elle
s'oriente bien au vrai vent de l'Esprit,
et ne reste pas calée par la rouille des vaines habitudes.

PIERRE CÉSEROLE

LA FORCE DE PARLER

Actes 2,1-11

Le contexte

Nous sommes à Jérusalem, au printemps. Il est environ neuf heures du matin. La ville connaît une effervescence un peu spéciale : c'est la fête juive de la Pentecôte, célébrée cinquante jours après la grande Pâque juive. L'atmosphère est à la joie. On remercie le Seigneur pour tous ses dons, on offre des sacrifices d'action de grâce, le temple est bondé, les gens de la campagne viennent même présenter à Dieu les premiers fruits de la moisson. On est fier de sa prospérité, on est fier surtout de la loi de Moïse qui a créé le peuple juif ; on fête l'alliance du Sinaï. Luc, l'historien de l'Église primitive, nous a raconté ce qui est arrivé dans ces circonstances pour les disciples de Jésus ressuscité qui est apparu pour la dernière fois au groupe réuni dix jours auparavant.

Le message

Soudain, l'Esprit Saint vient. Il se manifeste par le vent et les langues de feu. L'alliance ancienne s'était faite dans le feu. *La montagne du Sinaï était toute fumante parce que Yahvé y était descendu sous forme de feu* (Exode 19,18). Dieu vient donc conclure une alliance nouvelle. Son action n'est cependant pas qu'extérieure comme celle du feu. Elle est aussi envahissante et pénétrante que le vent du désert. En mai, à Jérusalem, c'est le temps du hamsin, ce vent qu'on appelle *Cinquante* et qui affecte les habitants comme les rafales de neige au Canada. Ce vent a une force telle qu'on ose le comparer au souffle vital qui anime chaque homme.

Les langues, c'est le commencement de la fin de la grande confusion créée par le péché et exprimée dans l'épisode de Babel : à partir de cette heure, les langues, au lieu de diviser les hommes, se sont mises à les unir !

Pierre explique l'événement, vraiment délivré de sa peur, lui et son groupe. C'est à cause de la résurrection de Jésus que tout cela arrive.

Depuis sa mort, pas seulement Israël mais toutes les nations sont concernées par l'alliance. Les juifs fervents issus de toutes les nations qui sont sous le ciel pourront témoigner dans leur pays, à leurs compatriotes, que l'Esprit Saint, Jésus l'a reçu de son Père et l'a répandu. Au pied de la montagne, les Hébreux avaient jadis accepté l'alliance exprimée par les dix commandements. De même le groupe apostolique accepte dans l'enthousiasme l'Esprit qui vient conclure l'alliance nouvelle.

Alors que l'évangile de Jean montre dans le don de l'Esprit une Création nouvelle (« Il souffla sur eux », comme dans la Genèse), les Actes présentent plutôt la Pentecôte comme le renouvellement en plus parfait du don de la loi au Sinaï. Voyez le rapport qui unit ces deux événements et ce qu'ils ont en commun. D'abord une manifestation grandiose de la puissance divine : ouragan, orage, tonnerre ; tout est secoué. Ensuite le feu, signe de la présence de Dieu. Enfin l'obéissance des hommes face à la Puissance qui se manifeste à eux.

Aujourd'hui

L'Esprit Saint change les êtres au plus profond d'eux-mêmes. Pierre avait été tout effrayé lorsqu'on l'avait interrogé sur Jésus durant la Passion : il l'avait même renié. Dans la suite de la lecture d'aujourd'hui, on le voit faire un discours audacieux devant des milliers de personnes. Notons le miracle. Les Onze parlent une langue, l'araméen (signe d'unité) tandis que les étrangers rassemblés à Jérusalem les entendent dans leur propre langue (signe de diversité). Ainsi aujourd'hui le message est un mais la vie chrétienne se vit dans les différences culturelles.

LA FORCE D'UNIR

1 Corinthiens 12,3b-7.12-13

Le contexte

La communauté de Corinthe était-elle « l'enfant terrible » parmi les Églises pauliniennes ? Certains disent que la métropole de la Grèce étant une ville spécialement corrompue, il a fallu plus de temps aux chrétiens pour se faire à la morale nouvelle. D'autres disent que, dans la confrontation entre Paul, héraut du Christ, et la liberté grecque, c'est l'apôtre qui a dû assouplir son style et même adapter sa doctrine. Quoi qu'il en soit, les Corinthiens sont dans une période de transition où ils ne doivent pas s'abandonner à un enthousiasme inconsidéré.

Les dons de Dieu sont nombreux ; ce sont des charismes, mais entendus au sens plus large qu'aujourd'hui où le mot a pris le sens de don rare. Il y a une hiérarchie des dons et il faut placer la charité au-dessus de tout, dira Paul, au chapitre 13. On peut les classer selon leur utilité au bien commun de l'Église.

Le message

L'évangile évoque la création, la lecture des Actes le Sinaï. La deuxième lecture fait plutôt penser à la situation d'Israël dans la Terre promise. Longtemps, comme sous David par exemple, on avait vécu dans l'harmonie. Chacun avait son rôle dans la communauté, qu'on soit roi, prophète ou prêtre. Mais la paix n'avait pas duré. Les rois persécutaient les prophètes et asservissaient les prêtres. Les rois se faisaient la guerre, les prophètes compétitionnaient. Israël était tout pantelant au temps de Paul, meurtri par les divisions.

L'apôtre met en garde les chrétiens de Corinthe. Leur unité est solide parce qu'elle vient de l'Esprit. Elle est fondée sur une foi commune. Au début de son épître, il avait dit que son éloquence était pauvre. Il n'avait pas de sagesse philosophique à proposer : seulement la croix. La foi qui unifie est l'effet d'une grâce. Sans le Saint-Esprit, personne n'est capable de dire : « Jésus est Seigneur. »

Les divers dons de la grâce viennent d'une même source qui est en trois personnes dira la théologie subséquente. Cette source, c'est l'Esprit, c'est le Seigneur (Jésus) et c'est le Dieu-Père. Les mots « dons », « fonctions », « activités » désignent les dons spirituels selon différents aspects qui permettent de les rapporter à l'Esprit, au Seigneur ou au Père. Les dons sont attribués à l'Esprit parce qu'il est lui-même le Don envoyé par Jésus et le Père. Comme « fonctions » ou « ministères », les dons sont en provenance du Fils qui s'est incarné pour servir. Comme « activités », les dons sont attribués au Dieu-Père de qui proviennent l'activité et l'être.

Aujourd'hui

Paul fait pour notre temps la liste de neuf charismes qu'on peut grouper par trois : le langage de la sagesse de Dieu, le langage de la connaissance de Dieu et le don de la foi (la confiance en Dieu qui déplace les montagnes) ; les pouvoirs de guérison, les miracles, la prophétie ; le discernement des esprits, le don des langues (dire toutes sortes de paroles mystérieuses), le don d'interpréter. Le Christ est un en dépit de la diversité et du nombre de ses membres. Il s'établit un parallèle avec la création d'Adam qui, selon la légende juive, a été créé d'argile prise dans différentes parties du monde. À la façon du potier, le Créateur a uni les divers morceaux ; ainsi le baptême a unifié le Corps du Christ.

LA FORCE DE PARDONNER

Jean 20,19-23

Le contexte

Jean a écrit son évangile dans la décennie où se terminaient les livres du Nouveau Testament. Il se situait donc à la fin de la Bible, au terme de l'intervention des prophètes dans l'histoire humaine. Il couronnait l'œuvre des grands inspirés qui avaient parlé de la venue de l'Esprit

Saint. Parmi eux, Ézéchiel se détache du peloton par son éloquence. Dans l'imagination d'Ézéchiel, Israël ne valait pas plus que des ossements desséchés. Le prophète de l'exil a eu une vision d'os blanchis, la dernière étape avant la disparition totale. Les Hébreux en étaient là, tellement l'avenir était triste. Comment donner vie à ces résidus ? Par la *ruah*. C'est un mot hébreu qui désigne le vent vivificateur. *Je mettrai sur vous des nerfs, je ferai pousser sur vous de la chair, je tendrai sur vous de la peau, je vous donnerai la ruah et vous vivrez* (Ézéchiel 37,6). Au nom de Dieu, le prophète donne un ordre à la ruah : *Viens des quatre vents, ruah, souffle sur ces morts et qu'ils vivent !* (Ézéchiel 37,9)

Le message

Quand Jésus apparaît au soir de Pâques, les gestes du ressuscité montrent que c'est l'effusion totale et définitive de la ruah (en grec *pneuma*, en français *esprit*) qui devait se manifester dans les derniers temps. Le moment est arrivé avec la victoire du Christ sur la mort. On note le geste de Jésus. Il envoya sur eux son souffle et il leur dit : *Recevez l'Esprit Saint.* Voyez bien qu'ailleurs dans l'évangile comme dans les Actes et chez Paul, l'Esprit n'est jamais dit « insufflé » mais « répandu », « envoyé », etc. L'usage de ce mot inhabituel est sans doute intentionnel. Il est possible d'y déceler une allusion aux emplois, rares mais précis, de l'Ancien Testament qui l'utilise pour parler de la première création (Genèse 2,7) ou de celle à venir (Ézéchiel 37,9). En mourant et en passant dans le monde de la résurrection, le Christ ne promet plus seulement l'Esprit, il le transmet, donnant naissance à une création nouvelle qui est l'Église, représentée à ce moment-là par le groupe des disciples.

Il y a retour à l'humanité d'avant le péché comme s'il y avait eu un moment où l'on en était déjà libéré. La délivrance du péché par le baptême et par la pénitence, qui est un second baptême, s'annonce dans les mots : *Tout homme à qui vous remettrez ses péchés, ils lui seront remis ; tout homme à qui vous maintiendrez ses péchés, ils lui seront retenus.*

En saint Jean, il n'y a donc pas la grande scène du violent coup de vent et des langues de feu. Il y a plutôt anticipation de la grande Pentecôte dans une Pentecôte intime, rencontre de Jésus avec les Onze. L'événement ne manque pas pour autant de grandeur. Le vocabulaire nous renvoie à la majestueuse Création : *Yahvé insuffla dans les narines de l'homme une haleine de vie* (Genèse 2,7).

Aujourd'hui

Il y a aussi allusion au don de la ruah par les prophètes à un Israël jadis purifié de ses péchés et ensuite consolé. Maintenant, toutefois, c'est définitif : l'Esprit est venu pour de bon dans l'Église qui baptise et pardonne les fautes. La mission des disciples est universelle. Elle ne se limite pas à Israël puisqu'elle prolonge celle du Christ qui a été envoyé au monde. *Dieu a tant aimé le monde qu'il a donné son Fils unique* (Jean 3,16). Désormais, la mission s'accomplit dans l'obéissance à la Parole : *De même que le Père m'a envoyé moi aussi je vous envoie.*

Dimanche de la Trinité

Lorsque saint Jean, en écrivant le prologue de son évangile, parle du Verbe de Dieu, Parole pré-existante à tout l'univers, il s'inspire probablement de la façon dont le livre des Proverbes décrit la Sagesse de Dieu qui l'assiste en toutes ses œuvres et manifeste son amitié pour les êtres humains. Cette sagesse de Dieu est donc vue par la liturgie comme l'annonce du Fils de Dieu, celui qui, dit saint Paul, ouvre par la foi l'accès au monde de la grâce et nous a donné l'espérance de recevoir l'Esprit Saint.

L'évangile nous présente un court extrait du discours de Jésus après la Cène, où il nous parle du rôle du Paraclet qui introduit à la connaissance de Dieu dans sa vie trinitaire.

Dieu seul parle bien de Dieu.

BLAISE PASCAL

À LA CRÉATION

Proverbes 8,22-31

Le contexte

Le livre des Proverbes, le livre de Job, l'Ecclésiaste, Sirac et le livre de la Sagesse sont classés par les savants comme de la littérature de sagesse à cause de leur intérêt pour cette vertu humaine fondamentale et son rapport avec le divin, et à cause de leur similitude avec d'autres œuvres du Moyen-Orient ancien qui ont le même genre et les mêmes préoccupations. Il est à noter que dans le livre des Proverbes et dans celui de la Sagesse de Salomon (ainsi qu'à un moindre degré en Job et Sirac), il y a personnification du concept de la sagesse en une femme. Pourquoi une personnification féminine ? Peut-être en partie parce que, en hébreu, la sagesse (*hokmah*) est un substantif féminin. Aussi les Proverbes s'intéressent-ils à la femme comme compagne et conseillère de son mari : elle est importante dans la maison pour son intelligence surtout quand la maisonnée est considérable et a besoin d'experts en administration.

La sagesse dans sa personnification féminine est comme une prophétesse qui interpelle les Israélites aux carrefours et sur les places pour les persuader de suivre les voies de Dieu. Elle use de la carotte et du bâton en vantant la beauté de sa doctrine et en menaçant ceux et celles qui ne l'écoutent pas.

En la fête de la Trinité, notre attention est attirée davantage par ce qui est une figure du Christ sagesse.

Le message

1. — La Sagesse révèle elle-même son origine : *Le Seigneur m'a faite pour lui au commencement de son action, avant ses œuvres les plus anciennes.* « Faire » ou « créer » pourrait être traduit par « acquérir » ou encore « engendrer » au sens biologique du mot.

2. — Elle dit la part active qu'elle prend à la création : *Lorsqu'il affermissait les cieux, j'étais là [...] lorsqu'il établissait les fondements de la*

terre, j'étais à ses côtés comme un maître d'œuvre. La Bible en français courant traduit: *Je l'aidais comme un architecte.*

3. — Elle joue un rôle auprès des hommes pour les amener à Dieu: *Je trouvais mes délices avec les fils des hommes* (et dans la Bible en français courant: *Ma joie est d'être au milieu des humains*).

Avec les nuances nécessaires d'un point de vue chrétien, beaucoup de traits de la Sagesse peuvent être affirmés aussi du Christ. Il est juste de le voir présent auprès de Dieu avant la création du ciel et de la terre, comme la Sagesse. Le Christ a été l'agent du Père dans la création et il a aussi séjourné parmi les hommes.

Le prologue de Jean exprime magnifiquement les relations des deux personnes divines et le mystère de l'Incarnation: *Au commencement était le Verbe et le Verbe était avec Dieu et le Verbe était Dieu. Il était au commencement avec Dieu. Tout fut par Lui et sans lui rien ne fut* [...] *Et le Verbe s'est fait chair et il a habité parmi nous* (Jean 1,1-3.14). Jean s'est visiblement inspiré du poème des Proverbes lorsqu'il a décrit le mystère de vie éternelle de Jésus, Fils dans la Trinité.

Aujourd'hui

Le rôle de la sagesse personnifiée comme celui du Verbe de Dieu nous est dévoilé pour que nous sachions quelque chose de notre participation à la vie divine de la Trinité. *Oui, de sa plénitude nous avons tous reçu, et grâce sur grâce* (Jean 1,16).

À L'HEURE DU SALUT

Romains 5,1-5

Le contexte

Aux Romains qu'il doit visiter sous peu, Paul écrit la plus longue de ses lettres. Qui nous sauve ? Comment avons-nous accès à Dieu ? Dans les premiers versets du chapitre 5, Paul a montré comment la justification ou le salut est un fait acquis, contrairement à la conception juive qui l'espérait partiellement pour l'avenir. La preuve de cette justification méritée par Jésus réside dans l'œuvre d'amour accomplie présentement en nous par l'Esprit Saint (v. 5). Mais ces faits ne nous dispensent pas d'espérer : ils confèrent même à l'espérance une qualité et un objet insoupçonnés des juifs.

Le message

L'histoire du salut repose sur trois faits. Le premier est un fait passé, la mort volontaire du Christ pour les pécheurs. *La preuve que Dieu nous aime, c'est que le Christ est mort pour nous, alors que nous étions encore pécheurs* (5,8). Voilà un événement qui se situe dans l'histoire mais qui la transcende : mystérieusement, tous les êtres humains sont concernés par cette mort.

L'histoire du salut comporte aussi notre condition présente. La réconciliation est acquise par la mort du Christ et porte ses fruits dans cette vie. *Maintenant que le sang du Christ nous a fait devenir des justes* (5,9), *maintenant que nous sommes réconciliés* (5,11), l'essentiel est donc fait, dès à présent. Vivre dans cette conviction la situation nouvelle, c'est confesser sa foi et assurer son espérance. Les juifs n'espéraient qu'en la promesse ; pour le chrétien, Dieu est présent dans l'actualité de sa vie et son espérance repose sur des faits. Le chrétien n'est plus, comme le juif, tourné seulement vers un jugement dernier. Pour lui, en effet, la justice de Dieu est celle du « Tout Autre » qui a déjà fait ses preuves en se réconciliant l'humanité. Les sacrements, spécialement ceux du baptême et de l'eucharistie, ainsi que de la pénitence, sont les moyens de toucher de plus près, concrètement cette condition présente.

L'histoire du salut se déploie dans un troisième volet. Un événement reste à venir dont nous avons le gage assuré : Dieu accordera sa vie et sa gloire à des hommes déjà réconciliés avec lui, puisque le Fils est mort pour eux. Il y a un complément dans le futur. *Nous serons sauvés par lui de la colère de Dieu, nous serons sauvés par la vie du Christ ressuscité*, nous espérons dans une libération du péché qui soit totale et définitive.

Aujourd'hui

Lorsque je sollicite la réconciliation, j'échappe à ce que le quotidien peut avoir de morne. J'entre à plein dans une histoire qui me dépasse mais dans laquelle j'ai été rendu digne de figurer. La mort de Jésus m'atteint, j'espère la plénitude que donne la résurrection.

À L'HEURE DU PARACLET

Jean 16,12-15

Le contexte

Dans l'évangile de Jean, les gestes importants de Jésus sont habituellement suivis d'un discours. Ainsi un miracle comme la multiplication des pains est complété par un discours sur le pain de vie qui donne le sens du signe. Lorsqu'il s'agit de l'événement de la mort et de la résurrection de Jésus, le discours vient avant. Le sens profond de ce qui va arriver est donné par Jésus avant même que la Passion commence. En parlant à ses disciples après la Cène, Jésus prévient les siens et leur annonce ce qui va se passer vraiment. En apparence, Jésus va être condamné ; en fait, il va être exalté auprès du Père. En apparence, il abandonne ses disciples ; en fait, il leur envoie le Paraclet qui est un autre Jésus.

Le message

Les disciples sont dans une tristesse marquée par la crainte. Au début du chapitre 16, Jésus dit qu'ils seront persécutés. Ils comprennent que la grande lutte de la fin des temps entre les forces du bien et celles du mal doit s'engager.

Ils doivent demeurer dans la sérénité parce que le Défenseur va venir. Il aurait été plus juste de traduire *paracletos* par *avocat* ou *défenseur*, parce que c'est bien de ce rôle qu'il s'agit. La croix paraît le terme du procès où Jésus a été condamné. Cependant la résurrection, qui coïncide avec le moment du don de l'Esprit pour Jean (20,22), démontrera le contraire de ce que la mort de Jésus avait semblé prouver. C'est l'erreur du monde, qui a commis le péché en rejetant Jésus, qui a porté atteinte au bon droit en envoyant un innocent au supplice.

L'Esprit de vérité va donc rétablir les faits. *Quand il viendra, lui, l'Esprit de vérité, il vous guidera vers la vérité tout entière.* La vérité tout entière, ce n'est rien de neuf à proprement parler, mais c'est le fond des choses. Par exemple, Philippe guidé par l'Esprit (Actes 8,29) va expliquer à l'eunuque éthiopien que c'est Jésus qui est désigné dans les prophéties du Serviteur souffrant (Isaïe 52-53).

La vérité est plus qu'une connaissance, c'est une des dimensions de l'alliance qui engage concrètement. Le Défenseur va guider le disciple dans une vie morale conforme aux commandements. *Ton Esprit est bon, qu'il me conduise* (Psaume 143,10).

L'Esprit Saint doit « faire connaître ». *Ce qui va venir, il vous le fera connaître.* C'est le mot grec *anangellein* que Jésus emploie trois fois. Ce mot indique à la fois l'importance et l'humilité de l'Esprit. Chez le prophète Isaïe, « faire connaître » est un privilège de Yahvé. Le Dieu d'Israël « fait connaître » l'avenir à son peuple et lui donne l'espérance malgré les épreuves. Les dieux païens sont impuissants à cet égard (Isaïe 48,14). Dans les paroles de Jésus, que l'Esprit « fasse connaître » signifie que l'Esprit est Dieu, car il accomplit une action proprement divine. Il comprend l'énigme de la croix glorieuse. Il donne l'espérance aux disciples lorsque la tristesse remplit leur cœur. D'autre part, l'Esprit ne dépasse pas Jésus. Il ne fait pas plus. *En effet, ce qu'il dira ne viendra pas de lui-même : il redira tout ce qu'il aura entendu [...] il reprendra ce qui vient de moi.* Dans le verbe *anangellein,* le préfixe *ana* veut dire « de nouveau », « une autre fois ». La mission de l'Esprit Saint n'est donc pas de dire des choses neuves mais, à cause de la faiblesse des disciples, de les répéter pour les faire entrer dans leur cœur.

Aujourd'hui

Ce qui se vit dans l'Église est un prolongement de ce qui se fait par la Trinité. L'Église reprend les enseignements de Jésus dans la force de l'Esprit. Jésus a déclaré : *Tout ce qui appartient au Père est à moi*, c'est-à-dire la nature aimante de Dieu qui le pousse à se révéler appartient aussi à Jésus. L'Église doit être consciente de la grandeur de son rôle mais doit aussi garder l'humilité des personnes divines dans leur manifestation au monde.

Le Saint-Sacrement

La première lecture raconte une offrande de pain et de vin faite par Abraham en action de grâces pour sa victoire contre un ennemi qui avait enlevé son neveu Lot. Cette action de grâces pour la liberté figure l'eucharistie à venir.

La deuxième lecture rapporte le premier récit de l'institution de l'eucharistie tel que saint Paul l'a fait aux Corinthiens. L'unité dans le Christ que signifie le pain partagé ne doit pas être contredite par un comportement égoïste et malveillant.

La lecture d'évangile, en relatant le miracle de la multiplication des pains, démontre l'importance que Jésus a donnée au sacrement de son corps et de son sang. Il l'a annoncé à l'avance dans un signe de haute portée symbolique. La multitude trouve son unité dans une nourriture abondante généreusement distribuée.

« L'enfer, c'est les autres », écrivait Sartre.
Je suis intimement convaincu du contraire.
L'enfer, c'est soi-même coupé des autres.

ABBÉ PIERRE

FÊTER LA LIBÉRATION

Genèse 14,18-20

Le contexte

Depuis le chapitre 12, la Genèse nous racontait l'histoire d'Abraham, l'homme de la foi. Obéissant à Yahvé, il a quitté d'abord Ur des Chaldéens avec son père Térah, puis Haran où sa famille s'était établie. *Quitte ton pays pour le pays que je t'indiquerai* (Genèse 12,1). Après un séjour en Égypte, il est monté dans la terre de Canaan où il s'est séparé de Lot, son neveu, qui l'accompagnait.

Abraham, généreux, avait laissé le choix des meilleurs pâturages à son neveu. Mais Lot n'y a pas gagné. Les terres de Sodome où il séjournait sont victimes d'une guerre, il tombe prisonnier d'une armée étrangère. C'est alors qu'Abraham intervient, il rassemble ses hommes et court délivrer son parent dans un combat victorieux.

Le récit du retour d'Abraham est un peu confus. Il rencontre le roi de Sodome qu'on aurait cru mort, et aussi, sortant on ne sait d'où, le roi de Shalem, Melchisédech. La rencontre est décrite en trois versets, la lecture d'aujourd'hui.

Le message

Abraham, le croyant, a célébré une eucharistie à Jérusalem.

Melchisédech, roi de Shalem, apporta du pain et du vin. Shalem est le nom ancien de Jérusalem qui sera la cité de David. Rien d'étonnant à ce que l'auteur de notre texte, un écrivain du temps de David ait voulu faire remonter le culte de El ou Yahvé à une époque très ancienne, celle d'Abraham. Le roi-prêtre avait offert un repas à l'Ancêtre des Hébreux qui lui présentait la dîme.

Il était prêtre du Dieu Très-Haut. Il prononça cette bénédiction. Bénédiction, eucharistie, action de grâce sont des formes de prière très voisines. De tout temps elles expriment le plus beau sentiment de l'âme croyante, la joie pour les bienfaits de Dieu. Abraham s'unit ici à

Melchisédech dans la louange. Dieu lui a donné de libérer Lot, captif du péché.

Aujourd'hui

Le sacrifice de Jésus est un sacrifice d'expiation, un sacrifice de communion et un sacrifice d'action de grâce pour l'acceptation assurée par son Père de ses souffrances et de sa mort. Comme Abraham, Jésus a combattu pour délivrer son frère du péché. Comme Melchisédech, il a rendu à Dieu un culte parfait (*cf.* Hébreux 7,1-3). L'action de grâce doit être le sommet de toute prière parce que les dons de Dieu sont innombrables depuis la libération survenue pour nous au baptême.

La rencontre de Melchisédech et d'Abraham présente de riches symboles. Melchisédech n'avait pas reçu comme Abraham la parole de Dieu. Cependant, à sa manière, il connaissait celui qui avait appelé Abraham et il a reconnu en Abraham un être profondément religieux. Ceux que Dieu appelle ne sont jamais isolés; ils rencontrent tôt ou tard d'autres amis de Dieu. La Bible parle bien peu de cette immense majorité d'êtres humains qui n'ont pas reçu la révélation, mais auxquels Dieu s'est fait connaître soit à travers la nature, soit par les religions du monde ou même par la sagesse des nations. Ils l'ont servi selon les lois et les pratiques reçues de leurs ancêtres. Ici la Bible se montre respectueuse de ces religions, bien que jamais elle ne veuille se confondre avec elles et oublier son propre chemin.

FÊTER AVEC DES AMIS

1 Corinthiens 11, 23-26

Le contexte

Puisque j'en suis aux observations, je n'ai pas à vous louer de ce que vos réunions vous font du mal et non du bien (v. 17). C'est par ces mots que Paul lui-même introduit le récit de la Cène qui est la lecture du jour. L'épître aux Corinthiens a été écrite pour répondre à des problèmes bien concrets. Avant qu'on ait senti le besoin dans des communautés d'organiser le message chrétien dans les évangiles, Paul, pour rétablir la discipline dans l'Église de Corinthe, rapporte une tradition qui a déjà un caractère sacré. En 57, il donne le plus ancien des témoignages sur l'eucharistie des chrétiens.

Le message

L'eucharistie célébrée par Jésus est la raison de toutes les autres.

Paul enseigne que le Repas du Seigneur est un mémorial, un rappel du sacrifice de Jésus que l'on ne peut recevoir que par tradition. *J'ai reçu du Seigneur ce qu'à mon tour je vous ai transmis.* Il n'y a donc qu'un seul sacrifice. Le sacrement célébré par les chrétiens est un rappel qui ne se comprend qu'en référence à la nouvelle Alliance inaugurée par Jésus.

Le Repas du Seigneur n'est pas qu'un mémorial, il est efficace dans la vie de l'Église. Il crée l'amour entre les membres du Corps. Plus loin dans le texte, la mise en garde de Paul contre une réception indigne du sacrement, et l'invitation à discerner le Corps montrent le sacrement, signe de l'union entre les membres de la communauté.

L'attitude de l'être humain face au passé est soit l'oubli, soit la mémoire. L'oubli est combien nécessaire puisque le poids de nos malheurs pourrait nous accabler au point de nous empêcher de vivre. Que nous ne puissions pas nous souvenir de tout constitue un remède par un soulagement de notre esprit. Néanmoins, la mémoire a aussi ses effets essentiels. La fidélité serait impossible sans des gestes répétés qui nous font nous souvenir de ce que nous avons pensé déjà autrefois. L'eucharistie est la mémoire collective du salut que chacun a certainement au moins une fois fait sienne.

Le concile Vatican II enseigne le même message lorsqu'il dit que l'eucharistie est la source et le sommet de la vie de l'Église. Pas seulement moteur de la charité vivante mais aussi expression d'une communauté d'amour en croissance.

« La sainte Eucharistie contient tout le trésor de l'Église, c'est-à-dire le Christ lui-même, lui notre Pâque, lui le pain vivant, lui dont la chair vivifiée par l'Esprit Saint et vivifiante donne la vie aux hommes, les invitant et les conduisant à offrir, en union avec lui, leur propre vie, leur propre travail, toute la création. »

Faites ceci en mémoire de moi est à saisir comme la volonté de Jésus de s'unir dans son sacrifice tous les membres de son Corps. *À nous tous nous ne formons qu'un corps, car tous nous avons part à ce pain unique* (1 Corinthiens 10,17).

Aujourd'hui

Jésus allait mourir dans de tristes circonstances, par un supplice honteux, nu et humilié. Il aurait pu donner comme mémorial un jeu de scène reproduisant la tragédie finale de sa vie. Au contraire, il a repris de la tradition juive le repas fraternel, celui qui rappelait la naissance d'Israël et la libération d'Égypte. À présent, les chrétiens sont invités à chaque messe à la célébration joyeuse du sacrifice de Jésus parce qu'il est le libérateur.

FÊTER EN MANGEANT

Luc 9,11b-17

Le contexte

Saint Luc, comme les autres évangélistes, a d'abord pour but de présenter le sacrifice de Jésus réalisé dans sa Passion et sa Résurrection. À la fin d'une étape importante du ministère de Jésus, sa prédication en Galilée, il place les événements de ce moment comme ceux de la Grande Semaine. Les épisodes rapportés ont une signification prophétique, ils peuvent être mis en parallèle avec la fin de l'évangile.

Multiplication des pains (9,10-17)	Institution de l'Eucharistie (22,14-20)
Profession de foi de Pierre (9,18-21)	Annonce du reniement de Pierre (22,31-34)
Première annonce de la Passion (9,22)	La Passion (22,35 à 23,56)
La Transfiguration (9,28-36)	La Résurrection et l'Ascension (24)

Le message

Le miracle de la multiplication des pains réalise le banquet messianique.

On évoque le miracle proprement dit d'une manière étonnamment discrète. Nous l'apprenons seulement en voyant que tous mangent à satiété et qu'il resta douze paniers.

Saint Luc, en situant le miracle par rapport à une annonce de la Passion, en décrivant Jésus accomplissant les gestes de la Cène, en montrant le rôle actif des apôtres qui distribuent le pain, enseigne de manière à peine voilée ce qu'est le Saint-Sacrement.

Il est le repas qui rassemble en Église les chrétiens. Il est le signe sacramentel de la Passion et de l'Exode de Jésus. Il se fait sur l'ordre du Seigneur Jésus lui-même. Il est l'annonce et déjà une participation au banquet messianique dont parlent les prophètes : *Yahvé Sabaot prépa-*

rera pour tous les peuples un festin de viandes grasses, un festin de bons vins (Isaïe 25,6).

Aujourd'hui

Voulez-vous faire affront à ceux qui n'ont rien? (1 Corinthiens 11,22) Acceptons-nous trop facilement cette contradiction: fêter la libération spirituelle de l'être humain alors qu'un grand nombre d'hommes et de femmes sont encore prisonniers de conditions de vie inhumaines? Arrêtons-nous au scandale que peuvent donner les chrétiens: ils fêtent la libération apportée par Jésus dans le repas sacré d'une liturgie parfois fastueuse: la plupart des êtres humains de la planète ne manquent-ils pas du pain nécessaire à leur subsistance?

Célébrer l'eucharistie n'a de sens qu'en exprimant une espérance aussi humaine que théologale. Les chrétiens ne peuvent se nourrir d'un langage qui parle de l'abondance des temps messianiques s'ils ne sont en même temps insérés dans les préoccupations de ce temps.

Nos célébrations doivent refléter la préoccupation chrétienne que chacun puisse donner ce qui lui appartient. Même l'infirme, le handicapé, le misérable doit pouvoir se sentir assez à l'aise pour éprouver le sentiment de partage de sa vie et de son être. Le fait que ce soit Jésus à la veille de sa mort qui donne son corps enseigne que le pauvre doit pouvoir lui aussi donner de lui-même dans l'eucharistie, fête de la communauté.

2e dimanche du temps ordinaire

Le livre d'Isaïe rapporte les paroles d'amour de Dieu pour la Terre et pour le peuple qui habite Jérusalem. Il n'y a pas de plus belle façon de parler de cet amour qu'en termes de mariage et de noces. Dans la deuxième lecture, un mariage d'amour a été conclu entre Dieu et la communauté de Corinthe. Le don que Dieu a fait dans l'alliance, c'est celui de l'Esprit qui est multiforme dans les charismes.

L'évangile raconte l'épisode de l'eau changée en vin aux noces de Cana. Jésus accomplit ainsi un signe qui découvre un mystère caché : il est l'Époux qui marque le commencement d'une nouvelle alliance d'amour avec l'humanité. Sa présence à ce banquet de noce ne fait pas perdre à l'homme et à la femme leur réalité d'époux, mais elle la situe comme signe d'une réalité plus haute : « L'homme quittera son père et sa mère pour s'attacher à sa femme, et les deux ne feront qu'une seule chair : ce mystère est d'une grande portée ; je veux dire qu'il s'applique au Christ et à l'Église. » (Éphésiens 5,31-32)

Si vous n'aimez pas Dieu, votre amour du prochain ne résistera pas longtemps aux difficultés qu'il rencontrera dans son exercice.

Columba Marmion

L'ÉPOUSE NATURE

Isaïe 62,1-5

Le contexte

La terre est aimée des dieux, pensaient les gens des temps anciens. Ils s'émerveillaient des beautés naturelles qui les entouraient, ils jouissaient pleinement de la fécondité du sol. Les poètes se devaient de chanter la vitalité de la nature avec de grands élans lyriques, les poètes grecs célébrant par exemple le mariage de Cosmos (le ciel) avec Gaïa (la terre).

Les prophètes d'Israël n'ont pas échappé à la règle. Eux aussi ont su dire avec joie l'amour de Dieu pour la terre. Le chantre de la création au premier chapitre de la Genèse proclame l'amour de Dieu pour la nature dans les mots: *Et Dieu vit que cela était bon* (Genèse 1,12). Plus tard, au temps du retour d'exil, celui ou celle qu'on appelle à défaut de mieux le Trito-Isaïe a aussi exprimé la beauté de l'univers créé dans les derniers poèmes du livre d'Isaïe (Isaïe 56-60). Dieu aime la Terre qu'il a faite.

Le message

Une partie de la Terre est le miroir de l'amour de Dieu: c'est Jérusalem! Dieu la traite comme un Époux.

On ne t'appellera plus: « La délaissée », on n'appellera plus ta contrée: « Terre déserte », mais on te nommera: « Ma préférée », on nommera ta contrée: « Mon épouse », car le Seigneur met en toi sa préférence et ta contrée aura un époux. S'il est évident que Dieu aime la Terre, c'est que des hommes et des femmes libres sont bien là pour en prendre soin. La nature est plus belle et plus riche de fruits lorsqu'un peuple saint lui fait trouver tout son éclat.

La communauté des juifs revenus d'exil et qui habite Jérusalem incarne l'idéal social et spirituel d'Israël. Cette communauté forme le « reste » qui a survécu à toutes les tragédies entourant l'exil. Elle reçoit des oracles d'encouragement pour un avenir souriant, une fois surmontées les tensions internes qui ont perturbé le groupe. Son objectif spirituel consiste en la justice que Dieu place en elle : *Pour la cause de Jérusalem je ne me tairai pas, pour Sion je ne prendrai pas de repos, avant que sa justice ne se lève comme l'aurore et que son salut ne flamboie comme une torche.*

Que Dieu ne se taise pas, cela signifie que les prophètes ne manqueront pas pour rappeler au droit et à la justice la population de Jérusalem. Michée, Sophonie, Jérémie avaient répandu un message d'équité envers les paysans pauvres de la contrée. Les injustices du passé ne doivent plus se reproduire. Le peuple de la nouvelle alliance fait l'admiration des voisins : *Les nations verront ta justice, tous les rois verront ta gloire.*

Dans la mythologie païenne le ciel et la terre s'unissent dans une étreinte où chaque partie du ciel, principe masculin, adhère à tout ce qu'est la mère-terre pour la féconder. Ici, l'oracle du livre d'Isaïe reprend ce thème mais en le purifiant de toute image qui serait trop sensuelle et qui conduirait à des rites de prostitution imitative du mythe.

Aujourd'hui

Dieu aime encore la Terre. Mais la pollution la ravage et la dégrade. Pluies acides, réchauffement de l'atmosphère, destruction de la couche d'ozone, déforestation, désertification, surpopulation : l'être humain est devenu le « satan de la terre ». Laissons Dieu redevenir l'Époux de la Terre.

CHEZ L'ÉPOUSE-COMMUNAUTÉ

1 Corinthiens 12,4-11

Le contexte

La communauté de Corinthe a été fondée par saint Paul durant son second grand voyage missionnaire. Elle s'est développée rapidement dans la participation de tous à la vie de l'Église. Le dynamisme incoercible des hommes et des femmes de cette communauté a reçu une description vivace dans les écrits du Nouveau Testament, soit dans les Actes des apôtres, soit dans les lettres que saint Paul leur a adressées. Pour les générations subséquentes, pour les lecteurs de la Bible, cette description est devenue parole de Dieu, un stimulant pour la croissance des groupes de vie ecclésiale, malgré la révélation des excès que Paul a voulu corriger.

Le message

L'enseignement de la parole de Dieu à partir de la première lettre aux Corinthiens est donc très riche puisqu'il comporte des éléments variés. L'histoire de la communauté est le premier élément à retenir et pas seulement les corrections disciplinaires. Dieu agit en tous, écrit saint Paul. Le deuxième élément consiste dans le discernement pour identifier les dons de Dieu :

1. — *le langage de la sagesse de Dieu :* le don d'exposer les plus hautes vérités chrétiennes, celles qui ont trait à la vie divine et à la vie de Dieu en nous ;

2. — *le langage de la connaissance de Dieu :* le don d'exposer les vérités élémentaires du christianisme ;

3. — *le don de la foi :* la foi à un degré extraordinaire ;

4. — *des pouvoirs de guérison :* une capacité de rétablir la santé un peu à l'image de Jésus dont les actes de guérison sont rapportés par les évangiles ;

5. — *la puissance d'opérer des miracles:* les « merveilles » qu'il est donné à un croyant d'accomplir;

6. — *la prophétie*: le don de parler au nom de Dieu;

7. — *le discernement:* le don de déterminer l'origine (Dieu, la nature, le Malin) des phénomènes charismatiques;

8. — *le don de dire toutes sortes de paroles mystérieuses:* littéralement la « glossolalie » ou charisme des langues qui est le don de louer Dieu en proférant, sous l'action de l'Esprit-Saint et dans un état plus ou moins extatique, des sons inintelligibles;

9. — *le don de les interpréter:* la capacité de formuler en clair ce qui dans la glossolalie peut contribuer à l'édification du groupe.

Aujourd'hui

Les femmes exégètes proposent d'allonger la liste. Elles qui n'ont vraiment pas accepté la directive de Paul sur le silence des femmes (*qu'elles se taisent dans les assemblées* [14,34]) suggèrent d'élargir la vision des choses. Des femmes comme Marie-Madeleine ont reçu l'apparition de Jésus ressuscité (*va trouver mes frères et dis-leur* [Jean 20,17]). Pourquoi ne pas les inclure dans la liste des témoins officiels établie par Paul (1 Corinthiens 15,3-8) ? Pourquoi ne rien dire du charisme de l'hospitalité pour la maîtresse de maison qui accueille chez elle l'assemblée du dimanche ?

QUI EST L'ÉPOUX ? QUI EST L'ÉPOUSE ?

Jean 2,1-11

Le contexte

Le Nouveau Testament emploie plusieurs mots pour désigner les miracles de Jésus. En grec, il y a par exemple *dunameis* qui veut dire « actes-de-dynamisme », et aussi *semeia* qui veut dire « signes ». C'est ce dernier mot que préfère saint Jean. Il rapporte peu de miracles de Jésus, sept en tout, mais il exploite à fond la valeur de signe de chacun. Le premier des miracles de Jésus a une grande importance. Même si l'eau changée en vin paraît un miracle moins utile qu'une guérison, un exorcisme, un sauvetage ou une résurrection, saint Jean l'a placé en tout premier à cause de sa valeur évocatrice.

À partir du moment où Jésus est présenté comme l'agneau seul capable d'enlever le péché (Jean 1,29), il est immanquablement situé par rapport à la sphère sacerdotale en Israël. Il crée par ses miracles des médiations, des signes de la nouvelle alliance, que l'on appellera plus tard des sacrements.

Le message

L'important pour Jean, c'est la mort et la résurrection de Jésus, ce que les théologiens appellent souvent le mystère pascal. Il y consacre plus que le tiers de son livre et il nous y prépare avec soin. Par exemple, dans le miracle de Cana, Jésus dit à sa mère qui lui demande de faire quelque chose devant la pénurie de vin : *Femme que me veux-tu ? Mon heure n'est pas encore venue*. L'« heure » de Jésus, c'est la croix glorieuse. Jésus évoque donc déjà l'action la plus extraordinaire qu'il accomplira, la résurrection. Ce moment où il manifestera sa gloire n'est pas encore venu. Par cette parole, nous comprenons que les miracles sont des aperçus de ce qui se passera à la fin. Jésus condescend à faire ces gestes étonnants que sont les miracles à cause de leur valeur pédagogique. Ils aident à saisir que Dieu est amour et qu'à cause de cela, il se donne. Dieu se donne en la personne du Verbe qui a agi dans l'histoire. Dieu se donne encore en la personne du Paraclet, l'Esprit de vérité.

Le miracle de Cana a aussi une valeur indéniable de signe à cause du vin. Les prophètes avaient annoncé qu'aux jours heureux de l'histoire d'Israël, le retour de l'exil à Babylone ou les jours du Messie, il y aurait du vin à profusion. Le vin qui *coulerait des collines* selon le mot d'Amos (9,13) deviendrait le signe éclatant de la bienfaisante amabilité du Seigneur. C'est ce qui se passe dans un obscur village de Galilée, Cana. *Il y avait là six cuves de pierre pour les ablutions rituelles des juifs; chacune contenait environ cent litres.* C'est une immense quantité d'eau qui est changée en vin par Jésus.

Retenons surtout que cet événement se passe à l'occasion de noces, comme si l'auteur voulait évoquer les noces à venir, celles de la Passion, geste d'amour par excellence de Dieu pour l'humanité.

Les réjouissances entraînent parfois des abus. En goûtant au vin, le maître du repas mentionne: [...] *quand les invités sont ivres* (traduction de la Bible de Jérusalem). Quelle surprise, c'est le moment que choisit Jésus pour le premier miracle! Le Fils de Dieu n'a pas choisi comme style de vie celui d'un moine ou d'un ermite. De quoi s'attirer les critiques: *Voilà un glouton et un ivrogne!* (Matthieu 11,19)

Aujourd'hui

Comme Jésus a aidé des amis à l'occasion de leurs noces, les chrétiens pourraient aider les nouveaux époux non seulement par leur présence amicale mais aussi par leur aide, leur témoignage, sans oublier leur prière, pour que Jésus et sa mère Marie leur soient présents spirituellement. Qu'il y ait autant l'Esprit d'amour qu'il y avait de vin jadis!

3e dimanche du temps ordinaire

La première lecture, tirée du livre de Néhémie, est très liée à celle de l'évangile, puisqu'il s'agit d'une lecture avec de grands effets. En Néhémie, on y exalte la solennité du jour où la Loi est présentée au peuple, traduite et commentée, au point, dit-on, que « tout le monde pouvait comprendre ». La lecture de la loi n'apparaît pas au peuple comme une de ces fastidieuses lectures de textes qui font la monotonie de tant de nos cérémonies, mais comme un événement extraordinaire, comme une manifestation de Dieu, comme si Dieu en personne parlait ; si bien que ce jour va rester dans les souvenirs.

Nous nous souvenons d'une page de Paul aux Corinthiens : les chrétiens sont membres du corps du Christ. Nous nous souvenons de Luc qui fait œuvre d'écrivain pour l'Évangile. Nous nous souvenons de Jésus qui a lu l'écriture en profondeur à notre profit : l'évangélisation des pauvres commence.

Si un jeune homme est un athée ferme
dans ses convictions et qu'il veut
le demeurer, qu'il fasse attention à ses lectures.

C. S. LEWIS

LIRE POUR TOUS

Néhémie 8,1-4a. 5-6.8-10

Le contexte

La vie et l'œuvre d'Esdras et de Néhémie marquent une étape nouvelle dans l'histoire d'Israël. Les juifs sont revenus de l'exil à Babylone grâce à la bienveillance de Cyrus et d'autres rois perses. Dans l'empire, la Judée acquiert le statut d'une province de plus en plus autonome, les rois perses régnant sur une fédération de territoires (les satrapies). Dans la soumission au souverain étranger, Esdras et Néhémie sont des fonctionnaires assignés à Jérusalem et aux alentours. Ce n'est pas tout de construire un temple et d'ériger un mur pour la ville, il faut que la résurrection nationale des juifs en ce ve siècle avant J.-C. se base sur la loi de Moïse.

Le message

Un livre, celui de la loi de Moïse, contient une puissance de changement. L'extrait du livre de Néhémie proclamé aujourd'hui raconte la lecture publique de cette même loi de Moïse devant la population rassemblée. Deux siècles auparavant (en 622 av. J.-C.), il y avait eu un formidable renouveau fondé sur la découverte du livre de la Loi (2 Rois 22). Cette fois encore, le peuple comprend qu'il n'y aura pas de réussite spirituelle à moins d'un retour aux sources. *On demanda au scribe Esdras d'apporter le livre de la loi de Moïse, que le Seigneur avait donnée à Israël [...] Esdras [...] fit la lecture dans le livre, depuis le lever du jour jusqu'à midi, en présence des hommes, des femmes, et de tous les enfants en âge de comprendre* (v. 1-3).

La citation de tous ceux qui assistent à la lecture de la loi de Moïse fait une mention explicite d'autres personnes que les hommes. Ce détail est important à la lumière de ce qui arrivera plus tard. La participation à la liturgie, à partir de la synagogue au temps de Jésus et subséquemment, sera une affaire limitée aux hommes. Par contre, dès ses débuts, l'Église locale réunit tous ses membres, y inclus femmes et enfants. Le christianisme, qui est un renouveau du judaïsme, renoue ainsi sans doute avec le judaïsme d'une certaine époque.

L'expression *Esdras ouvrit le livre* mérite une explication, car les matériaux sur lesquels on écrit, papyrus ou parchemin, sont des rouleaux. (Le codex était une invention païenne ; d'après Suétone, Jules César, au Ier siècle av. J.-C., fut le premier à plier un rouleau en pages afin de le dépêcher à ses troupes. Les chrétiens primitifs adoptèrent le codex, car ils le trouvaient très pratique pour transporter, cachés sous leurs vêtements, des textes interdits par les autorités romaines.)

On assiste à la mise sur pied d'un véritable rituel qui gravite autour du livre et qui servira désormais aux assemblées de la piété juive. Quand on voit : *Alors Esdras bénit le Seigneur, le Dieu très grand, et tout le peuple, levant les mains, répondit : « Amen ! Amen ! »*, on ne peut manquer de penser à nos acclamations à l'évangile entourées d'Alleluias.

Le récit rapporte les marques de vénération de la foule envers le livre saint. L'attention respectueuse portée à la Torah et le fait de se tenir debout pendant sa lecture allaient plus tard devenir caractéristiques du judaïsme de la synagogue.

Aujourd'hui

Même à l'ère d'internet, le livre garde une place de premier ordre dans le progrès humain de notre temps. Les auditeurs d'Esdras pleuraient de joie (à moins que ce soit de chagrin car la loi prohibait les mariages avec les étrangères [Deutéronome 7,3]). Faisons part de nos sentiments pour les livres qui font changer de vie. « Si le livre que nous lisons ne nous réveille pas d'un bon coup de poing sur le crâne, à quoi bon le lire ? » (Franz Kafka)

LIRE DANS L'UNIQUE ESPRIT

1 Corinthiens 12,12-30

Le contexte

Saint Paul écrivait sur la feuille de papyrus standard qui contenait 140 mots. Quant au temps nécessaire, des allusions faites par des écrivains de l'Antiquité permettent d'évaluer à une minute le temps nécessaire pour écrire trois syllabes, et à une heure pour soixante-douze mots. Ces chiffres approximatifs constituent une moyenne. Pour la lettre aux Romains qui contient sept mille cent un mots, il fit usage de cinquante feuilles, et il fallut quatre-vingt-dix-huit heures d'écriture. Ici, il met son talent d'écrivain au service des Corinthiens.

Le message

La rivalité parmi les Corinthiens au sujet de l'usage des dons spirituels divise l'Église. C'est une rivalité malheureuse, car les chrétiens sont différents dans leurs talents, dans les occasions de service qui leur sont offertes, et dans la manière dont la puissance de Dieu est manifestée à travers eux. Le fonctionnement du corps physique fournit une analogie appropriée de la diversité dans l'unité au sein de l'Église, le corps du Christ (v. 27). Saint Paul écrit: *Frères, prenons une comparaison: notre corps forme un tout, il a pourtant plusieurs membres; et tous les membres, malgré leur nombre, ne forment qu'un seul corps. Il en est ainsi pour le Christ* (v. 12). Le sacrement du baptême est unique et il est le même pour tous ceux qui font profession d'être chrétiens, quel que soit leur arrière-plan culturel: *Tous, juifs ou païens, esclaves ou hommes libres, nous avons été baptisés dans l'unique Esprit* (v. 13). Le rite de l'eau, qui est commun à tous, symbolise extérieurement l'incorporation vitale des convertis par le Saint-Esprit dans l'unité vivante du corps du Christ. L'Esprit est autour de nous (image de l'immersion dans l'eau) et en nous (image du fait de boire « l'eau vive »).

L'idée même du corps implique qu'il y a plusieurs membres, qui sont complémentaires et dépendants les uns des autres. Certains Corinthiens avaient peut-être le sentiment d'être de seconde classe parce que démunis de dons spectaculaires possédés par d'autres. *Le pied aura beau dire : « Je ne suis pas la main, donc je ne fais pas partie du corps », lui fait toujours partie du corps* (v. 15).

Aujourd'hui

Le pied est mis en contraste avec la main et non avec l'œil « parce que, écrit Jean Chrysostome, nous avons l'habitude d'envier, non pas ceux qui sont très élevés au-dessus de nous, mais ceux qui sont un peu plus haut ». Un pied qui supporte le poids du corps pourrait facilement porter envie à une main qui se meut librement et sans embarras, comme un chrétien qui n'a pas le don des langues pourrait l'envier chez un autre ; ainsi de suite pour les yeux, le nez, la tête. Retenons qu'un corps a besoin de beaucoup d'organes pour accomplir ses fonctions diverses. Dieu dans sa sagesse donne tous les organes, il rend les personnes aptes à remplir ces fonctions et leur assigne la place où ils peuvent accomplir leur tâche particulière.

La modernité a spécialisé encore davantage les branches du savoir humain. Si, autrefois, l'« honnête homme » du temps de Louis XIV pouvait tout connaître, les hommes et les femmes d'à présent sont beaucoup plus dépendants les uns des autres. L'interdisciplinarité dans le domaine des sciences est devenu une urgence. La complémentarité est devenue une nécessité. On peut souhaiter que la réflexion théologique apparaisse à sa place dans ce grand concert du savoir.

LIRE UN BON LIVRE

Luc 1,1-4; 4,14-21

La lecture d'évangile soude ensemble deux passages de saint Luc qui sont séparés dans son livre par trois chapitres. Il s'agit d'abord des premières lignes de l'évangile où l'écrivain emploie le « je » dans un prologue (Luc 1,1-4). On y joint un autre « commencement », celui de la vie publique de Jésus qu'il inaugure à Nazareth (Luc 4,14-21).

Le message

Théophile est un nouveau chrétien d'origine païenne. Pour lui qui est expressément nommé et pour les autres qui suivront, saint Luc entreprend une tâche exigeante. Il écrit une nouvelle version des événements de la vie de Jésus, non seulement d'après le mémorial de saint Pierre (l'évangile de Marc), mais aussi d'après d'autres sources jamais mises par écrit auparavant. Saint Luc est un éducateur de la foi qui s'astreint à un travail accaparant par amour de ceux qui ignorent Dieu.

Saint Luc ne doutait pas de l'efficacité du livre pour transmettre la vérité sur Dieu. Jésus, de même, avait jugé utile d'utiliser un livre pour commencer sa catéchèse dans la synagogue de Nazareth. Son point de départ avait été, dans le livre d'Isaïe, la vocation d'un prophète envoyé porter la bonne nouvelle aux pauvres.

Origène comprenait ainsi le passage : « Les pauvres désignent les païens. En effet, ils étaient pauvres, eux qui ne possédaient rien, ni Dieu, ni la Loi, ni les prophètes, ni la justice et les autres vertus. Voici pourquoi Dieu l'a envoyé comme messager auprès des pauvres : pour annoncer aux captifs la délivrance. Captifs, nous l'avons été, nous que, depuis tant d'années, Satan avait enchaînés, nous tenant captifs, nous faisant ses sujets. Jésus est venu annoncer aux prisonniers qu'ils sont libres, et aux aveugles qu'ils verront Dieu ; c'est évidemment par sa parole et la prédication de sa doctrine que les aveugles retrouvent la vue [...] Jésus est venu apporter aux opprimés la libération. Y a-t-il eu un être plus opprimé et plus meurtri que l'homme, qui a été libéré et guéri par Jésus ? »

Le plan d'action de Jésus va l'amener auprès des malades et des démunis jusque dans les petits villages de Galilée. Jésus encouragera les riches au partage, mais c'est surtout pour les délivrer de leur égoïsme. Le souci du droit des autres va les délivrer d'eux-mêmes.

Aujourd'hui

Il n'est pas indifférent de savoir que c'est beaucoup par la Bible que le message de libération de Dieu se diffuse dans le monde. La Bible est certainement le livre le plus répandu et il fut sans cesse le plus universel depuis deux mille ans. On dénombre actuellement des éditions de la Bible entière dans plus de 250 langues différentes. Quant aux recueils d'extraits, leur nombre dépasse 1460 langues ou dialectes divers. Une diffusion aussi phénoménale de la Bible n'est pas récente. On pourrait dire que l'imprimerie a favorisé la multiplication des éditions bibliques. Mais avant les débuts de l'imprimerie, vers 1450, la Bible avait été recopiée à la main dans des milliers de manuscrits et traduite en 35 langues anciennes. Deux siècles avant Jésus, à une époque où les traductions n'existaient pratiquement pas, l'Ancien Testament était transposé de l'hébreu au grec. La pensée juive et chrétienne (orientale et occidentale) s'est constamment inspirée de la Parole de Dieu contenue dans la Bible.

À quand remonte notre lecture d'un « bon » livre ? de l'évangile lui-même ? « Un livre doit être la hache qui brise la mer gelée en nous. Voilà ce que je crois. » (Franz Kafka)

4e dimanche du temps ordinaire

Jérémie est appelé par Dieu pour parler en son nom face aux rois de Juda et aux prêtres de Jérusalem. L'appel, une preuve de l'amour de Dieu pour lui, permet à ce craintif de vaincre son handicap.

La mauvaise réception que lui font ses compatriotes fait du prophète une figure de Jésus. Jésus, en effet, dès le début de sa prédication, a subi la menace de mort de ceux avec qui il avait grandi. Il continuera cependant sa mission avec la force de l'amour. Saint Paul, en faisant l'éloge de l'amour, sait bien qu'il prolonge ainsi très directement la prédication de Jésus. Jésus, aimé de Dieu, en a tiré audace pour l'action.

L'amour de Dieu est à la source de tout amour.
Si l'on n'aime pas Dieu, on ne peut aimer ni sa mère,
ni une autre femme ni un ami, ni soi-même.
On se sent hors de tout et comme déraciné.

JEAN PAULHAN

LE FAIBLE DEVIENDRA FORT

Jérémie 1,4-5.17-19

Le contexte

Les rois et les généraux s'agitent sur la scène politique; prêtres et charlatans donnent à l'humanité le genre de vérité qu'elle aime entendre; guerres et famines ont mis les peuples à genoux: qui donc se sent responsable de la mission d'Israël, instrument de Dieu dans le monde?

C'est alors que Dieu cherche celui à qui il donnera autorité, non seulement sur Israël, mais sur toutes les nations, avec mission de déraciner et de détruire, de bâtir et de planter. Autrement dit, Dieu lui confie la mission de faire avancer l'histoire. Cet homme sera Jérémie, un jeune d'Anatot, fils d'une famille de prêtres.

Jérémie — en hébreu « Yirmeyahou », ou « Yirmeyah », c'est-à-dire « Yahvé ou Yah est élevé » ou « que Yahvé ou Yah élève » — est un des personnages bibliques dont la vie et la personnalité nous sont le mieux connues. Si Dieu l'élève, c'est qu'il lui fait surmonter ses peurs. Jérémie est un timide, qui se défie de lui-même et redoute le combat. Il a besoin que Dieu lui donne de l'élan, l'amène à se dépasser.

Le message

Dieu lui a donné de l'ardeur dans l'action en lui disant qu'il est un appelé (v. 4-5 : première partie de la lecture) et en lui rappelant la force qui l'habite (v. 17-19 : deuxième partie).

Avant même sa conception, Jérémie a fait l'objet d'un choix. *Je te connaissais*, ce verbe est employé dans son sens biblique de discerner, distinguer, choisir. *Je t'ai consacré*, ce verbe exprime moins l'idée de rendre saint que celle de mettre à part en vue d'une mission.

La lecture n'a pas retenu le v. 6 où Jérémie proteste de son incapacité à remplir la mission (*je ne sais pas parler, je suis un enfant*) mais l'idée est très présente dans tout le premier chapitre. Si Jérémie s'entend dire des paroles pour le fortifier, c'est qu'il est trop fragile: *Ne tremble pas, je fais de toi une ville fortifiée, une colonne de fer, un rempart de bronze.*

Jérémie a le caractère d'un émotif et d'un sensible: il pressent l'événement, il le voit, l'entend, il en souffre, il pleure, il crie, frémit dans ses entrailles, dans les parois de son cœur. Les malheurs de son peuple le bouleversent. Il le dit dans un verset célèbre: *Qui changera mes yeux en source de larmes, pour que je pleure jour et nuit* (8,23: ce verset, le poète français Jean Racine l'avait transformé en: « Qui changera mes yeux en deux sources de larmes pour pleurer ton malheur » *Athalie*, acte 3).

Jérémie devra vivre en solitaire, sevré des joies que procure l'amitié ou le voisinage. Isolement d'autant plus douloureux que le prophète ne peut se consoler auprès d'une femme aimante; Yahvé lui impose le célibat, condition qui était en Israël une disgrâce et une honte.

Aujourd'hui

Le chrétien qui vit dans un milieu où abondent les sarcasmes sur la foi pourra se référer intérieurement au cas de Jérémie. Son drame spirituel fait de lui le patron des vocations douloureuses que Dieu impose parfois à ceux qu'il aime sans omettre cependant de leur dire: *Je suis avec toi pour te délivrer* (v. 19).

LA FORCE DE L'AMOUR

1 Corinthiens 12,31-13,13

Le contexte

Dès le début les Églises ont eu soin de conserver les lettres qu'elles recevaient des apôtres, puisqu'elles voyaient en eux les témoins de la foi choisis par Dieu. Cependant il était plus difficile qu'aujourd'hui de réunir ces documents, et même de sauver de l'humidité ce matériau périssable qu'était le papyrus. Grâce à Dieu, la première aux Corinthiens nous sera conservée.

Un exégète du corpus paulinien, J. Murphy-O'Connor, insiste pour qu'on lise l'hymne à l'amour en lien avec ce qui précède, et surtout le ch. 12. Cinq charismes ou dons spirituels sont énoncés : les langues (12,28), la prophétie (12,10.28), la connaissance (12,8), la foi (12,9), le secours (12,28). L'hymne à l'amour marque donc une envolée lyrique et aussi une démonstration théologique en vue d'une discipline de la pensée. Il y a une progression qui va du don des langues, en passant par les dons intellectuels et la foi qui opère des miracles, jusqu'à la disposition à aider les autres. La charité couronne tout cela.

Le message

La charité (ou l'amour) est une réalité de la vie intérieure. Son intensité ne dépend pas du nombre ni de l'éclat de ses manifestations.

Au lieu de définir l'amour, Paul préfère le personnifier. Ainsi on pourrait dire au lieu de *l'amour prend patience* : « la personne qui aime prend patience ». Paul met en relief les aspects de l'amour qui échappent aux Corinthiens. Les forts ne sont pas patients envers les faibles (8,1-13). Ceux qui vivent dans l'ascétisme et la chasteté se gonflent d'orgueil (7,1-40). La communauté est contente et satisfaite d'une union illégitime (5,1-8).

Paul considère les Corinthiens comme des enfants. Il le leur a déjà dit (*Je n'ai pas pu vous parler comme à des spirituels mais comme à des enfants dans le Christ* [1 Corinthiens 3,1]). L'enfance est considérée non comme un état d'innocence mais plutôt comme l'âge des enfantillages. Les Corinthiens doivent être en tension vers un moment futur où leur union à Dieu ne sera brouillée par rien d'accessoire ou d'infantile.

L'expression *voir face à face* était utilisée dans la Bible pour exprimer la haute qualité de la connaissance entre Moïse et Dieu (Exode 33,1). Les Corinthiens devraient chercher à acquérir cette connaissance dès maintenant. Ce n'est pas un enseignement sur la vision béatifique dans l'au-delà après la mort.

Aujourd'hui

On n'a jamais autant parlé de l'amour comme élément structurant de la société. Autrefois, on insistait davantage sur l'obéissance, sur les devoirs qu'impose la situation dans une hiérarchie sociale. Pour que l'amour ne demeure pas un vague sentiment à fleur de peau, il faut revenir au modèle paulinien : *il ne cherche pas son intérêt, il ne s'emporte pas ; il n'entretient pas de rancune.*

Nous sommes très conscients que notre amour, par exemple dans la vie du couple, n'est pas à l'abri du mal. Il a besoin d'être guéri. Ne sous-estimons pas le lent travail du don de Dieu, car il permet à l'être humain d'aimer peu à peu avec son amour à lui.

LE FORT PASSE L'ÉPREUVE

Luc 4,21-30

Le contexte

Dans la vie de Jésus à Jérusalem, plusieurs tentatives de meurtre se sont produites. Par exemple, lors d'un débat sur l'origine du Christ, *certains d'entre eux voulaient le saisir, mais personne ne porta sur lui les mains* (Jean 7,44), ou encore : *Ils ramassèrent alors des pierres pour les lui jeter ; mais Jésus se déroba et sortit du temple* (Jean 10,59). (Voir aussi Jean 7,43-44 et 10,39.) En fait, l'attitude agressive de ses compatriotes avait commencé dans son propre village de Galilée, Nazareth. Lorsque, durant la liturgie de la synagogue, il a lu un passage du livre d'Isaïe, *L'Esprit du Seigneur est sur moi...*, les réactions des hommes de Nazareth réunis pour le sabbat ont été admiratives, puis ensuite violentes. C'est l'évangile du jour.

Le message

Jésus a dit que ce prophète décrit par le livre d'Isaïe, c'était lui. *Cette parole de l'Écriture que vous venez d'entendre, c'est aujourd'hui qu'elle s'accomplit.* Après un certain enthousiasme, l'auditoire a réagi de deux façons. D'abord le mépris : *N'est-ce pas là le fils de Joseph ?* et ensuite une critique sur les miracles. Nous l'entendons reformulée en bref dans la bouche de Jésus : *Nous avons appris tout ce qui s'est passé à Capharnaüm : fais donc de même ici dans ton pays !*

Les compatriotes de Jésus le connaissaient bien, mais lui aussi les connaissait tout à fait. Il n'avait pas accompli de miracles, ou très peu à Nazareth (Marc 6,5) sans doute parce qu'il pressentait que ces gens ne regarderaient que le prodige sans chercher à voir plus à fond. Les habitants de Nazareth sont devenus pour l'évangéliste Luc le symbole de la Judée tout entière qui n'a pas accueilli Jésus comme un envoyé de Dieu.

« Le pays » devient un mot qui désigne aussi bien son petit village que le vaste pays depuis Jérusalem jusqu'à la frontière du Liban. Partout on le rejettera après un peu de joie superficielle. Cela explique la parole de Jésus : *Amen, je vous le dis, aucun prophète n'est bien accueilli dans son pays.* L'épisode de Nazareth résume toute sa mission : *Il est venu chez lui, et les siens ne l'ont pas reçu* (Jean 1,11).

C'était devenu une espèce de cliché de dire qu'un prophète pour être reconnu comme vrai devait avoir été persécuté. Ainsi en avait-il été pour Amos, chassé d'un sanctuaire (Amos 7,10-17), Osée, traité de fou (Osée 9,7), Isaïe, méprisé (Isaïe 7,12), Élie, poursuivi comme un criminel (1 Rois 19,2)... Les cas étaient si nombreux que Jésus pouvait difficilement y échapper. C'était comme une fatalité historique.

Jésus en ressort comme un exemple de ténacité dans la vocation de prophète ou même dans toute tâche humaine qui exige de la constance.

Aujourd'hui

À l'intérieur de sa propre famille, il est devenu ardu de témoigner de certaines valeurs évangéliques. On est plus difficilement pris au sérieux. Sans jeter l'éponge, il faudrait sans doute évangéliser en dehors et accomplir des bienfaits pour les étrangers comme Élie en faveur de la veuve de Sarepta et Élisée pour Naaman le lépreux.

L'attention de Jésus pour les pauvres nous étonne. « L'âme du bon larron aura sans doute été la première de toutes les âmes du monde à entrer au paradis, et ce n'est pas l'effet d'un hasard, mais parce que Dieu a voulu nous montrer ce que tout pécheur peut attendre de sa miséricorde. Pour lui, les grands crimes ne sont que les accidents de la vie… » (Marcel Aymé)

5e dimanche du temps ordinaire

Le prophète Isaïe, d'après la première lecture, a fait l'expérience de Dieu comme celle d'un être totalement différent de toute autre puissance surnaturelle. Il ne peut être asservi par aucune pratique magique et il intervient dans l'histoire humaine quand il le veut, librement. Saint Paul, pour sa part, a fait partie de ce groupe de témoins, hommes et femmes, qui ont eu la vision du Christ ressuscité. Grâce à leur parole, il est devenu possible de savoir que la victoire sur la mort existe. La résurrection de Jésus en fournit la preuve. Dieu n'est pas indifférent à notre sort d'êtres humains. Le début de l'Église, communauté responsable de l'Évangile, s'est fait au moment de la vocation de Pierre, pêcheur émerveillé d'une prise miraculeuse.

Autrefois, on pêchait au filet,
maintenant, on pêche à la ligne.

CARDINAL JEAN-CLAUDE TURCOTTE

LE DIEU SAINT...

Isaïe 6,1-2a.3-8

Les prophètes accompagnent Israël tout au long de son chemin, parce que Israël a une route à parcourir. Dans la foi d'Israël, l'Histoire n'est pas entraînée dans le cycle infernal d'un perpétuel recommencement comme le voyaient les païens. Parmi les prophètes, Isaïe est de ces grands visionnaires pour qui Dieu est présent dans l'événement qui vient.

En hébreu, Isaïe se dit *Yechayahou* (Yahou est salut). Une tradition fait de ce prophète un homme apparenté à la famille royale. Il appartient sûrement aux milieux distingués de la capitale. Il est à l'aise dans ses relations avec les grands, et peut-être a-t-il habité dans les quartiers riches où il a pu observer les coquettes de Jérusalem dont il saura se moquer (3,16-24). Esprit cultivé, il connaît l'histoire de son pays et écrit admirablement sa langue. Sa vocation est à l'origine d'un service entier.

Le message

Un contact personnel avec Dieu explique la mission grandiose d'Isaïe. Yahvé lui apparaît assis sur son trône et entouré de séraphins qui crient: *Saint! Saint! Saint!, le Seigneur Dieu Sabaoth. Toute la terre est remplie de sa gloire.*

Cette façon de parler de Dieu comme du Saint est novatrice. Trois fois saint est une façon d'exprimer le superlatif qui n'existe pas dans les langues sémitiques. « Saint », c'est-à-dire, négativement : séparé, exempt de toute limitation, de quelque ordre que ce soit, et positivement : riche de toute plénitude.

Les héros de la Bible sont des personnes qui ont été envoyées en mission authentique. À quels signes pouvait-on reconnaître en eux des hommes et des femmes vraiment envoyés? Comment les rédacteurs de la Bible ont-ils discerné les prophètes des imposteurs, les vrais des faux, les bons des mauvais? C'est en tenant compte de certains traits propres que la tradition juive, puis la tradition chrétienne, a pu identifier les véritables « ambassadeurs de Dieu ».

Les grandes figures bibliques se caractérisent par une expérience de Dieu. Il a pénétré leur vie. Il est entré en eux pour en faire des êtres totalement donnés. Pour Moïse, c'est le buisson ardent, symbole du Dieu vivant qui le fascine et l'attire (Exode 3). Pour Isaïe, c'est le Seigneur, assis sur un trône dans le Temple, qui lui fait peur par sa majesté et sa sainteté. Isaïe lui dit: *Envoie-moi.*

La façon dont Isaïe a parlé de Dieu a eu valeur de discernement pour les générations qui ont suivi. Son message a eu une répercussion éternelle. Le trisagion (trois fois saint) fait encore partie de nos vies.

Aujourd'hui

Les personnes à qui il incombe d'identifier les saints pour une béatification ou une canonisation examinent leurs écrits. On écarte les menteurs, car les vrais saints savent écrire sur Dieu et sur eux-mêmes sans artifice ou déguisement.

Nous ne pouvons nous lancer à la conquête du monde dans une expédition qui ait de l'envergure sans une solidarité avec les hommes et les femmes du passé qui ont connu Dieu dans sa grandeur et connu en eux-mêmes l'expérience du doute.

… ET SON CHRIST RESSUSCITÉ…

1 Corinthiens 15,1-11

Le contexte

L'Église de Corinthe fut fondée par Paul lors de son second voyage missionnaire, pendant le séjour de plus de dix-huit mois qu'il y fit de 50 à 52. Corinthe était alors une grande cité maritime et commerciale, d'une population fort mêlée de plus d'un demi-million d'habitants. Parmi les nouveaux chrétiens, il y a eu des audaces de pensée allant jusqu'à la négation de la résurrection des morts... Mais ce que Paul avait enseigné sur l'après-la-mort était-il bien vrai et venait-il de quelqu'un d'autorisé ?

La première lettre a été envoyée par Paul et par Sosthène son compagnon de mission à ceux qui ont été *appelés à être des saints comme ceux qui en tous lieux invoquent le nom de Jésus-Christ* (1,2). « Saint » s'applique à une personne appartenant à Dieu et qui, en conséquence, a un programme d'action devant elle.

Le message

La lecture présente le kérygme, c'est-à-dire la synthèse abrégée de la prédication de Paul. Il s'agit en fait non seulement de l'enseignement de Paul, mais de celui des apôtres. Ailleurs dans le Nouveau Testament on retrouve le même schéma que dans la première lettre aux Corinthiens. Les éléments habituels en sont la mort du Seigneur conformément aux Écritures, sa mise au tombeau, sa résurrection, son exaltation à la droite du Père, ainsi que les témoignages d'apparition et l'appel à la conversion ; tous les points se retrouvent dans notre lecture.

Pourquoi Paul n'a-t-il pas nommé Marie de Magdala, Marie, mère de Jacques et Salomé (Marc 16,1 ; Matthieu 28,9) à qui Jésus est apparu ? Négligence ? Probablement pas, mais Paul a hérité d'une liste toute faite qu'il n'a pas osé retoucher, hors de son propre cas. À présent, il faut compléter.

Une émotion et un relief particuliers sont mis à la liste des apparitions, celle du Christ à Paul lui-même qui est plus développée. L'autorité de Paul, où qu'il aille, était souvent remise en question. Il en a déjà parlé : *Si pour d'autres je ne suis pas apôtre, pour vous du moins je le suis* (1 Corinthiens 9,2). Pour le confirmer, il doit « se vanter » de sa rencontre avec le Ressuscité : *Il est même apparu à l'avorton que je suis. Car moi, je suis le plus petit des Apôtres, je ne suis pas digne d'être appelé Apôtre, puisque j'ai persécuté l'Église de Dieu. Mais ce que je suis, je le suis par la grâce de Dieu.*

Le mot *avorton* est une allusion au caractère anormal, violent, « chirurgical » de sa vocation. Peut-être Paul reprend-il une appellation méprisante dont le désignaient ses adversaires. On remarquera que Paul ne fait aucune différence entre l'apparition du chemin de Damas et les apparitions de Jésus après la Résurrection.

Aujourd'hui

Les treize épîtres de Paul forment des lettres de créance. Même si des passages étaient apocryphes, l'authenticité de Paul comme maître en christianisme est indiscutable. Ses textes écrits ont été passés au peigne fin. Il en ressort comme un témoin vivant. Sa véracité est corroborée par l'humilité semblable à celle du prophète qui disait : *Je suis un homme aux lèvres impures* (Isaïe 6,5).

... APPELLENT L'ÉGLISE

Luc 5,1-11

Le contexte

L'évangéliste Luc a utilisé le texte de saint Marc comme source de son évangile. Pas surprenant que les deux écrivains racontent la même vocation des quatre pêcheurs de Galilée comme premiers disciples au début de la vie publique de Jésus. Luc a toutefois des choses de son cru dans cet épisode : d'abord la pêche miraculeuse ; ensuite la prépondérance de Pierre parmi les associés *(Jésus dit à Simon : « Sois sans crainte, désormais ce sont des hommes que tu prendras »).*

Le message

Jésus Seigneur appelle Pierre à une mission authentique et difficile.

La beauté de la scène est remarquable. Jésus est proche de la foule qui le presse, mais il prend une certaine distance comme s'il était déjà le Seigneur de l'Ascension, à la majesté singulière. Il enseigne assis comme les rabbins célèbres du temps. Il s'installe dans la barque de Simon. Jésus le connaît puisqu'il a guéri sa belle-mère (Luc 4,38-39); Jésus demande donc un service à un ami. Surtout, Luc souligne le détail parce que la barque figure l'Église d'où Jésus glorieux enseigne toujours.

Avance au large, et jetez les filets... nous avons peiné toute la nuit. Jésus a affaire à un pêcheur d'expérience, et, s'il s'en tenait aux règles du métier, Pierre n'obéirait pas. Mais il croit en Jésus, il a déjà vu des miracles, il ose, au risque qu'on se moque de lui. La foi de Pierre est peut-être superficielle, mais elle est totale, sans réserve et pure de toute faute. Malgré tout le travail qu'exige de déployer des filets de plusieurs centaines de mètres, *ils le firent.*

À la vue du prodige d'une pêche plus abondante que jamais, *Simon-Pierre tomba aux pieds de Jésus en disant: Seigneur, éloigne-toi de moi car je suis un homme pécheur.* C'est la réaction des appelés dans les grands récits de vocation.

Les mots de Jésus (*Désormais, ce sont des hommes que tu prendras*) se détachent de la métaphore de la pêche. Il ne s'agit plus de prendre des poissons qui meurent au terme de l'action. Au contraire, l'emploi du grec *zogron* indique qu'on prend en vue de faire vivre. *Zo* veut dire « vie » (comme dans zoologie) et *gron* ou *agron* veut dire « prendre ». Pierre doit donc prendre des hommes pour les libérer et les faire vivre.

Laissant tout, ils le suivirent. Ils ne possédaient pas grand-chose, mais c'était toute leur vie: travail, famille et tout leur passé de pêcheurs.

Aujourd'hui

Saint Augustin écrivait : « Les barques étaient comme accablées sous le poids de ce qu'elles contenaient. Ainsi en est-il aujourd'hui, où la multitude des mauvais chrétiens est une surcharge pour l'Église. Non contents d'accabler l'Église, ces mauvais chrétiens rompent les filets. Y aurait-il des schismes, s'ils ne les avaient rompus ? » On trouve donc un appel à maintenir l'unité parmi ceux qui sont dans le filet.

Ailleurs, Jésus dira en parlant cette fois des brebis : *elles ne feront plus qu'un seul troupeau avec un seul berger* (Jean 10,16). Le ministère d'unité doit être exercé avec courage.

Sois sans crainte est une parole actuelle pour tout chargé de mission.

6e dimanche du temps ordinaire

L'écologie globale est celle qui inclut l'être humain aussi bien que toute autre partie de la nature. Le respect de chaque élément parmi les créatures contribue à l'harmonie du tout. Cette leçon de vie trouve son fondement dans la Bible qui souligne le lien profond entre la nature et l'être humain. Le méchant rejette la parole de Dieu, selon ce que dit Jérémie dans la première lecture. Le méchant vole et tue. Il finit par ressembler à la terre désolée, devenue ainsi à cause de son péché. Le plus souvent, tout autre est le sort du juste. Il ressemblera à la nature sortie des mains de Dieu.

Le plein épanouissement de l'être humain se produira dans la résurrection, selon saint Paul dans la deuxième lecture. L'événement qui a marqué le début de cette rénovation en profondeur est la résurrection du Christ lui-même, *parmi les morts le premier ressuscité.*

Le monde nouveau de l'écologie globale a reçu la semence dans les béatitudes. *Heureux, vous qui avez faim maintenant : vous serez rassasiés.* Un programme d'action a été dressé par Jésus en faveur du partage et de la justice. Personne à présent n'aime être stigmatisé du nom de « pauvre » ou imaginé sans aucune joie de vivre. Toutefois l'idéal évangélique du bonheur pour les pauvres n'est pas périmé.

Le bonheur le plus doux est celui qu'on partage.

JACQUES SÉVILLE

DE VRAIS VŒUX DE BONHEUR

Jérémie 17,5-8

Le contexte

Les bénédictions et les malédictions appartiennent en propre au genre de la littérature de sagesse, mais elles peuvent apparaître ailleurs comme ici dans le livre du prophète Jérémie. Dans la grande liturgie de conclusion de l'alliance entre Dieu et son peuple au ch. 28 du Deutéronome, on trouve des bénédictions et des malédictions qui constituent la sanction de cette alliance. *Si tu écoutes bien la voix de Yahvé ton Dieu [...] béni seras-tu dans les champs* (28,1-3). Suivront les malédictions dont la suivante qui résume l'ensemble: *Si tu n'écoutes pas [...] Maudit sois-tu quand tu entreras et maudit seras-tu quand tu sortiras!* (28,15.19)

Le message

L'une des fonctions du prophète en Israël est de rappeler la haute valeur de l'alliance mosaïque. À chaque époque semble se réaliser la prophétie du Deutéronome, Moïse qui disait: *Yahvé ton Dieu, te suscitera du milieu de toi, d'entre tes frères, un prophète comme moi; c'est lui que vous écouterez!* (Deutéronome 18,15)

Jérémie déclare: *Maudit soit l'homme qui met sa confiance dans un mortel, qui s'appuie sur un être de chair tandis que son cœur se détourne du Seigneur.*

L'époque de Jérémie est justement marquée par une dégradation de la vie morale: *Quoi! voler, tuer, commettre l'adultère, prêter de faux serments, faire fumer l'encens pour Baal...* (Jérémie 7,9) Tout cela parce que l'on s'imagine trouver le bonheur dans des paroles mensongères. Un péché qu'il faut ajouter à la longue liste du prophète est celui du viol de la terre. Il faudrait la laisser chômer dans une année sabbatique (Lévitique 25,4).

L'être humain et la nature ont un destin en commun. *L'homme qui met sa confiance dans un mortel*, c'est-à-dire en lui-même, court à sa perte.

Il finira par ressembler à la terre qu'il a lui-même ruinée. *Il sera comme un buisson sur une terre désolée. Il aura pour demeure les lieux arides du désert, une terre salée et inhabitable.*

Au contraire, celui qui vit dans la justice, *celui qui met sa confiance dans le Seigneur* par l'obéissance obtiendra la paix. Béni soit-il ! Heureux soit-il ! Il ressemblera à la terre dont il a respecté les rythmes. Il aura laissé le sol refaire ses forces. *Béni soit l'homme qui met sa confiance dans le Seigneur. Il sera comme un arbre au bord des eaux, son feuillage reste vert.*

Aujourd'hui

L'humanité vit un drame moral. La course au profit pousse les pays riches à une surexploitation de la terre dans les contrées du tiers-monde. On la brûle, on en extirpe toutes les ressources en produisant des fumées polluantes.

Entendons les protestations d'un Amérindien, assez semblables à celles de Jérémie : « Quand le dernier arbre sera abattu, quand le dernier ruisseau sera empoisonné, quand le dernier poisson sera capturé, alors seulement nous nous rendrons compte que l'argent, ça ne peut pas se manger. »

La justice des prophètes, faite de confiance en la parole de Dieu et de respect envers le pauvre, est une promesse de bonheur universel.

UN BONHEUR EN ESPÉRANCE

1 Corinthiens 15,12.16-20

Le contexte

Pour les Corinthiens, le rapport entre la résurrection du Christ et celle des disciples n'était pas clair. La résurrection des morts leur paraissait floue. Paul les avait quittés trois ans plus tôt. La lettre écarte toute image idéalisée des débuts du christianisme en présentant une Église aux nombreux problèmes. La résurrection n'est pas le moindre de ces problèmes.

Le message

Paul confronte ceux qui, influencés par l'enseignement de la philosophie grecque, ne peuvent concevoir une vie après la mort sous une forme de corporéité spirituelle. *Nous proclamons que le Christ est ressuscité d'entre les morts, alors, comment certains d'entre vous peuvent-ils affirmer qu'il n'y a pas de résurrection des morts?*

L'apôtre a dressé d'abord une liste des témoins oculaires du Christ ressuscité — il a apporté ainsi le témoignage le plus ancien de la Résurrection. Le Ressuscité n'est pas un autre être, un être purement céleste; il est toujours incarné et néanmoins spiritualisé, cet homme, Jésus de Nazareth, qui avait été crucifié. Paul ne cherche pas à prouver à des païens la possibilité de la résurrection, il veut simplement montrer aux fidèles de Corinthe que la croyance en la résurrection de Jésus et la pratique de la vie chrétienne impliquent rigoureusement la croyance en la résurrection des morts.

Si les morts ne ressuscitent pas, le Christ non plus n'est pas ressuscité. Tout leur engagement de foi serait alors devenu absurde. Il aurait perdu sa raison d'être. À la base du raisonnement de Paul, il y a une adhésion solide au principe que le baptême a créé des liens profonds et indissolubles entre le Christ et ceux qui croient en lui. *Si nous avons mis notre espoir dans le Christ pour cette vie seulement, nous sommes les plus à plaindre de tous les hommes.*

Renoncer aux jouissances du temps présent est une duperie, si la mort met fin à la vie d'une manière définitive. Paul n'envisage pas l'immortalité de l'âme séparée du corps, tant l'exemple du Christ domine sa pensée. Ce point de vue est radicalement opposé à celui de l'esprit grec pour qui la résurrection des morts est un non-sens. Le grand dramaturge Eschyle disait par exemple: « Lorsque la poussière a bu le sang d'un homme, s'il est mort, il n'est plus pour lui de résurrection. »

En recourant à la formule véritablement paradoxale de *soma pneumatikon* (corps spirituel), Paul entendait exprimer deux choses : la continuité — car la « corporéité » renvoie à l'identité de la personne, qui ne se dissout pas purement et simplement, comme si l'histoire vécue et endurée jusque-là avait perdu toute importance; et, en même temps, la discontinuité — car le « caractère spirituel » ne renvoie pas simplement à un prolongement ou à une reviviscence du corps ancien, mais à une nouvelle dimension, la dimension de l'infini, qui s'exprime après la mort en transformant tout ce qui est fini.

Aujourd'hui

De cette union intime entre le Christ et le croyant par la foi, il en reste si peu de chose que des masses de chrétiens répètent d'un air résigné : « Personne n'est revenu de la mort pour nous dire comment c'est. » Il faut un sursaut de foi en la commune destinée du Christ et la nôtre. Il faut pousser la réflexion pour connaître la condition des corps des ressuscités.

Rappelons que l'éternité ne connaît ni avant ni après. Elle renvoie à une vie nouvelle, invisible, en Dieu, en une sphère incompréhensible, appelée symboliquement « ciel ».

UN BONHEUR PARTAGÉ

Luc 6,17.20-26

Le contexte

Deux versions des béatitudes existent dans les évangiles : celle de Matthieu et celle de Luc. Chez Matthieu, c'est sur la montagne que Jésus les proclame (ch. 5). Chez Luc, après la prière sur la montagne et la constitution d'un embryon de communauté (les Douze), Jésus passe à l'action dans la plaine. Les béatitudes forment un programme d'action.

Le message

Les béatitudes sont possibles à cause de l'Église de la terre et du ciel.

Comment Jésus peut-il dire : *Heureux, vous les pauvres ?* Se fermerait-il les yeux à l'évidence : les pauvres sont malheureux. Ils ont froid parce qu'ils n'ont pas de bons vêtements. Ils tombent malades parce qu'ils se nourrissent mal. Ils n'ont pas de vie de l'esprit parce qu'ils ont un travail long et pénible. Jésus serait-il le doux rêveur de Galilée ? Serait-il incapable de comprendre les familles en détresse ? Pourtant, il appartient aux pauvres. Naissant, c'est dans une mangeoire qu'on l'a déposé. Ses parents ? *Il n'y avait pas de place pour eux dans l'hôtellerie* (Luc 2,7), où ils n'avaient pas pu payer le « le léger supplément ». Jésus lui-même déclare : *Le Fils de l'homme n'a pas où reposer la tête* (Luc 9,58).

En fait, Jésus n'a pas de complaisance pour la pauvreté qui engendre misère et souffrance. Il favorise une vie simple, c'est vrai. *Voyez les lis des champs, ils ne filent ni ne tissent. Salomon dans toute sa gloire n'était pas vêtu comme l'un d'eux* (Luc 12,27). Cependant, toute sa vie, il s'acharne à repousser les frontières du mal. Au malade, il redonne la santé ; à l'isolé, il redonne une famille. En tout, il restaure la personne dans le bonheur, et il fait voir l'espoir à celui ou celle que le brouillard entoure.

Dans ses paroles de béatitude, il invite à l'action. Les affamés seront rassasiés, les affligés seront consolés. Le malheur le plus grand de ceux ou celles que la vie a broyés, c'est la solitude. Pour comprendre les paroles de Jésus, il faut la perspective de l'au-delà. Aussi relire les premières pages des Actes des apôtres. Luc montre que l'Esprit de Jésus a tout bouleversé. Les pauvres ne restent plus abandonnés, car désormais les chrétiens s'entraident en Église. *La multitude des disciples n'avait qu'un cœur et qu'une âme. Parmi eux, nul n'était dans le besoin. On distribuait à chacun suivant ses besoins* (Actes 4,32.34-35).

Les disciples de Jérusalem et de la région se préoccupaient des malades. *On allait jusqu'à transporter les malades dans les rues et les déposer là sur des lits et des grabats, afin que tout au moins l'ombre de Pierre, à son passage, couvrît l'un d'eux. La multitude accourait même des villes voisines de Jérusalem, apportant des malades et des gens possédés par des esprits impurs, et tous étaient guéris* (Actes 5,15-16).

Quand un deuil survenait, à témoin l'histoire de Dorcas (Tabitha), la femme de Joppé, la communauté était aux côtés des proches de la défunte (Actes 9,39). La solidarité très forte a sûrement été une des raisons de la diffusion rapide de l'Évangile.

Aujourd'hui

Les mots *Malheureux, vous les riches* nous font frémir. Pourtant, ce n'est pas un mauvais sort que Jésus lance aux riches. Il ne fait que constater combien les riches trouvent en eux-mêmes leur bonheur. Ils n'ont besoin ni de Dieu ni des autres, ils se condamnent à l'isolement s'ils refusent de partager et d'aimer. Le temps ne fera que les écarter de la conversion et les éloigner de la communauté. Il faut profiter du temps présent pour vivre le partage.

7e dimanche du temps ordinaire

Lorsque saint Paul écrit (deuxième lecture) que les êtres humains appartiennent à la terre, cela a un sens nettement péjoratif... Seul le Christ peut les emmener vers le ciel, c'est-à-dire vers Dieu. Ce chemin de Dieu, spécialement dans l'oubli des offenses, un David (première lecture) l'avait emprunté comme un lointain précurseur du Christ. Et c'est à tous ses disciples que Jésus propose la voie étroite du désintéressement, du pardon et de l'amour vrai.

Exigence, oui sans doute, et cependant elle est présentée comme une conséquence des béatitudes, une suite de l'appel au bonheur.

Les êtres humains ne peuvent vivre ensemble
s'ils ne se pardonnent pas les uns les autres
de n'être que ce qu'ils sont.

FRANÇOIS VARILLON

LE CHEMIN DU PARDON

1 Samuel 26,2.7-9.12-13.22-23

Le contexte

L'histoire de David qui refuse de se venger de Saül est à situer dans l'histoire du pardon selon la Bible. Sans le dire tout à fait, Dieu a pardonné à Adam et Ève leur désobéissance puisque le châtiment attendu, la mort immédiate, n'a pas été la conséquence de leur péché. Peut-être pour mettre en valeur les gestes de grâce envers Israël, Dieu a refusé de pardonner aux habitants de Sodome leur immoralité, malgré la longue et habile intercession d'Abraham. Du côté de l'homme, Joseph a pardonné à ses frères de l'avoir vendu comme esclave, mais pas sans leur avoir fait passer des heures d'angoisse. Revenant à Dieu, après l'adoration du veau d'or, il accepte de surseoir à sa vengeance à la prière de Moïse. Toutefois, Moïse et les lévites exécutent trois mille hommes sous les ordres du Seigneur.

Le message

Dans l'histoire du pardon, à cause des événements que l'on vient de mentionner, le récit de David qui épargne Saül a d'autant plus de relief. Les motifs de vengeance ne manquent pas. Saül, jaloux de David qui a la gloire d'avoir tué Goliath, a tenté de le transpercer de sa lance en le prenant par surprise. La jalousie devient absurde, car elle est la seule passion qui ne donne jamais un seul instant de jouissance. Saül a aussi essayé d'assassiner David dans sa maison au petit matin. Il a fait massacrer quatre-vingt-cinq prêtres qui ont fourni de l'aide à David en fuite. La haine de Saül pour David est féroce.

David errant en chef de bande dans le désert de Juda est poursuivi par Saül. La nuit, il entre dans la tente de Saül endormi, et au lieu de tuer son persécuteur comme le lui suggère son compagnon, il épargne sa vie. Le lendemain, de l'autre côté d'un vallon, David interpelle Saül avec en main la lance du roi comme preuve de sa situation avantageuse, la nuit précédente. *Aujourd'hui, le Seigneur t'avait livré entre mes mains, mais je n'ai pas voulu porter la main sur le roi qui a reçu l'onction du Seigneur.*

Ce récit figure dans les Écritures inspirées, probablement parce qu'il a une forte teneur religieuse. C'est par respect pour quelqu'un mis à part pour Dieu que David n'a pas tué Saül. Dans tout l'Ancien Testament et même dans le Nouveau, le pardon et la vengeance retenue sont rares. C'est le propre d'êtres humains qui ont du divin en eux.

Aujourd'hui

Les lignes que la lecture liturgique a coupées en vue de la brièveté démontrent une attitude admirable de la part de David. Il voudrait une explication avec Saül et s'il devait le faire, lui demander pardon. C'est ce qu'exige Jésus : *Si tu te souviens que ton frère a quelque chose contre toi, va d'abord te réconcilier avec ton frère* (Matthieu 5,23-24).

Une première étape dans le long chemin qui mène à l'amour des ennemis est celle du renoncement à la vengeance. C'est cette attitude qu'adopte David envers Saül lorsqu'il abandonne sa cause à Dieu pour rétablir la justice. Il dit à Saül : *Que Yahvé soit juge entre moi et toi, que Yahvé me venge de toi ! Mais ma main ne te touchera pas* (1 Samuel 24,13).

Le pardon peut s'inspirer d'un autre sentiment très noble de l'âme. Épictète disait, dans l'Antiquité : « Homme, s'il faut absolument que le mal chez autrui te fasse éprouver un sentiment contraire à la nature, que ce soit la pitié plutôt que la haine. »

LA RÉSURRECTION EST TERME DU CHEMIN

1 Corinthiens 15,45-49

Le contexte

La prédication de Paul à Corinthe paraît avoir eu un grand succès dans les milieux païens de la ville. D'ailleurs, là comme partout, elle n'atteignit guère que le monde des petites gens et des esclaves. Il est impossible d'évaluer, même approximativement, le nombre des chrétiens de Corinthe en l'an 52. En revanche, la corruption profonde du milieu, le lourd passé de certains convertis, l'esprit chercheur et subtil de tous, la ferveur et la richesse spirituelle de la jeune communauté donnèrent une acuité particulière aux problèmes que suscitait la pénétration du christianisme dans les cœurs et dans la société.

Le message

Le mot n'est jamais prononcé mais ce dont traite Paul ici est la nouvelle création.

La première création est abrégée dans les mots: *Le premier Adam était un être humain qui avait reçu la vie.* Paul cite la Genèse (2,8), pour qui Dieu avait mis un souffle (en grec *psychè*) dans la forme de terre qu'il venait de modeler. Cette façon poétique de raconter l'action créatrice avait pour but de rappeler aux juifs de langue hébraïque ou de langue grecque que chaque aspiration d'air marquait une insufflation du Créateur.

La deuxième création, ou création nouvelle, est résumée dans les mots: *le dernier Adam* — le Christ — *est devenu l'être spirituel qui donne la vie.* Le mot traduit par spirituel se dit *pneumatikos* ou « pneumatique ». Le Christ est donc par sa résurrection un spirituel. Son corps a été transformé ou spiritualisé. Il est devenu le premier d'une multitude d'êtres spirituels. La création nouvelle est différente de la première. *Pétri de terre, le premier homme vient de la terre; le deuxième homme, lui, vient du ciel.*

Les expressions de Paul tentent d'exprimer un peu gauchement la transformation profonde qui doit s'opérer dans le corps et l'âme du croyant ressuscité. L'être humain va se muer en être spirituel et la foi n'est qu'un début dans cette démarche de rénovation.

Nous serons à l'image de celui qui vient du ciel.

Les récits d'apparition de Jésus ressuscité dans les évangiles sont à comprendre selon la perception d'êtres pas encore ressuscités.

Aujourd'hui

Comme Paul n'envisage pas le cas de la résurrection de ceux qui n'ont pas la foi, il faut laisser à la pensée subséquente de le faire.

Une autre question se pose toutefois : à la mort, avec quel corps spirituel la personne morte subsiste-t-elle puisque l'âme humaine ne peut subsister sans corps ? À cela, certains théologiens contemporains répondent que c'est dans le corps ressuscité de Jésus qui n'a pas connu la corruption mais qui est localisé même s'il échappe à nos yeux.

Pour d'autres, il suffit de dire que ce qui attend l'être humain là où il rejoint son *eschaton*, la fin dernière de sa vie, c'est non pas le néant, mais ce Tout qui est Dieu. La mort et la résurrection n'abrogent pas l'identité de la personne, mais la sauvegardent sous une forme métamorphosée, que nous ne pouvons nous représenter, dans une tout autre dimension.

LE CHEMIN DE LA PERFECTION

Luc 6,27-38

Le contexte

L'évangile de Luc, comme celui de Matthieu, suit le schéma de l'évangile de Marc ; Luc et Matthieu ont aussi puisé à une autre source, appelée Q (de l'allemand *Quelle* = source). Beaucoup de paroles de Jésus ont été mises dans le sermon sur la montagne par Matthieu tandis que Luc les a intégrées au sermon dans la plaine.

Vous avez entendu qu'il a été dit : « Tu aimeras ton prochain et tu haïras ton ennemi. » Eh bien moi je vous dis : Aimez vos ennemis, et priez pour vos persécuteurs (Matthieu 5,43-44).

Le message

L'interpellation la plus saisissante de Jésus est celle de l'amour des ennemis. Ceux qui nous sont hostiles ne sont pas uniquement ceux qui ont envers nous de l'antipathie. Jésus définit ainsi nos ennemis : « ceux qui vous haïssent », « ceux qui vous maudissent », « ceux qui vous calomnient », « celui qui te frappe sur une joue », « celui qui te prend ton manteau », « celui qui te vole ». Ajoutons les individus dont le comportement est offensant : ceux qui empruntent sans intention de remettre, « les ingrats et les méchants ».

L'enseignement de Jésus n'est pas aussi nouveau qu'il le paraît. Il est plutôt le couronnement d'un long enseignement biblique qui est exposé par les psalmistes. En effet, par étapes, les psalmistes commencent par s'abstenir de la vengeance. *Seigneur mon Dieu, en toi je m'abrite, sauve-moi de tous mes persécuteurs* (Psaume 7,2). Ils remettent leur cause à Dieu et avouent que leurs souffrances venant de leurs ennemis sont parfois méritées : *Si j'ai sans raison dépouillé mon adversaire, que l'ennemi me poursuive et m'atteigne, qu'il piétine à terre ma vie* (Psaume 7,5-6).

On remarque dans l'âme de plusieurs psalmistes l'absence de haine envers l'adversaire. Ils se bornent à souhaiter que le malheur venant de l'ennemi ne se produise pas : *Que sur moi mon ennemi ne crie plus victoire* (Psaume 41,12).

Aujourd'hui

Plusieurs psalmistes témoignent qu'ils sont capables de surmonter leur rancœur à l'égard de compagnons d'une ingratitude inqualifiable. L'un d'entre eux se lamente de la haine d'un confident qui partageait son pain (Psaume 41,10), un autre de la malveillance d'un intime compagnon de prière au temple (Psaume 55,14). Un psalmiste se plaint de la trahison d'un ami dont il avait été proche dans le deuil (Psaume 35,12-14).

L'amour des ennemis est une entreprise si difficile qu'il vaut mieux pour l'atteindre faire le bilan de l'amour tout court qui existe déjà en nous. Dans la règle monastique de saint Basile, déjà, il était écrit : « Personne ne nous a enseigné à jouir de la lumière, à aimer la vie, à chérir ceux qui nous ont mis au monde ou qui nous ont élevés. Dès qu'un homme commence à exister, une sorte de germe est déposé en nous qui possède en lui-même le principe interne de l'amour. C'est à l'école des commandements de Dieu qu'il nous convient de l'accueillir, de le cultiver avec soin, de le nourrir avec intelligence et, par la grâce de Dieu, de le conduire à sa perfection. » C'est sur cette lancée qu'il faut monter plus haut dans la qualité de l'amour.

8e dimanche du temps ordinaire

Le sage Ben Sirac dit que la parole d'une personne révèle ce qui est caché en elle. C'est une invitation à la croissance intérieure dans l'amour. C'est un appel aussi à contempler le Christ. Sa parole a révélé ce qu'il est : le Fils de Dieu qui aime le Père de tout son être.

La parole de saint Paul aux Corinthiens révèle une vérité cachée : *ce qui est mortel revêtira l'immortalité.* L'être humain est appelé à plus que ce que montrent les apparences et cela à cause de la victoire du Christ sur la mort.

L'évangile part d'un proverbe assez banal : *Ce que dit la bouche, c'est ce qui déborde du cœur.* Ces mots ordinaires révèlent cependant un enseignement sur le Christ. Ses paroles de miséricorde proviennent de son être profond. Il est l'arbre bon de qui viennent les bons fruits.

Veuillez lire dans mon cœur ; vous y trouverez peut-être bien davantage que dans mes paroles.

Jean XXIII

DE LA BOUCHE UN FRUIT DU CŒUR

Siracide 27,4-7

Le contexte

Le Siracide (ou Ecclésiastique) précise son identité : *Par Jésus, fils de Sirac, fils d'Éléazar, de Jérusalem, qui a déversé comme une pluie la sagesse de son cœur* (Sirac 50,27). Selon le traducteur grec (son petit-fils), l'auteur est arrivé en Égypte *dans la trente-huitième année du règne d'Évergète* (Ptolémée III). Le livre du Siracide aurait donc été rédigé vers 180 av. J.-C. Ce recueil d'écrits de sagesse traite du comportement convenable envers les parents, les pauvres, les amis, et des relations avec les autres en général. L'art de la parole est pour lui une priorité.

Le message

Les conversations de quelqu'un sont révélatrices de sa personnalité. *Quand on secoue le tamis, il reste les déchets ; de même les petits côtés d'un homme apparaissent dans ses propos.* Les mouvements corporels d'une conversation animée se comparent à la secousse d'un tamis. L'échange de paroles fait ressortir les côtés moins heureux dans les propos des interlocuteurs. Ce sont les déchets qui restent dans la mémoire des causeurs.

Le four éprouve les vases du potier : on juge l'homme en le faisant parler. Dans l'art de la céramique, la capacité du tourneur à travailler sa masse d'argile se vérifie à la cuisson. Un pot mal fait craque de toutes parts.

De même les paroles d'une personne permettent de juger de sa fibre intérieure. Sirac, qui a tant de vénération pour les héros du passé d'Israël, aurait aimé qu'on fasse le rapprochement avec Joseph, le premier « sage » qui apparaît au livre de la Genèse. Il était jeune, il était étranger, il était prisonnier (pour un crime qu'il n'avait pas commis — une tentative de viol). Pourtant, lorsqu'il a été tiré de sa cellule et amené à la cour du pharaon, le plus puissant roi de son époque, ses paroles ont ébloui. Il a expliqué le songe du pharaon, celui des sept vaches grasses et des sept vaches maigres. (Le signe hiéroglyphe de la vache est celui qui désigne aussi l'année, au moins en égyptien tardif.)

Dans sa sagesse, Joseph a proposé une solution à la famine. On peut appliquer à sa qualité d'être le proverbe de Sirac : *C'est le fruit qui manifeste la qualité de l'arbre ; ainsi la parole fait connaître les sentiments.*

Il est bien difficile de savoir ce que Sirac dirait à propos des paroles qui sortent de nous à présent. L'expression humaine à l'ère technologique a tendance à être envahie par des préoccupations matérielles qui reflètent l'instinct de possession. Les objets inanimés occupent beaucoup de place. Les données de l'informatique et de l'ordinateur nous arrivent dépourvues de tonalité affective. Les paroles échangées comportent peu d'interaction sociale et sont généralement orientées vers la satisfaction de besoins individuels.

Aujourd'hui

La leçon enjoint de juger avec circonspection. L'exercice pour le chrétien consistera en une relecture prudente des enseignements de Jésus dans les évangiles. La conduite qu'il commande est en parfaite cohésion avec son mystère intérieur d'amour du Père.

Nous pouvons laisser parler Jésus pour découvrir qu'il n'y a pas de « petits côtés » en lui. Même les secousses qu'ont été pour lui les mauvais traitements de la Passion n'ont révélé en lui ni mesquinerie ni esprit de vengeance.

Puissent nos paroles comme les siennes révéler notre préoccupation intérieure de justice.

DE LA MORT UN FRUIT DE VIE

1 Corinthiens 15,54-58

Dans la première des deux lettres qu'il leur a écrites, saint Paul a livré à ses chers destinataires un vrai traité sur les effets de la résurrection du Christ. L'événement décisif de l'histoire humaine n'a pas que des répercussions spirituelles. Il englobe toute la personne dans son être physique et psychique.

Le message

Alors qu'il parle du retour du Christ glorieux à la fin des temps, saint Paul expose les deux grandes déroutes auxquelles tout homme est soumis et dont nous faisons brutalement l'expérience: la mort morale (ou le péché) et la mort biologique. C'est l'écroulement de notre nature abandonnée à des forces de désintégration vitale.

Après des raisonnements serrés, pas très faciles à comprendre, Paul laisse éclater sa joie. Il est nourri par les prophètes et, les citant librement de mémoire, il s'exclame que la résurrection accomplit leur attente.

En Isaïe on trouvait un oracle, un rêve apocalyptique, celui de la fin de la mort: *La mort a été engloutie dans la victoire*. Pour Paul, le règne de la mort s'est terminé dans la résurrection de Jésus.

En Osée, on trouvait une menace. Dieu ne retiendrait pas la mort comme châtiment du péché. Paul renverse le sens, d'accord en cela avec ses contemporains. Les juifs du Ier siècle, dans leur besoin d'espérance, transformaient la lecture de certains oracles de malheur en leur donnant l'allure optimiste d'autres oracles de consolation. L'Âpotre dit que l'espérance du monde, elle, est satisfaite par l'abolition de la mort. *Ô mort, où est ta victoire? Ô mort, où est ton dard venimeux?*

La mort n'est plus à considérer simplement comme une punition due à nos transgressions de la loi de Dieu. La mort est devenue la porte d'une vie nouvelle pour tous ceux qui demeurent unis au Christ.

Paul exprime sa foi dans un dépassement. *Ce qui est périssable en nous deviendra impérissable ; ce qui est mortel revêtira l'immortalité.* La réponse à l'énigme de la mort est à chercher dans ce qui est advenu à l'Homme par excellence, le Christ.

Ce qui met en marche la mort, *le dard de la mort,* c'est le péché. Comme un éperon sur les flancs d'un cheval, le péché a mis en marche la mort. Les péchés personnels de ceux et celles qui ont été les agents de la Passion représentent le Péché comme cause profonde du mal et de la mort. Cependant *rendons grâce à Dieu qui nous donne la victoire par Jésus Christ, notre Seigneur.* Aux Romains, il écrivait : *Celui qui a ressuscité le Christ Jésus d'entre les morts donnera aussi la vie à vos corps mortels par son esprit qui habite en vous* (Romains 8,11).

Aujourd'hui

Communier au corps et au sang du Christ, c'est laisser mettre en nous la semence qui transforme tout notre être dans une participation à la vie de Jésus ressuscité. *Je suis le pain vivant descendu du ciel. Si quelqu'un mange de ce pain, il vivra pour toujours…Celui qui mange ma chair et boit mon sang a la vie éternelle, et moi je le ressusciterai au dernier jour* (Jean 6,51.54).

LE FRUIT D'UN BON ARBRE

Luc 6,39-45

Le contexte

On pourrait appeler le correspondant au sermon sur la montagne dans saint Matthieu « sermon dans la plaine » chez saint Luc. Il y a regroupement d'enseignements de Jésus qui sont reliés entre eux de façon très libre et proclamés dans la plaine. Dans le contexte que leur donne saint Luc, ce sont des paroles adressées à ses disciples. Jésus a bien vu que son appel à recevoir la *malkut Yahvé* (le Royaume de Dieu) n'était pas entendu par tous. Il en a été déçu : c'est normal. Il a reconnu qu'il fallait former des disciples et affronter des adversaires. Un moyen privilégié pour le faire a été la parabole. En voici trois.

Le message

Un aveugle peut-il guider un autre aveugle ? Ne tomberont-ils pas tous deux dans un trou ? Dans un autre contexte cette parole était un blâme aux pharisiens. Ici, elle est plutôt une révélation que Jésus fait de lui-même. Il sait où il va. Il dit en saint Jean : *Je suis la lumière du monde. Qui me suit ne marchera pas dans les ténèbres* (Jean 8,12). Ceux qui le suivent doivent bien percevoir en lui un guide sûr et comprendre que leur cheminement avec lui est une démarche progressive avec ses avancées et ses reculs. Le disciple n'est pas au-dessus du maître ; mais celui qui est bien formé sera comme son maître.

Qu'as-tu à regarder la paille… enlève d'abord la poutre de ton œil ! Les impulsions violentes de Jean et de Jacques, ainsi que leur volonté de pouvoir (Marc 10,37), la trahison de Judas qui se préparait (Jean 6,71), le désir de combat armé de la part de Pierre (Jean 18,10), tout cela n'a pas échappé aux autres disciples qui l'ont raconté. On n'était pas aveugle sur les défauts des compagnons. Mais la lâcheté de tous ceux qui s'enfuient à la Passion oblige à se regarder soi-même.

Jamais un bon arbre ne donne de mauvais fruits… Ce que dit la bouche, c'est ce qui déborde du cœur. Jésus parle d'abord de lui-même en termes voilés dans cette parabole. Les accusations cruelles ne manqueront pas. *C'est par Béelzeboul, le chef des démons, qu'il chasse les démons* (Luc 11,15). On l'a accusé d'être aussi un ivrogne et un glouton. Il réplique qu'on doit le juger à ses fruits, en reprenant l'image qui ouvre le psautier : *Le juste est comme un arbre planté près d'un ruisseau, qui donne du fruit en son temps* (Psaume 1,3). Le disciple par ses paroles doit créer aussi joie et paix. Les foules n'auraient pas recherché la présence de Jésus s'il ne s'était dégagé de lui un magnétisme produisant le bien-être des personnes.

Aujourd'hui

La joie intérieure de Jésus a rejailli dans ses paroles. *Il exulta et il dit: Je te loue, Père. Personne ne connaît le Père si ce n'est le Fils* (Luc 10,21-22). Par l'engagement au service de l'Évangile depuis l'intérieur de nous-mêmes, nous pouvons déverser la joie de la Bonne Nouvelle.

Un grand patron avait pour mot d'ordre: « Les êtres humains ne sont jamais aussi bons ni aussi mauvais qu'ils ne paraissent. » Il faut certainement donner la chance au coureur dans toutes nos rencontres. Ceux et celles qui s'habituent à ne pas se complaire dans les petites choses deviendront de plus en plus capables de goûter les grandes. Ces gens apprécieront les qualités des autres.

9e dimanche du temps ordinaire

Lorsque Salomon inaugure le premier temple de Jérusalem (première lecture), il adresse à Dieu une longue prière dans laquelle il intercède notamment pour les étrangers venus de pays lointains rendre un culte en ce temple. De ces étrangers, qui sans faire officiellement partie du peuple de Dieu en sont spirituellement tout proches, le centurion romain dont parle saint Luc (troisième lecture) est le type achevé : face au scepticisme des juifs, sa foi entraîne l'admiration de Jésus qui exauce immédiatement sa requête. Cette foi du centurion demeure l'un des plus beaux exemples que l'on puisse proposer aux disciples actuels de Jésus.

Les adversaires de saint Paul voulaient imposer des habitudes culturelles comme la circoncision et les tabous alimentaires. Pourtant, c'est la foi seule qui donne la force et qui sauve (deuxième lecture).

Dieu a voulu laisser suffisamment
d'obscurité pour que croire soit
un acte de profonde confiance en lui.

Columba Marmion

LA FOI POUR TOUS

1 Rois 8,41-43

Le contexte

Le premier livre des Rois fait partie de l'histoire deutéronomique, c'est-à-dire l'histoire d'Israël dans l'esprit du Deutéronome. Contrairement à ce qu'on pourrait croire, les personnages les plus importants ne sont pas les rois mais les prophètes. Quelques rois ne font l'objet que d'une mention rapide tandis que les prophètes comme Élie sont présentés dans le détail. Parmi les rois, néanmoins, l'un d'entre eux se détache, c'est Salomon, héritier de David et, par conséquent, de la promesse messianique.

Le message

Le temple de Salomon sera le lieu de prière pour tous les peuples.

Dieu avait manifesté sa volonté qu'on lui construise un temple. Il l'avait fait avec réticence, refusant d'abord à David par son prophète Nathan le privilège de l'édifier. On sentait que le danger de trop ressembler aux païens des alentours subsistait. On ne pouvait pas enfermer le Dieu d'Israël dans un lieu, si beau qu'il fût.

Au jour de l'inauguration du temple, c'est Salomon qui préside comme prêtre-roi. La prière qu'on l'entend dire a-t-elle été mise dans sa bouche quelques siècles plus tard pour rendre compte d'une pensée plus évoluée de la présence de Dieu parmi les hommes ? C'est possible.

Toutefois, ce qu'il dit n'est pas invraisemblable de la part du roi de Jérusalem au xe siècle. Le pouvoir politique de David et Salomon est réel. Les nations des territoires frontières fournissent un tribut, que des individus ou des groupes étrangers forment le plan de venir prier le Dieu des Hébreux n'est pas de l'imaginaire. C'est même conforme aux habitudes de l'époque.

Salomon leur sert d'intercesseur dans cette liturgie somptueuse. Il s'adresse à Dieu en des mots émouvants dignes du roi David son père : *Si donc, à cause de Ton Nom, un étranger, qui n'est pas de ton peuple*

Israël, vient d'un pays lointain prier dans le temple, toi, au ciel où tu résides, écoute-le.

Voilà une ébauche de réalisation de la promesse faite au grand ancêtre Abraham : *En toi seront bénies (heureuses et exaucées) toutes les nations de la terre* (Genèse 12,30).

Aujourd'hui

Nous ne pouvons pas comprendre l'amitié entre les peuples si nous ne saisissons pas l'influence de la Bible, qui a contribué à son accomplissement progressif. Le moment décisif a consisté en la venue du Fils de Dieu, venu pour sauver tous les peuples. Il est notre paix (Éphésiens 2,14) comme le suggère le nom de Salomon (Shlomo de *shalom* = paix).

L'ouverture d'esprit de Salomon qui ne prétend pas interdire l'accès du temple de Yahvé aux étrangers rappelle l'évolution nécessaire dans la liberté interne de l'Église. Les exclusions, dont les femmes en particulier ont été victimes, doivent tomber.

LA FOI EST UN DON

Galates 1,1-2.6-10

Le contexte

On peut résumer ainsi les circonstances qui amenèrent Paul à intervenir dans l'Église de Galatie qu'il avait fondée lors de son premier grand voyage missionnaire. Des éléments judaïsants, c'est-à-dire des chrétiens issus du judaïsme, demeurés fidèles à ses pratiques et les estimant obligatoires pour tous, jettent la perturbation dans les communautés. Ils soutiennent que circoncision et pratiques légales sont absolument nécessaires aux disciples du Christ pour être de vrais fils d'Abraham et donc héritiers des promesses faites au père spirituel d'Israël. En même temps, pour détacher plus sûrement les jeunes communautés de l'enseignement de Paul, ils s'efforcent de discréditer sa personne : Paul n'est pas un véritable apôtre, il n'a pas reçu sa mission du Christ; il est en désaccord avec les apôtres authentiques; c'est un opportuniste qui cherche à se faire bien voir des hommes, etc.

Le message

Paul prêche le vrai Évangile. L'unique.

Moi, Paul, qui suis apôtre [...] par Jésus Christ et par Dieu le Père qui l'a ressuscité d'entre les morts. Bien que Paul joigne à lui d'autres frères qui envoient la lettre, c'est un écrit très personnel. Cette lettre est la plus ardente, la plus heurtée, la plus torrentielle de toutes. La plus émouvante aussi. Paul fait allusion à l'expérience de sa rencontre avec le Christ ressuscité sur le chemin de Damas. Il ne s'est pas converti après avoir entendu un prédicateur mais bien par une apparition, en rien inférieure à celle qu'ont eue les Onze.

Je trouve vraiment étonnant que vous abandonniez si vite celui qui vous a appelés par la grâce du Christ. C'est un grand échec personnel pour Paul que la défaillance des Galates ne comprenant pas la rupture de l'Évangile avec les institutions juives. L'éducateur est déçu de la légèreté de ses auditeurs. Il doit sans doute surmonter une perte de confiance en lui-même dans l'accomplissement de la mission apostolique. *Si un jour quelqu'un vient annoncer un Évangile différent de celui que vous avez reçu, qu'il soit maudit.* L'essentiel du message, c'est que le salut par la croix du Christ constitue un don gratuit qu'il faut accueillir dans la foi et l'humilité du pécheur repentant. On n'achète pas le salut par l'accomplissement de préceptes.

Saint Paul est fier de sa qualité d'apôtre et de père fondateur de l'Église de Galatie. Il convient de tempérer ce qui pourrait passer pour une marque d'orgueil.

Saint Paul accepte volontiers de se moquer de lui-même. Lorsqu'il a dû fuir la police d'Aretas en s'échappant de Damas, il s'est fait descendre le long du mur dans un vaste panier. Il est tout à l'opposé du soldat romain idéal qui recevait une récompense de sa bravoure pour avoir franchi le premier le mur dans l'attaque victorieuse d'une forteresse. Bien qu'il soit le soldat du Christ, les moments d'humiliation avec apparence de lâcheté ne lui ont pas été épargnés. *S'il faut se glorifier, c'est de mes faiblesses que je me glorifierai* (2 Corinthiens 11,30).

Aujourd'hui

Un enseignement moralisant tend à faire croire que c'est parce que l'on a pratiqué le bien et « performé » dans les bonnes œuvres que Dieu nous prend pour ses amis. Vivre dans l'alliance avec le Seigneur est un don. En effet, c'est une pure grâce : ce qui n'est pas facile à comprendre dans un monde où tout se mesure en termes de commerce : un échange d'objets et de services de valeur à peu près égale.

LA FOI FAIT CONFIANCE

Luc 7,1-10

Le contexte

La guérison du serviteur du centurion est annoncée d'une certaine façon dans la synagogue de Nazareth. Au tout début de sa vie publique, Jésus avait proclamé son intention de faire comme Élie et Élisée, deux prophètes qui avaient fait des miracles en faveur des païens : l'un, la multiplication de la farine et de l'huile pour la veuve de Sarepta (Phénicie), l'autre, la guérison de la lèpre de Naaman venu de Damas (Syrie). L'intention de Jésus n'est donc pas de limiter son activité à Israël même s'il a déjà dit d'étrange façon : *il n'est pas bien de prendre le pain des enfants et de le jeter aux petits chiens* (Marc 7,27).

Le message

Grande est la bonté de Dieu qui étend ses bienfaits aux étrangers !

Le centurion (ou centenier) a de nombreuses qualités humaines. La première est sa qualité d'officier dans l'armée romaine : on a probablement reconnu chez lui la capacité de commandement. La deuxième qualité est celle de la compassion. Il veut la guérison de celui que Luc appelle tantôt son esclave (v. 2) ou son serviteur (v. 7). La troisième qualité, c'est l'ouverture d'esprit aux étrangers. L'antisémitisme était très fort dans l'empire romain. Il ne partage pas les préjugés de ses compatriotes. Ses amis, les notables de Capharnaüm, disent à Jésus: *Il aime notre nation: c'est lui qui nous a construit la synagogue.* Entre les lignes, on comprend qu'il était attiré au judaïsme par la croyance en un seul Dieu et la haute qualité de l'enseignement moral des prophètes et des rabbins. Encore plus, vis-à-vis de Jésus, il a reconnu en lui un homme religieux hors du commun. Il s'est sans doute informé ou il a été témoin d'autres miracles.

Saint Pierre avait eu besoin du prodige de la pêche miraculeuse pour se mettre à la suite du Christ. Il lui avait fallu presque toucher le signe merveilleux accompli par le Christ. Le centurion nous semble beaucoup moins exigeant.

Il a le style d'obéissance militaire que l'on voyait déjà chez le prophète Amos. Il avait obéi sans discussion lors de sa vocation. *Yahvé m'a pris de derrière le troupeau et Yahvé m'a dit: « Va! »* (Amos 7,15) Il s'est exécuté sur-le-champ.

Devant Jésus, le centurion se définit: *Moi qui suis un subalterne*, et il ne se donne même pas le droit de discuter les ordres. Surtout ce que la tradition a retenu de lui, c'est la parole à peine modifiée dans la liturgie de la messe et dans laquelle il dit ne pas vouloir que Jésus se dérange: *Seigneur ne prends pas cette peine, car je ne suis pas digne que tu entres sous mon toit. Mais dis seulement un mot et mon serviteur sera guéri.*

Le centurion de Capharnaüm annonce le centurion du Calvaire et sa foi simple en la sainteté de Jésus (*cf.* Luc 23,47).

Aujourd'hui

On peut acquérir à la lecture de cette guérison un esprit œcuménique. Reconnaître que des qualités humaines préparent l'accueil du don de Dieu. Dans une lecture centrée sur la personne du Christ, on assiste à son évolution psychologique comme homme. La réalisation d'un miracle en faveur d'un non-juif lui révélait de l'intérieur sa mission universelle de salut.

10e dimanche du temps ordinaire

Dieu est le maître de la vie et de la mort, toute la révélation biblique le démontre. Avec Dieu, la mort n'est pas invincible. Élie a pris conscience qu'il était un agent de Dieu pour rendre la vie, mais plus encore Jésus, dont toute l'existence terrestre culminera dans son combat victorieux contre la mort.

Paul a été fermement convaincu d'un choix spécial de Dieu. Il avait mission de transmettre la foi aux Galates malgré toutes les difficultés. Les croyants d'aujourd'hui réalisent eux aussi que la transmission de la foi aux autres générations est une affaire difficile.

L'obscurité de la foi est une preuve de sa perfection. Elle est obscure pour nos esprits parce qu'elle dépasse infiniment leur faiblesse.

THOMAS MERTON

DONNER LA VIE DE DIEU

1 Rois 17,17-24

Le contexte

Dans la Bible, on peut lire un récit de miracle de trois points de vue. Du point de vue de celui qui en est l'objet, par exemple le malade dans un cas de guérison. Du point de vue des témoins, la famille, les amis ou la foule selon le cas. Ou encore du point de vue de celui qui l'accomplit, étant entendu que Dieu manifeste la puissance de son amour par l'intermédiaire d'un agent humain. C'est ce dernier point de vue que nous voulons retenir dans le récit de la résurrection du fils d'une veuve. Comment réagit Élie, investi du pouvoir de Dieu et agissant en son nom.

Le message

L'homme de Dieu est profondément marqué par Celui qui est à l'origine de sa mission.

Élie (dont le nom Eliyyahou signifie *Yahou est mon Dieu*) est un personnage prodigieux, qui se situe aux confins de l'histoire et de la légende. Toute son activité se déploie dans le mystère, depuis sa brusque apparition jusqu'à sa disparition miraculeuse. Thaumaturge, il semble disposer à son gré des éléments et jusqu'au feu du ciel. Yahviste intrépide, il défie les rois et les prophètes de Baal, et s'immortalise par la scène fulgurante du Carmel. Il mène jusqu'au bout son combat dont il n'est pas sans éprouver la dureté.

Lorsqu'on tire le voile du mystère et qu'on retire de son histoire ce qui en fait une épopée, on retrouve un homme fragile. Il est errant, il n'a pas de domicile fixe. Il n'a ni femme ni famille. Il est seul contre des ennemis cent fois mieux organisés. Pas surprenant que la Bible l'écoute dire : *Prends ma vie, car je ne vaux pas mieux que mes pères* (1 Rois 19,4).

Pas de doute que dans des circonstances aussi dramatiques, il n'a réalisé que peu à peu son pouvoir d'intercession. Il a affronté l'agressivité de la femme qui a perdu son fils. Aurait-il insinué qu'elle avait ainsi le châtiment d'une faute cachée ? *Qu'est-ce que tu fais ici... Tu es venu pour faire mourir mon fils !* Ensuite *par trois fois, il s'étendit sur l'enfant en invoquant le Seigneur : « Seigneur, mon Dieu, je t'en supplie, rends la vie à cet enfant. »* Il s'est rendu compte être en possession de la « clé de la vie », selon l'expression des rabbins.

Le récit est à mettre en rapport dans les mêmes livres des Rois avec une autre mère, la femme du roi Jéroboam, qui demande à un prophète la guérison de son fils. Comme Jéroboam est responsable de l'érection d'un sanctuaire schismatique, le prophète refuse la guérison et prédit le malheur à la famille (1 Rois 14,1-18). On enseigne de cette façon la maîtrise absolue de Dieu sur la vie, car il est libre de la redonner comme de la reprendre.

Aujourd'hui

Jésus, au moment de la résurrection de Lazare, fait la même expérience. Il est saisi d'une conscience intime d'accomplir l'œuvre de Dieu et d'agir en totale conformité avec la volonté du Père. Sa prière exprime alors ce sentiment : *Père, je te rends grâce de ce que tu m'as exaucé. J'ai parlé afin qu'ils croient que tu m'as envoyé* (Jean 11,41).

Chacun de nous dispose d'un pouvoir de don de vie à différents registres. Il faut rentrer en soi-même pour voir comment nous pouvons transmettre la vie de Dieu, sans doute en dépassant nos ressources apparentes.

FOI ET VIE

Galates 1,11-19

Le contexte

Devant les judaïsants qui accusaient Paul de ne pas circoncire les païens convertis, Paul, dans la lettre aux Galates, a exposé les mêmes événements de sa conversion comme Luc les a racontés dans les Actes (ch. 9). Pour accentuer le caractère personnel de l'événement, il a laissé tomber le rôle d'intermédiaire d'Ananias. Qu'il y ait eu ou non médiation d'Ananias, l'apparition du chemin de Damas valait autant que l'apparition fondatrice aux Onze le jour de Pâques.

Le message

Si la parole de Dieu était un feu dans la bouche d'Élie, elle le fut également dans la bouche de Paul, l'Apôtre des nations. Dans ce passage de la lettre aux Galates, Paul raconte son expérience de la rencontre de Dieu. La parole qu'il annonce n'est pas une invention humaine. Dieu, qui possède en sa main la clé du sein maternel, l'a mis à part dès sa conception, comme ce fut le cas de Jérémie. *Dieu m'avait mis à part dès le sein de ma mère.* C'est Dieu lui-même qui lui a révélé son Fils ressuscité sur le chemin de Damas pour qu'il l'annonce aux nations païennes. *Un jour il a trouvé bon de mettre en moi la révélation de son Fils.* Dieu est le maître de l'histoire. L'homme croit qu'il est l'artisan de son propre destin, alors qu'il n'a qu'à accepter la volonté de Dieu sur lui. Plus l'homme se raidit, plus cette recherche de la volonté de Dieu devient difficile.

Paul a été un grand charismatique. Dieu l'a comblé de dons magnifiques, naturels et surnaturels. Ce charismatique reconnaît avec humilité qu'il s'est rendu à Jérusalem, pour rencontrer Pierre, à qui le Seigneur avait confié son Église. Il a voulu reconnaître la validité de l'autorité établie, bien qu'il n'ait pas partagé en tous points les options de Pierre. Le dialogue ne fut pas facile. Paul le reconnaît lui-même. C'est grâce à son attitude d'humilité et d'obéissance que Paul put enseigner au monde païen le mystère de la résurrection du Christ qui signifie appel à une vie nouvelle et à la renaissance. Sa foi apostolique ne se compare en aucune façon à des informations historiques sur la vie et les paroles de Jésus. *Même si nous avons connu le Christ selon la chair, maintenant ce n'est plus ainsi que nous le connaissons* (2 Corinthiens 5,16).

Aux pieds de Gamaliel (Actes 5), Paul avait appris que le Messie devait venir et que, quand ce dernier se manifesterait, les païens eux aussi seraient appelés à entrer dans l'Alliance. Dès qu'il rencontre le Christ ressuscité, Paul est convaincu que les païens sont appelés à partager cette Bonne Nouvelle. Tous les êtres humains sont appelés à bénéficier de la résurrection et de la vie nouvelle que le Christ a apportées et que ses miracles ont préfigurées.

Aujourd'hui

De manière analogue, chacun à son rang, tout chrétien fait l'expérience du Christ ressuscité. L'adolescence marque souvent le moment d'une nouvelle vie pour la foi reçue au baptême. Pour être solide et durable cette expérience doit se faire en Église comme celle de Paul en communion de pensée avec Pierre, symbole de la communauté des croyants. Gardons le courage dans nos efforts pour éveiller la foi des jeunes.

RENDRE UN FILS À LA VIE

Luc 7,11-17

Le contexte

La résurrection du fils de la veuve de Naïm est un épisode propre à l'évangile de Luc. Jadis, Élie avait ressuscité un mort. De même, Jésus le fait, car il appartient à la lignée des prophètes qui donnent la vie au nom de Dieu. L'événement se situe en Galilée, dans la première partie de la vie publique de Jésus. Il a fait des exorcismes et des guérisons (belle-mère de Pierre, un lépreux, un paralytique). En plus de la pêche miraculeuse, il a guéri un homme à la main paralysée et opéré une guérison à distance, celle du serviteur du centurion. Ira-t-il jusqu'à ressusciter les morts ? L'occasion se présente.

Le message

Il arriva près de la porte de la ville au moment où l'on transportait un mort pour l'enterrer ; c'était un fils unique, et la mère était veuve. Une foule considérable accompagnait cette femme. En la voyant, le Seigneur fut saisi de pitié pour elle, et lui dit : « Ne pleure pas. » Tous les détails contribuent à plonger le lecteur dans la compassion, comme Jésus lui-même. En effet, en l'absence de toute sécurité sociale, la veuve ne s'appuyait que sur son fils pour subsister. Comme le bon Samaritain *ému aux tripes* à la vue du voyageur blessé (Luc 10,33), Jésus est remué dans ses entrailles. Lorsqu'il s'agit de miséricorde, l'anthropologie sémite attribue une matrice, ou des entrailles, même aux hommes : les *rahamim* (en hébreu), les *splangnai* (en grec) sont le siège de la compassion. Luc porte un intérêt spécial aux veuves, par exemple la prophétesse Anne (Luc 2,37), ou celles de la communauté primitive (Actes 6,1 ; 9,39).

La rencontre de Jésus et d'une veuve est bien faite pour montrer la pitié en Dieu et en ses prophètes.

Lazare avait les pieds et les mains liés de bandelettes, et son visage était enveloppé d'un suaire (Jean 11,40). De même pour l'homme de Naïm. Remarquons bien le caractère majestueux des gestes du Christ. *Il s'avança et toucha la civière ; les porteurs s'arrêtèrent, et Jésus dit : « Jeune homme, je te l'ordonne, lève-toi. » Alors le mort se redressa et se mit à parler. Jésus achève sa bonne action par un geste d'une grande beauté. Et Jésus le rendit à sa mère.* C'est la même manière gracieuse avec laquelle Élie avait remis son fils à la veuve de Sarepta (1 Rois 17,23). Saint Luc reprend les mots du vieil auteur de Rois pour souligner la continuité dans l'action des prophètes.

Aujourd'hui

Saint Ambroise actualise : « Quel est ce tombeau, le tien ? Tes mauvaises habitudes, ton manque de foi ? C'est de ce tombeau que le Christ te délivre, de ce tombeau que tu ressusciteras, si tu écoutes la Parole de Dieu. Même si ton péché est si grave que tu ne peux te laver toi-même par les larmes de ton repentir, l'Église, ta mère, pleurera pour toi, elle qui intervient pour chacun de ses fils, comme une mère veuve pour son fils unique. Car elle compatit par une sorte de souffrance spirituelle qui lui est naturelle, lorsqu'elle voit que ses enfants sont entraînés vers la mort par des vices funestes (*Traité sur l'évangile de saint Luc*).

Quel genre de vie attendons-nous du Christ ? La plénitude de la vie, ce n'est qu'en certaines occasions peut-être qu'on réalise vraiment ce qu'elle est, qu'on prend conscience de toutes ses dimensions et de ce qu'on appelle la joie de vivre. Il y a une plénitude physique de la conscience de vivre, par exemple atteinte par un athlète au moment d'un grand effort, le grimpeur qui atteint un sommet difficile, avec cette espèce d'ivresse que comprennent mal ceux qui ne l'ont jamais partagée. Ou bien encore la plénitude vivante de l'artiste, du musicien qui se laisse emporter par l'harmonie des sons dans un monde enchanté.

Mais la plus grande plénitude de vie et obscurément la plus désirée par chaque personne, c'est la plénitude de l'amour, lorsqu'un être est transformé, transporté au-dessus de lui-même par le bonheur de faire le bonheur d'un autre. Et ce goût de la vie est ce qui est le plus difficile à détruire en nous. Le Christ par la grâce vient mettre en nous la plénitude de la vie.

11e dimanche du temps ordinaire

La liturgie a rapproché le repentir de David du geste d'amour de cette femme méprisée par tous et à qui Jésus pardonna tous ses péchés. Que ce soit par la voix du prophète Nathan ou mieux encore par celle de Jésus, c'est le même Dieu qui, sans dissimuler leurs fautes, appelle ses enfants à se convertir et à répondre à son amour.

Et saint Paul fait constater que ce n'est plus lui qui est le maître de sa propre vie, mais le Christ qui vit en lui. *Le Fils de Dieu m'a aimé et s'est livré pour moi*, dit-il. Il ne s'agit plus d'obéir à une loi contraignante mais de croire et d'aimer.

Sans l'homme pécheur, Dieu ne se connaîtrait pas comme miséricorde, il ne se connaîtrait pas comme pardon.

ANDRÉ GOZIER

AIMER ET DEMANDER PARDON

2 Samuel 12,7-10.13

Le contexte

Le péché de David a interrompu brutalement son ascension vers le bonheur. Les deux livres de Samuel racontent comment David a surmonté tous les dangers : la puissance de Goliath et des Philistins, la jalousie du roi Saül et même les forces d'éclatement et de division dans le peuple d'Israël. L'adultère avec Bethsabée, puis le meurtre d'Ourias, son mari, ont marqué le déclin d'un brillant destin. Dieu a envoyé un prophète, Nathan, pour lui reprocher ses crimes. La parabole du riche qui a pris la petite brebis d'un pauvre pour la servir à un visiteur a déclenché le repentir de David. Ensuite, le prophète Nathan s'est expliqué en termes clairs. C'est la lecture de ce jour.

Le message

L'aveu du péché est la première étape du pardon.

Nathan décrit le péché de David. L'ingratitude augmente la gravité du péché, car le roi avait reçu beaucoup. Il avait été oint comme roi encore jeune par Samuel dans la maison de sa famille à Bethléem. Lorsque Saül, le roi qui l'avait précédé, l'a menacé de mort en lui lançant un javelot, puis en le poursuivant dans le désert de Juda avec son armée, Dieu lui était venu en aide pour sauver sa vie. De plus, il avait pu épouser les femmes du défunt roi, ce qui avait consolidé son alliance politique avec les familles de ces femmes.

Nathan lui met ensuite sous le nez le mal qu'il a commis : *Tu as frappé par l'épée Ourias, le Hittite ; sa femme, tu l'as prise pour femme ; lui, tu l'as fait périr par l'épée des fils d'Ammon.* Le châtiment sera la rupture du bel équilibre qui existait jusqu'à présent. Désormais, *l'épée ne cessera plus jamais de frapper ta maison.* Et en effet, les fils de David, peut-être par crainte de se voir supplanter par le fils de Bethsabée, voudront arracher le pouvoir des mains de David. La révolte d'Absalon et le coup d'État d'Adonias vont attrister la fin du règne.

Néanmoins, le plus important de la lecture, c'est la réaction humble de David aux paroles du prophète : *J'ai péché contre le Seigneur*. Lui, le primesautier, le passionné, reconnaît son tort. Il n'exerce pas de violence contre le prophète Nathan.

Les femmes exégètes se sont demandé comment il se fait que Bethsabée n'a pas de rôle plus important dans cette histoire d'adultère. Le narrateur ne nous dit pas si elle a été consentante ou si elle a résisté aux avances de David. À part le fait de pleurer à la mort de son mari, nous ne connaissons rien de ses sentiments. La raison en est certainement que le récit veut donner une leçon morale à partir de l'histoire du roi. En dire trop sur Bethsabée aurait distrait le lecteur. Toute l'attention doit porter sur le message religieux de repentir du péché. Notons qu'elle est mentionnée dans la généalogie de Jésus (Matthieu 1,1-16) sous le nom de « femme d'Ourias » (et non Bethsabée) pour souligner la droiture de l'étranger Ourias, son mari, en comparaison de David, le roi d'Israël adultère. Les païens qui vont entrer dans l'Église sont intéressés à le savoir.

Aujourd'hui

Saint Jean a poursuivi la leçon du deuxième livre de Samuel en écrivant : *Si nous disons : « Nous n'avons pas péché », nous faisons de lui un menteur* (1 Jean 1,10). Les explications psychologiques et sociales du péché pour enlever la culpabilité du mal commis ne suffisent pas à rendre compte du réel. L'être humain est responsable du mal commis devant Dieu.

LE FILS DE DIEU QUI M'A AIMÉ

Galates 2,16.19-21

Le contexte

La lettre aux Galates a été écrite par Paul en l'an 54 alors que la communauté des disciples de Jésus se distinguait de plus en plus de la communauté juive. Certains avaient cherché à persuader les Galates de continuer des pratiques de la loi de Moïse comme si le baptême ne suffisait pas. Saint Paul, qui s'attribuait le titre de Père de l'Église galate pour avoir fait naître ses membres à la foi, n'a pas laissé faire la chose. Il a protesté avec vigueur et il a placé le lien personnel de chaque croyant avec le Christ au centre de l'Évangile.

Le message

C'est par la foi au Christ que nous sommes sauvés.

La loi de Moïse prescrivait des rites pour obtenir le pardon des péchés. En particulier, elle ordonnait des sacrifices d'animaux dont le sang versé devait avoir un effet de purification pour celui ou celle qui l'offrait. Cette pratique est loin d'être morte puisque encore au troisième millénaire les fidèles de l'islam, qui sont près d'un milliard, ainsi que les religions animistes d'Afrique et d'Amérique continuent cette façon de faire.

La loi de Moïse semble rejoindre un instinct religieux profond de l'être humain qui pousse à faire quelque chose. Pour les femmes, c'était au minimum par la consommation de viandes d'animaux abattus selon les règles rituelles (le kosher). Pour les hommes en Israël, on entrait dans ce système par la circoncision. Le jugement de Paul sur ces règles est catégorique : *Ce n'est pas en observant la Loi que l'homme devient juste devant Dieu. Personne ne devient juste en pratiquant la Loi.*

Dans une pensée très synthétique qu'il faut décomposer en ses éléments pour la comprendre, Paul dit que le régime de la Loi s'est achevé. La mort du Christ sur la croix a marqué la fin de l'ancien ordre. Selon les dispositions de la Loi, Jésus avait été condamné à mourir. Nous savons que les prêtres dont la fonction était décrite par la Loi avaient été ses juges. Tout cela a rendu la Loi caduque et dépassée. Paul comme sujet de la Loi est mort avec le Christ. *Avec le Christ, je suis fixé à la croix.*

Par la foi, Paul (et les croyants avec lui) ne fait qu'un avec le Christ qui l'entraîne dans la nouvelle vie, la nouvelle création, une pré-résurrection. *Je vis, mais ce n'est plus moi, c'est le Christ qui vit en moi.*

Aujourd'hui

La foi abolit le temps. Elle fait vivre avec le Christ sa mort et son triomphe de la résurrection. L'amour du Christ nous rejoint. *Ma vie aujourd'hui dans la condition humaine, je la vis dans la foi au Fils de Dieu, qui m'a aimé et qui s'est livré pour moi.*

Une prière d'Augustin complète le thème : « Tu vois, Seigneur, je jette en toi mes soucis, afin de vivre… Tu connais mon incapacité, ma faiblesse. Enseigne-moi, guéris-moi. Ton Fils unique m'a racheté par son sang. Je songe au prix de ma rançon, je le mange, je le distribue ; pauvre moi-même, je désire en être rassasié parmi les pauvres : ils mangeront, ils seront rassasiés ; ils loueront le Seigneur, ceux qui le cherchent. » (*Confessions*)

À CAUSE DE SON GRAND AMOUR

Luc 7,36-8,3

Le contexte

Luc a annoncé depuis le début de son évangile le thème important de la miséricorde (en grec *eleos*). Marie, dans son Magnificat, chante : *Son amour [eleos] s'étend d'âge en âge* (Luc 1,50), et Zacharie, père de Jean-Baptiste, dans le Benedictus proclame à son tour : *amour qu'il montre envers nos pères* (1,72), *grâce à la tendresse, à l'amour de notre Dieu*

(1,78). Les trois exemples les plus connus du Nouveau Testament concernant la miséricorde sont propres à l'évangile de Luc : la pécheresse au parfum (Luc 7,37), Zachée le collecteur d'impôts (Luc 19,12), et le bon larron (Luc 23,39). Le premier exemple est le seul cas, avec la femme adultère en saint Jean (8,1), qui raconte l'histoire développée d'une femme pécheresse. Il y est joint un sommaire sur des femmes que Jésus avait délivrées d'esprits mauvais.

Le message

La lecture se divise en deux parties : l'épisode de la femme au parfum et le sommaire sur les femmes qui accompagnaient Jésus.

La femme qui est venue mouiller les pieds de Jésus de ses larmes savait tout à fait ce qu'elle faisait. Elle connaissait Jésus pour l'essentiel de son appel : *Le temps est accompli et le Royaume de Dieu est tout proche : repentez-vous et croyez à l'Évangile* (Marc 1,15). Elle avait entendu parler de Jésus comme de celui qui avait dit à l'adresse du paralytique descendu du toit par ses amis : *Pour que vous sachiez que le Fils de l'homme a le pouvoir sur la terre de remettre les péchés, je te l'ordonne, lève-toi !* (Luc 5,24) Quelle humilité faut-il à cette femme connue comme une pécheresse pour se présenter à Jésus ! Elle est mue par l'esprit de Dieu pour aller reconnaître que Jésus peut lui pardonner. Le temple de Jérusalem avait, en plus de l'autel des sacrifices, l'autel des parfums. Y verser des libations de bonne odeur était une forme de demande de miséricorde. La femme a donc conscience de ses péchés, et apporter un vase précieux rempli de parfum contraste de façon frappante avec l'impolitesse de Simon le pharisien qui n'a pas versé d'eau sur les pieds de Jésus pour l'accueillir selon l'usage. Simon mérite la phrase de Jésus qui est un jugement pénétrant : *Celui à qui on pardonne peu montre peu d'amour.*

Un sommaire, c'est-à-dire un résumé de l'activité de Jésus, est énoncé par Luc. La mention des femmes qui accompagnaient Jésus est propre à l'évangéliste Luc. *Des femmes qu'il avait délivrées d'esprit mauvais et guéries de leurs maladies : Marie, appelée Madeleine (qui avait été libérée de sept démons), Jeanne, femme de Kouza, l'intendant d'Hérode, Suzanne, et beaucoup d'autres, qui les aidaient de leurs ressources.* Luc est souvent intéressé à montrer chez une femme le parallèle de l'activité de Jésus chez un homme. Parmi les Douze, Pierre, Jacques et Jean sont singularisés. Parmi les femmes, trois d'entre elles se trouvent aussi en tête de liste.

Marie-Madeleine (Madeleine de Migdal = tour fortifiée, serait Marie Latour) occupe la première place. Elle a été libérée de sept démons. Sa priorité dans la liste indique un leadership à la façon de Pierre dans le ministère des apôtres.

Aujourd'hui

Le parfum versé a répandu son odeur dans la maison tout entière. Le geste de la femme évoque pour le poète la prédication de l'Évangile. C'est en le répandant que la bonne odeur s'est fait sentir. « Le bon grain en tas se corrompt, semé, il porte beaucoup de fruit. »

12e dimanche du temps ordinaire

Les premiers chrétiens ont aimé lire l'oracle du prophète transpercé dans le livre de Zacharie. Il leur paraissait éclairer une partie du mystère de la personnalité du Seigneur, cet homme qui intriguait tant ses contemporains et donnait lieu à tellement d'hypothèses. En provoquant ses apôtres à affirmer leur foi en sa mission de messie, Jésus les a conduits lui-même sur le chemin de la reconnaissance de sa filiation divine dans la souffrance assumée.

Saint Paul a aimé souligner que le Christ est venu abattre toutes les inégalités entre êtres humains. Par le baptême nous lui appartenons dans une famille de frères et de sœurs.

Jésus-Christ est un Dieu dont on s'approche sans orgueil
et sous lequel on s'abaisse sans désespoir.

Blaise Pascal

NI TROP HAUT NI TROP LOIN

Zacharie 12,10-11 ; 13,1

Le contexte

Vers l'an 300 av. J.-C., des oracles prophétiques ont été joints ensemble et ajoutés au livre de Zacharie pour ne pas les perdre. « Zacharie » signifie « Yahvé se souvient », comme si on voulait que la communauté elle non plus n'oublie pas ces oracles concernant le messie à venir.

Le message

Il y a dans la Bible une histoire de la souffrance. Les premiers auteurs de la Bible paraissent éprouver pour elle un intérêt très mince. On ne verse pas une larme sur les Égyptiens qui meurent noyés dans la mer des Roseaux. On ne se soucie pas non plus des Cananéens que l'on tue ou que l'on réduit en esclavage pour la conquête de la Terre promise. Les perdants n'ont pas de rôle dans l'histoire. Ils sont évacués ou tenus dans les coulisses.

Même parmi les Hébreux, ceux qui sont malades sont mis à part de la communauté. Plusieurs psaumes expriment l'isolement de ceux qui souffrent. *Amis et compagnons s'écartent de ma plaie, mes plus proches se tiennent à distance* (Psaume 38,12). On les soupçonne d'être châtiés pour leurs péchés et on ne fréquente pas les pécheurs. En somme, ce sont les gens heureux qui retiennent l'attention. Les gens beaux et riches comme David accaparent le regard.

Tout devait changer lors de l'exil à Babylone. La communauté d'Israël devient alors tout entière une communauté souffrante. Aucun de ses membres n'échappe aux tourments physiques et à l'humiliation morale. Le roi Sédécias voit ses fils égorgés devant lui, après quoi on lui crève les yeux (2 Rois 25,7).

Peut-être la souffrance mérite-t-elle qu'on y réfléchisse ? Le psalmiste, songeant aux malheurs d'Israël, dit à Dieu : *Tout cela nous advint sans t'avoir oublié, sans avoir trahi ton alliance* (Psaume 44,18). Il ne paraît plus aussi certain qu'avant qu'on doive considérer la souffrance comme une punition du péché. Job, par exemple, souffre sans avoir commis de faute (Job 31). Est-ce qu'il n'y aurait pas un mystère dans la souffrance ? Celui qui souffre mérite notre respect, il n'est peut-être pas si inutile qu'il en a l'air.

L'oracle du jour trouve ici sa place. Un être dont la douleur est inexplicable est offert aux regards. *Ils lèveront les yeux vers celui qu'ils ont transpercé ; ils feront une lamentation sur lui comme sur un fils unique ; ils pleureront sur lui amèrement comme sur un premier-né.*

Aujourd'hui

Nous lisons cette prophétie avec le quatrième évangile. Au Calvaire, sur l'ordre de Pilate, les soldats vont briser les os des condamnés, sans doute pour que leur mort soit certaine. Devant Jésus, *l'un des soldats, de sa lance, lui perça le côté et il sortit aussitôt du sang et de l'eau.* Dans l'évangile de Jean, « voir » ou « regarder » signifie croire : *Ils regarderont celui qu'ils ont transpercé* (Jean 19,37). L'eau qui sort du côté de Jésus et qui annonce une purification dans les sacrements serait-elle aussi figurée dans l'oracle : *il y aura une source, elle les lavera de leur péché et de leur souillure* ?

NI HOMME NI FEMME

Galates 3,26-29

Le contexte

La prédication de Paul connaît un grand succès lors du premier voyage que l'apôtre entreprit parmi les Galates. Beaucoup d'entre eux acceptèrent son message, et leurs vies transformées portaient les marques évidentes de l'œuvre de Dieu accomplie en eux (Galates 3,1-5). Le but principal de la lettre que Paul leur adressa quelque temps plus tard apparaît clairement dès les premiers paragraphes de l'épître. D'autres missionnaires étaient arrivés en Galatie et pressaient les païens nouvellement convertis de se faire circoncire et d'observer la loi juive s'ils voulaient véritablement bénéficier des promesses que Dieu avait faites à Abraham et à ses descendants.

Le message

Si ce que ces autres missionnaires avaient proposé avait été accepté, on se serait trouvé devant deux types de chrétiens, les partisans de ces missionnaires judaïsants et ceux de Paul pour qui la foi dans le Christ suffit. Dans sa lettre, Paul a donc utilisé une hymne baptismale qui affirme que le baptême abolit les catégories et crée une grande fraternité. C'est une famille nouvelle qui naît dans le baptême. *En Jésus-Christ vous êtes tous fils de Dieu par la foi.*

Trois sortes de divisions sont tombées avec le baptême, la première étant celle qui se trouve le mieux en contexte ici. *Il n'y a plus ni juif ni païen.* La mise en pratique de ce précepte sera l'œuvre majeure de Paul dans les fondations d'Églises. Là où les communautés maintiendront les usages juifs périmés comme les lois alimentaires, elles périront.

Il n'y a plus ni esclave ni homme libre. La relation entre les esclaves et leurs maîtres n'est plus la même à cause de la foi chrétienne. Une égalité fondamentale s'est découverte qui aboutira dans certains cas et finalement pour tous à un affranchissement.

Il n'y a plus l'homme et la femme. Les énoncés précédents juxtaposent le supérieur et l'inférieur dans un rapport nouveau d'égalité fraternelle. Ainsi doit-il en être pour l'homme et la femme dans la communauté des baptisés. Le document de la commission biblique de 1994 qui encourage une lecture féministe des Écritures prend ce texte comme point de départ.

Notons que ce sont les femmes elles-mêmes qui sont le mieux placées pour faire ressortir la place essentielle des femmes dans l'histoire du salut et dans les livres de la Bible qui la racontent. De fait, la production de livres qui donnent le point de vue des femmes dans la lecture du message biblique est extrêmement féconde depuis 25 ans.

Aujourd'hui

La vie de l'Église a été témoin d'une harmonie entre juifs et païens. La suppression de l'esclavage dans l'Antiquité, malgré un pénible retour pour les Africains au XVIe siècle, a été un succès dans la voie de l'égalité sociale et économique. L'égalité de l'homme et de la femme est toutefois demeurée un problème en suspens auquel il faut continuer de s'attaquer avec acharnement. La recherche biblique est utile dans ce domaine.

NI ABSURDE NI INUTILE

Luc 9,18-24

Le contexte

L'évangéliste Luc dans la rédaction de son petit livre a imité son prédécesseur saint Marc sur un point très important. Dans les deux évangiles, en effet, les épisodes de la vie de Jésus sont disposés selon les étapes d'un itinéraire vers Jérusalem. L'orientation fondamentale de la vie de Jésus est soulignée fortement de cette manière. Tout ce qu'il a dit et fait trouve son sens dans les événements de sa mort et de sa résurrection qui se sont produits à Jérusalem.

En saint Luc, la confession de foi de Pierre et la prophétie de la Passion n'ont pas de localisation géographique très précise (en Matthieu et Marc, c'est à Césarée de Philippes). Toutefois elles ont une localisation psychologique exacte. Elles forment une paire avec la Transfiguration pour décrire le mystère complet du Christ: souffrance et gloire.

Le message

Les souffrances du messie viennent au terme d'une histoire.

La misère vécue par Israël durant l'exil à Babylone (587 av. J.-C.) et durant la persécution grecque (167 av. J.-C.), qu'on raconte aux livres des Macchabées, a donné lieu à un approfondissement sans précédent de la souffrance. L'auteur de la lettre aux Hébreux cite à ce propos le livre des Proverbes: *Celui qu'aime le Seigneur, il le corrige, et il châtie tout fils qu'il agrée* (Proverbes 3,11-12; Hébreux 12,6). On saisit le rôle pédagogique de la souffrance, comme aussi le rôle particulier de quelqu'un qui est appelé par Dieu à souffrir.

Jésus a vite constaté que la réforme religieuse dont il venait prendre la tête ne pourrait pas s'accomplir sans souffrance. Il a fait face à l'opposition des pharisiens lorsqu'il a tenté d'assainir la Loi. Il a soulevé la haine des prêtres lorsque, dans la purification du temple (Jean 2,13-22), il a essayé de renouveler le culte. Déjà, à la fin de son séjour en Galilée comme héraut de la Parole, il sait que sa voie ne sera pas différente de celle de ses prédécesseurs.

C'est le sens du « il faut » de l'évangile d'aujourd'hui (*Il faut que le Fils de l'homme souffre beaucoup*). Il ne s'agit pas d'une nécessité qui enlève sa liberté à Jésus. Plutôt, Jésus constate que la grande œuvre qu'il vient accomplir n'échappe pas à la loi du passé. Il sait qu'à moins d'une action vigoureuse de sa part, l'alliance de Dieu avec Israël va dépérir. L'hypocrisie des pharisiens et le formalisme des prêtres sont en train de vider l'alliance de toute vie. Seul l'engagement total de Jésus peut renverser les choses.

Jésus suit l'exemple des martyrs d'Israël. Leur mort avait été le moment d'un renouveau dans la foi des croyants. Loin d'être absurde, leur mort avait porté du fruit: elle avait été semence de vie.

Aujourd'hui

Nous ne recherchons pas la souffrance, pas plus que Jésus ne l'a fait. Nous savons cependant qu'elle est au bout de nos engagements profonds. Elle en fait partie. Sachons que cela se situe dans le plan de Dieu sur nous. *Celui qui perdra sa vie pour moi la sauvera.*

« L'homme est un apprenti, la douleur est son maître… Rien ne nous rend si grand qu'une grande douleur. » (Alfred de Musset)

13e dimanche du temps ordinaire

Lorsque Élie, prophète sévère et redouté, appelle Élisée pour être son disciple, c'est tout juste s'il lui laisse le temps d'embrasser ses parents : c'est une leçon de détachement d'après la première lecture. De même, Jésus, dans l'évangile, pour souligner l'importance de la vocation apostolique, se montre très exigeant envers ceux qui souhaitent le suivre.

Mais cette exigence est celle d'un détachement intérieur activé par l'Esprit de Dieu selon l'enseignement de Paul : « Mettez-vous par amour, au service les uns des autres. »

Nous recevons la grâce de Dieu en vain
quand nous la recevons à la porte du cœur,
et non dans le consentement du cœur.

SAINT FRANÇOIS DE SALES

ADIEU AU PASSÉ

1 Rois 19,16b.19-21

Le contexte

La tradition juive a résumé ce que la Bible dit à propos d'Élie, en parlant des quatre clés: la clé de la pluie, la clé de la nourriture, la clé des tombeaux et la clé du sein maternel. Ces quatre clés, Dieu ne les confie à personne, pas même aux anges. Cependant, il lui est arrivé de faire des exceptions, en particulier pour le prophète Élie. À ce dernier, il confia la clé de la pluie et même la clé des tombeaux, puisqu'il ressuscita des morts le fils de la veuve. Dans notre lecture, Élie associe à son pouvoir Élisée en vue de sa succession. Élisée aussi disposera du pouvoir des miracles.

Le message

La vocation de prophète exige le dépouillement.

La vocation d'Élisée se divise en quatre parties:

1. — Il y a l'appel de Dieu. Le Seigneur avait dit au prophète Élie: *Tu consacreras Élisée, fils de Shafate, comme prophète pour te succéder.* L'initiative vient de Dieu qui d'ordinaire s'adresse directement au candidat. Ici, comme dans le cas de Josué, successeur de Moïse, Dieu procède par un intermédiaire (*Prends pour toi, Josué, fils de Noun* [Nombres 27,19]).

2. — La réponse à l'appel. *Alors Élisée quitta ses bœufs, courut derrière Élie.* En jetant vers Élisée son manteau, Élie agit en signe de prise de possession: dès lors Élisée sera son disciple.

3. — La rupture avec le passé. Élisée a cru qu'il pouvait demander la permission d'embrasser son père et sa mère, mais Élie la lui refuse. *Va-t-en, retourne là-bas! je n'ai rien fait.* Élisée comprend que le don de soi doit être total et immédiat.

4. — Un nouveau genre de vie au service de sa mission. Au moment de l'appel, Élisée était à labourer un champ de douze arpents. On saisit

qu'il était un riche propriétaire terrien. On avait appris qu'Élie vivait la pauvreté radicale lorsqu'on a su qu'il ne mangeait que ce que les corbeaux lui apportaient, du pain le matin et de la viande le soir, sa boisson n'étant que de l'eau du torrent (1 Rois 17,6). Élisée, comme un François d'Assise de la Première Alliance, a mis de côté les biens de famille. La fête d'adieu a été d'immoler la paire de bœufs et de les donner à manger aux gens. Même parmi les vocations de prophètes, celle d'Élisée paraît spéciale quant au dépouillement : Isaïe avait femme et enfants (Isaïe 8,3) ; Jérémie avait de l'argent pour acheter un champ (Jérémie 32,8).

Aujourd'hui

Le règne d'Achab à Samarie a été un temps prospère. Les périodes de richesse engendrent la corruption et appellent les gestes spectaculaires de détachement pour des causes élevées. L'admiration que nous éprouvons pour la pauvreté héroïque produira-t-elle chez Dieu une action du même ordre que la vocation d'Élisée ? Veut-il encore secouer notre amour de la richesse ?

« Le détachement ne doit jamais être pratiqué pour lui-même ; je ne me détache que pour m'attacher. Je lâche le mauvais, puis le moins bon pour saisir le meilleur ou le parfait. » (Henri Huvelin)

ADIEU À L'ASSERVISSEMENT

Galates 5,1.13-18

Le contexte

L'épître aux Galates commence par l'apologie de Paul qui établit ses titres à prêcher l'Évangile. Les Galates les mettent en doute puisqu'ils sont sur le point d'adopter les pratiques juives de la Loi. Le salut, pour Paul, est un don gratuit qu'on accueille dans la foi. Il ne se mérite pas. À une économie de salut fondée sur une promesse inconditionnée

(3,15), Dieu n'a pu, sans se contredire, substituer une économie basée sur un contrat bilatéral (3,20), par quoi l'accomplissement de la promesse eût été subordonné à l'observation d'une loi : elle eût cessé d'être une promesse (3,21). Le but du don de la Loi était autre (3,19.24).

Comme Paul compare le chrétien au juif sous le régime de la Loi, il emploie un vocabulaire légal ou juridique. Au lieu de parler de *naître d'eau et d'Esprit*, comme Jean par exemple (3,5), ou encore de *devenir enfants de Dieu* (1,12), comme dans le prologue du même Jean, il préfère parler d'*adoption filiale* (Galates 4,5). Cependant, en définitive, le résultat est le même ; une transformation de l'être par l'Esprit.

Le message

Le chrétien est arraché à l'ancien esclavage par le Christ. Ce qu'étaient les Galates avant d'être baptisés, ce qu'est tout homme sans la grâce du Christ, c'est un esclave. D'un esclavage de lui-même. L'être humain est radicalement égoïste ; cela ne veut pas dire qu'il ne soit pas capable de générosité et de désintéressement. Mais, habituellement, l'homme *obéit aux tendances égoïstes de la chair*, ce qui *l'empêche de faire ce qu'il voudrait*. En nous donnant son esprit de charité, Jésus nous libère de cet esclavage.

Le chrétien est crucifié avec le Christ par sa foi et son baptême. On pense à l'immersion sacramentelle très significative à laquelle Paul fait allusion ailleurs (*Nous avons été ensevelis avec lui par le baptême dans la mort* [Romains 6,4]). Il est mort non seulement à la Loi, tout au plus bonne à le déclarer pécheur, mais il est surtout mort à son moi charnel. Il est mort à ce qui est charnel, à ce qui le ferme sur lui-même et à ses tendances mauvaises.

Paul énonce les vertus que produit l'Esprit : *amour, joie, paix*... Les catalogues de vertus sont fréquents chez lui. Il les a probablement empruntés aux moralistes païens de son temps. Rien ne vieillit plus vite qu'une liste de vertus. Cependant, elles sont populaires sous d'autres noms : *solidarité, engagement, contrôle mental, épanouissement, respect des droits*, etc.

Aujourd'hui

Que les jeunes confirmés prennent conscience qu'ils ont été guidés par l'Esprit qui les a fait naître à la vie divine et qui, depuis, les fait marcher pour devenir adultes dans le Christ.

On plaisante parfois à propos des artistes qui, parvenus au terme de leur carrière, donnent une soirée d'adieu, et finalement les soirées s'ajoutent aux soirées, sans qu'ils se décident à tirer leur révérence. Ne cessons pas de donner des soirées d'adieu qui se passent au fond de notre cœur mais avec l'intention de quitter ce qu'il faut quitter. Préparons le renoncement à nos asservissements.

ADIEU ET POUR DIEU

Luc 9, 51-62

Le contexte

La méthode préférée d'enseignement de Jésus depuis le début a été celle de la parabole et du proverbe. La fonction normale du proverbe est d'aider les gens à comprendre le monde où ils vivent, le sens de l'existence ou encore la cohésion d'éléments disparates. Comme il l'a déjà fait, Jésus se sert de l'hyperbole ou de l'exagération pour projeter ses auditeurs hors des sentiers battus et leur faire voir l'existence d'un nouveau point de vue : celui des disciples en réponse à la venue du Royaume.

Le message

Comme Marc l'avait fait avant lui, Luc raconte la vie de Jésus comme une montée à Jérusalem. Là-bas, Jésus vivra son exode vers Dieu. Il sera « enlevé » vers le ciel. C'est le même mot « enlever » que Luc utilisera pour décrire l'Ascension dans les Actes. Les grandes étapes du voyage de Jésus ne seront pas exemptes de contrariétés et même de franche opposition. Cela vaut pour le disciple dont la vie à la suite du Christ est aussi *la voie* ou *le chemin* (Actes 9,2; 18,26; 24,22). Pour passer au travers, il faut avoir le même esprit déterminé que Jésus. *Il prit avec courage la route de Jérusalem.* D'ordinaire, on choisit plutôt en traduction l'adverbe « résolument ». Mais les deux attitudes s'imposent lorsqu'il s'agit d'un choix qui nous fait aller de nous-mêmes, sans que rien d'extérieur ne nous y oblige, vers de grands périls. En Galilée, à Nazareth, il avait affronté l'hostilité des villageois, ici, en parallèle littéraire, cette fois en Samarie, les habitants d'un village refusent de le recevoir. Autrefois, Élie avait fait descendre le feu du ciel sur une troupe de soldats venus l'arrêter (2 Rois 1,10-12) mais Jésus refuse à Jacques et Jean, les fils du tonnerre (Marc 3,17), de faire de même. Les méthodes ont changé. Jésus refuse toute violence.

Trois paroles retiennent l'attention.

Les renards ont des terriers, les oiseaux du ciel ont des nids; mais le Fils de l'homme n'a pas d'endroit où reposer la tête. La parole amplifie la situation, car Jésus a eu une maison à Capharnaüm (*sa maison* [Marc 2,15]). Cependant, il marche vers Jérusalem où il laissera tout, même sa vie.

Laisse les morts enterrer leurs morts. Toi, va annoncer le règne de Dieu. Une tentative d'adoucir la phrase pour ne pas mettre Jésus en opposition avec un devoir sacré du judaïsme serait erronée. Le but est de secouer, par une phrase-choc de tournure proverbiale. Le règne de Dieu d'abord!

Celui qui met la main à la charrue et regarde en arrière n'est pas fait pour le Royaume de Dieu. Les petites charrues de Palestine qu'on mène d'une seule main exigent attention et concentration. À plus forte raison le Royaume.

Aujourd'hui

Saint Paul dira dans une formule choquante: *Que ceux qui ont une femme soient comme s'ils n'avaient pas de femme, ceux qui pleurent pour un deuil, comme s'ils ne pleuraient pas* (1 Corinthiens 7,29). Il faut situer chaque chose qui survient sur la terre comme inférieure à l'absolu du Royaume.

14e dimanche du temps ordinaire

Même dans les situations les plus bouleversantes, Dieu ne peut manquer à son peuple. C'est le message d'un oracle du livre d'Isaïe. Jérusalem avait connu de gros bouleversements dans une histoire trop mouvementée. Dieu promet des « vacances » : *Je dirigerai vers elle la paix comme un fleuve.* Dieu agira en mère qui console.

Jésus, qui se fait précéder par soixante-douze messagers dans la marche vers Jérusalem, constitue le fleuve de paix. Sa montée vers la Ville sainte ressemble à une conquête pacifique de l'univers distribué à soixante-douze nations.

Paul demeure le grand exemple de tous les missionnaires, lui qui a éprouvé dans sa chair que les fruits de la croix sont *paix et miséricorde dans la création nouvelle.*

Toute peine supportée pour Dieu
est suivie d'apaisement.

ISAAC LE SYRIEN

LA PAIX COMME UN FLEUVE

Isaïe 66,10-14c

Le contexte

La dernière partie du livre d'Isaïe, les ch. 55 à 66, est composite. Chaque chapitre est daté différemment mais, dans l'ensemble, on y voit le dernier produit de cette école isaïenne, qui a prolongé l'action du grand prophète du VIIIe siècle. Le ton du chapitre 66 suppose le retour d'exil accompli. On sait que l'élite du royaume de Juda avait été exilée à Babylone par Nabuchodonosor et qu'avec l'avènement de Cyrus et des Perses, le « reste » des exilés avait pu revenir pour rebâtir les murs de Jérusalem.

Le message

Jérusalem sera une cité de paix.

Les exilés avaient été en butte à toutes les violences possibles. Des ennemis avaient profité de leur faiblesse pour les attaquer ; on en voulait même à leur orthodoxie religieuse, et ils avaient réussi à surmonter toutes les difficultés.

La situation est meilleure maintenant : on peut se permettre de rêver. Le poète peut faire voir la vie en rose pour Jérusalem. Il lui promet la paix, un peu de tranquillité après tant de malheurs et une histoire sans repos.

La paix pour les Hébreux, c'est d'abord la possession de tous ses morceaux, c'est l'intégrité de soi. Si le prophète avait vécu de nos jours, il aurait parlé des vacances puisqu'on profite alors de ce que l'on a acquis.

Jérusalem, son Seigneur en a fait la ville de la paix. On pourrait tout aussi bien dire la ville du repos. Dieu, par la bouche de son prophète, promet un repos à ceux qui travaillent. Les bâtisseurs de la Cité auront des nourritures en abondance. Le Seigneur leur donne l'espérance.

Plusieurs commentatrices sont chagrinées par la métaphore qui assimile la ville rebelle à Dieu à une femme pécheresse. Ici, Jérusalem est plutôt une ville sainte qui abrite les élus. La métaphore de la femme est appliquée à Dieu lui-même, *mère qui console son enfant.*

Aujourd'hui

Tous, chacun pour sa part, font partie du « reste » qui construit le Royaume de Dieu, la Jérusalem de la Nouvelle Alliance. Tous ont reçu un appel à travailler pour la paix même si la foi n'est chez plusieurs qu'une faible lueur.

Tous ont aussi reçu la promesse du repos et de la paix. Peu cependant peuvent se permettre une possession tranquille des biens de Dieu. En prenant des moments de détente dans la paix nous n'oublierons pas les personnes que d'autres êtres humains empêchent de goûter à cette plénitude.

PAIX ET CRÉATION NOUVELLE

Galates 6,14-18

Le contexte

Nous en sommes à la dernière d'une série de six lectures extraites de l'épître aux Galates. Nous savons que la Galatie est un territoire situé dans le centre de l'actuelle Turquie. Paul a probablement prêché lui-même aux Galates. Sa déception est d'autant plus grande : il voit qu'ils sont tentés d'ajouter au salut apporté par la foi en Jésus ce que peut donner l'observance de la loi juive. Il a donc défendu avec l'acharnement et la fougue que l'on connaît sa mission d'apôtre et la liberté que donne la foi en Jésus-Christ !

Paul s'était fait tout à tous dans les communautés de culture grecque. Dans l'évangile, Jésus dit aux envoyés de manger et boire ce qu'on leur servira. C'est peut-être un écho des scrupules que se faisaient certains chrétiens d'origine juive qui hésitaient à manger des mets interdits par la Loi et apprêtés autrement qu'à la manière juive (1 Corinthiens 10,27). Paul avait certainement partagé les repas de cette façon pour se rapprocher des Galates.

Le message

Mon mot de la fin : foi au Crucifié !

Saint Paul ne dit rien de nouveau dans cet épilogue qu'il écrit de sa main alors que ce qui précède était dicté à un secrétaire. Rien de nouveau dans les idées mais une passion dévorante dans le *sprint* final en vue de convaincre.

Les juifs ou les chrétiens judaïsants mettaient leur fierté dans un paquet de traditions qui les identifiaient comme peuple élu. Pourquoi avaient-ils un secret orgueil ? Parce qu'aussi longtemps que la mémoire humaine pouvait remonter, ils pouvaient mettre le nom d'un de leurs pères dont la fidélité aux traditions était connue. Puissance et gloire de l'arbre généalogique ! Comme ils auraient été contents que des païens se placent dans la même tradition en acceptant la circoncision. Sujet de fierté !

Pour saint Paul, pourtant aussi juif qu'eux, fidèle à la Loi s'il en est un, on repart à zéro. Fi des traditions humaines puisque désormais tout est nouveau. Ce qui compte, c'est la création nouvelle ! Si on a lieu d'être fier du passé, c'est seulement de la foi que Dieu a donnée à Abraham. Tout le reste, c'est du périmé et avec le nouvel Adam, on recommence à vivre. Seules valent maintenant les souffrances endurées dans la grâce du Seigneur Jésus.

Qu'est-ce que l'Israël de Dieu à qui Paul souhaite la paix ? Faut-il l'identifier au nouveau peuple de Dieu, l'Église par opposition à l'Israël selon la chair dont il parle ailleurs (1 Corinthiens 10,18) ? Il y a deux objections à cela. D'une part, Paul juxtapose ici, loin de les confondre, l'Israël de Dieu et l'ensemble des croyants. D'autre part, Paul, qui pourtant aime les antithèses, n'oppose nulle part explicitement l'Israël de Dieu à l'Israël selon la chair ; jamais non plus, il n'appelle l'Église du nom de « nouvel Israël »... L'Israël de Dieu est l'ensemble des Israélites qui ont cru au Christ crucifié et qui, en union au Christ crucifié, et en union aux païens convertis, forment le vrai peuple de Dieu (d'après la TOB).

Aujourd'hui

L'idée maîtresse de Paul, c'est que Jésus par la croix est venu rajeunir le monde et même plus, qu'il a opéré une nouvelle création. Désormais, la création n'est plus soumise aux fatigues qui lui viennent du péché puisque la grâce de notre Seigneur Jésus-Christ a transformé toutes choses. La paix est une réalité à venir mais déjà présente.

PAIX À CETTE MAISON !

Luc 10,1-12.17-20

Le contexte

Depuis la fin du chapitre 9 (9,51), nous lisons la montée de Jésus vers Jérusalem. Luc s'écarte du plan de Marc qu'il suivait jusqu'à présent pour intégrer des récits de la vie de Jésus communs avec Matthieu et d'autres sources qui lui sont propres. La mission des soixante-douze disciples est un de ces passages qui lui sont exclusifs et qu'il a traités à sa manière. Les grands thèmes de la prédication de Jésus rapportés par Luc sont enseignés ici d'une manière claire ou voilée.

Le message

Le Règne du salut et de la paix est arrivé pour tous.

Les autres textes nous ont parlé de la nouvelle création, soit figurée dans la restauration de Jérusalem, soit vécue dans la conscience des Galates. Ici, le même thème est repris parce que, selon une simplification ancienne remontant à la Genèse (Genèse 10), les peuples de la terre à la tour de Babel étaient au nombre de soixante-douze ; pour faire des cieux nouveaux et une terre nouvelle, il faut donc que la parole créatrice soit portée par soixante-douze messagers.

Son rejet par les juifs fait partie du plan de Dieu. C'est l'occasion voulue par lui de montrer la surabondance de sa grâce. La mesure du don de Dieu n'est pas celle de la disponibilité des êtres humains. L'action de Dieu éclate, libre, elle crève les vieilles outres où on voulait l'*enfermer*. Ne nous étonnons pas de la consigne donnée par Jésus aux disciples : *sortez sur les places et dites: Même la poussière de votre ville, collée à nos pieds, nous la secouons pour vous la laisser. Pourtant, sachez-le : le Règne de Dieu est tout proche*. Sous-jacente à cela, toute l'expérience des disciples qui, dans toutes les communautés juives où ils vont, essuient de pénibles rebuffades. Les Actes des apôtres en témoignent abondamment.

Les disciples s'en vont un peu comme des nomades, allégés au possible. *N'emportez ni argent, ni sac, ni sandales*. La liberté qu'ils vivent signifie la liberté de Dieu à l'opposé des traditions juives, souvent mesquines envers les étrangers.

Aujourd'hui

Sommes-nous des arrogants qui s'agacent de ce que les autres ne soient pas semblables à nous-mêmes ou bien voyons-nous à l'œuvre, dans la vie des autres, la bonté conquérante de Dieu ? À tous, il donne son salut et il attribue un reflet de sa bonté.

Jésus-Christ montre-moi ton visage dans ceux-là que je vois !

Ne vous attardez pas en salutations sur la route. Il ne s'agit pas d'être impoli ou distant. Cette consigne s'éclaire par ce que disait Élisée à son serviteur : *Si tu rencontres quelqu'un, tu ne le salueras pas ; et si quelqu'un te salue, tu ne lui répondras pas* (2 Rois 4,29). Dans une civilisation où les salutations sont importantes et durent parfois longtemps, cette exhortation met en relief l'urgence de la mission. Rien ne doit détourner un chrétien de sa mission essentielle ; il doit se garder libre de tout ce qui l'en écarterait (9,57).

15e dimanche du temps ordinaire

De la loi de Moïse dans ses commandements essentiels à la loi du Christ, il y a plus de continuité que de rupture : elles sont toutes deux basées sur l'amour de Dieu et l'amour du prochain. Mais alors que les légistes du temps restreignaient la portée de ce commandement de l'amour, Jésus l'étend au maximum, jusqu'à l'amour des ennemis, puisque sa célèbre parabole oppose la charité d'un Samaritain, ennemi traditionnel des juifs, à l'indifférence des prêtres du Temple.

Ce dessein d'amour de Dieu, Paul le montre réalisé par le Christ qui établit la paix universelle par le sang de sa croix.

Si à ma mort, je m'aperçois que Dieu n'existe pas, je serai bien attrapé, mais je ne regretterai pas d'avoir passé ma vie à croire à l'amour.

J.-M. Vianney, curé d'Ars

UN COMMANDEMENT TOUT PROCHE

Deutéronome 30,10-14

Le contexte

Le Deutéronome présente en plus d'un code de lois, des discours que Moïse aurait prononcés avant l'entrée du peuple d'Israël en terre promise. Cela est toutefois, largement, une fiction littéraire. En réalité, beaucoup des discours sont un concentré de l'enseignement des prophètes qui viendront plus tard. Le lecteur moderne pardonne volontiers cette acrobatie historique, car le résultat est merveilleux. Le style d'exhortation est captivant, comme ici dans le cas du ch. 30, une réflexion sur l'avenir spirituel d'Israël qui s'ouvre après l'exil.

Le message

Il faut obéir aux commandements.

L'auteur prend le point de vue de ceux qui sont en exil (*Yahvé les a arrachés de dessus leur sol, avec colère, fureur et grande irritation, et il les a jetés dans un autre pays,* Deutéronome 29,27). Les menaces de Jérémie se sont accomplies (Jérémie 22,26) mais aussi les promesses de bonheur. L'auteur se veut insinuant, chaleureux, enthousiaste, afin de convaincre les esprits et de toucher les cœurs. Il parle comme si l'action de Dieu s'engageant à intervenir à l'*intérieur* de la personne était déjà une réalité. *Écoute la voix du Seigneur ton Dieu, en observant ses commandements. Reviens au Seigneur ton Dieu de tout ton cœur et de toute ton âme.*

Les mots de Moïse sont prononcés comme si déjà la nouvelle alliance était en voie d'accomplissement telle que le disait Jérémie : *Je conclurai une alliance nouvelle. Je mettrai ma loi au-dedans d'eux, et sur leur cœur je l'écrirai* (Jérémie 31,31.33).

L'interpellation se fait pressante et tout à fait réaliste. *Cette loi que je te prescris aujourd'hui n'est pas au-dessus de tes forces ni hors de ton atteinte.* Vaut mieux se concentrer sur l'observation de la loi divine que de spéculer comme en des rêves apocalyptiques sur les plans de Dieu pour le monde. En effet, la Loi ne résulte pas d'une connaissance ésotérique à laquelle donnerait accès un mystérieux intermédiaire à la Énoch. Il n'est pas besoin d'être supra-terrestre pour monter aux cieux la chercher. *Elle n'est pas dans les cieux... Elle n'est pas au-delà des mers.*

Aujourd'hui

L'activité humaine commune à toutes les civilisations, à tous les âges, et à tous les lieux, c'est manger. Les premiers chrétiens à Jérusalem, pour mettre en pratique les commandements de vie fraternelle de Moïse, menaient une existence de plus en plus normale à mesure que la perspective de la fin du monde prochaine s'éloignait. Bâtir et planter, vendre et acheter, marcher et dormir ont pris leur place attendue dans l'horaire des jours. Pour symboliser ou synthétiser toute cette activité habituelle qui se faisait dans la bonne entente, Luc se contente de mentionner les repas. *Jour après jour, d'un seul cœur, ils fréquentaient assidûment le Temple et rompaient le pain dans leurs maisons, prenant leur nourriture avec allégresse et simplicité de cœur* (Actes 2,46).

Comme autrefois la liturgie juive célébrait la fête de la Loi et faisait ainsi connaître de près la loi de Moïse, ainsi les rites de l'Église aussi bien que sa catéchèse nous font connaître les dix commandements. Que nos célébrations nous fassent vibrer pour cette sagesse, car *elle est tout près de toi, cette Parole.*

LE SEIGNEUR PROCHE DES SIENS

Colossiens 1,15-20

Le contexte

La lettre aux Colossiens s'adresse aux chrétiens de Colosses, « une ville que Paul n'avait jamais visitée, bâtie à quelque cent cinquante kilomètres à l'est d'Éphèse, au voisinage de Laodicée et de Hiérapolis. L'Église à laquelle il écrit, fondée par Épaphras, un natif de Colosses, était en majorité composée d'adhérents d'origine païenne, mêlés à des Hébreux conquis à la foi nouvelle. L'authenticité de cette lettre fut mise en question par la critique du XIXe siècle pour les mêmes raisons qui firent douter de l'origine paulinienne de la lettre aux Éphésiens : langue, style, choix des mots, caractère de la christologie. Les exégètes tendent à expliquer ces faits par l'intervention de Paul qui dut user d'une certaine liberté dans la rédaction de ce texte. D'autre part, ce document aurait été rédigé vers 63, cinq ou six ans après ses grandes épîtres aux Galates, aux Corinthiens et aux Romains, d'où une évolution sensible de sa pensée et de son style. Paul s'élève contre les enseignements hérétiques en leur opposant ses propres doctrines inspirées par le maître qu'il sert, Iéshoua, bèn Elohîm, messie d'Israël, source d'amour et d'harmonie. » (André Chouraqui)

Le message

La lettre aux Colossiens comporte une pensée très riche sur Jésus que l'on peut résumer autour de certains titres qui lui sont attribués.

Jésus est appelé *Christ* : voilà le titre classique du messianisme davidique. Jésus a été oint comme David et manifesté comme le bien-aimé de Dieu. Dieu ne l'a pas laissé écraser par les forces adverses mais lui a, au contraire, donné la victoire sur ses ennemis. La pensée contemporaine voyait dans le psaume 110 la meilleure expression de ce partage du pouvoir divin : *assis à la droite de Dieu* (v. 1).

Jésus est appelé *le premier-né* par rapport à toute créature... les puissances invisibles : les anges sont ces puissances invisibles créées par et pour le Christ. Le nouveau catéchisme dit : « Les anges sont des créatures spirituelles qui glorifient Dieu sans cesse et qui servent ses desseins salvifiques envers les autres créatures. “Les anges concourent à tout ce qui est bon pour nous.” (S. Thomas d'Aquin) Les anges entourent le Christ, leur Seigneur. Ils le servent particulièrement dans l'accomplissement de sa mission salvifique envers les hommes. »

Jésus est appelé le premier-né d'entre les morts : la résurrection des morts que les pharisiens enseignaient à partir de certains textes de l'Écriture a été anticipée et garantie dans la personne de Jésus. Paul, lui-même pharisien, était déjà sensibilisé à cette espérance.

Aujourd'hui

La résurrection de Jésus est le gage de la résurrection de tous les hommes. Elle est une anticipation de la gloire que doivent avoir en partage les justes. Proclamer la résurrection est donc une exhortation à vivre dès ici-bas dans la condition des amis de Dieu qui communieront à sa vie en plénitude dans le ciel. Il ne faut rien faire pour entraver l'élan vital qui nous unit déjà à Dieu dans la foi en Jésus.

DEVENIR PROCHE

Luc 10,25-37

Le contexte

Les rabbins du temps de Jésus aimaient les discussions. La question de l'importance des commandements était un thème d'échanges et la supériorité des grands esprits pouvait se manifester dans le débat sur l'ordre de priorité des commandements. Pas surprenant qu'un légiste pose la question : « Maître, que dois-je faire pour avoir part à la vie éternelle ? » C'était une façon de demander à Jésus de trancher dans la discussion sur ce qui menait à Dieu avec sûreté. Luc montre une hiérarchie : maître en théologie, Jésus conduit le légiste, son élève, dans un raisonnement pratique grâce à la parabole du bon Samaritain. Au titre de « maître », répondent les questions didactiques (*Dans la Loi, que lis-tu ?* [v. 25] *Lequel des trois a été le prochain ?* [v. 36]), les félicitations (*Tu as bien répondu* [v. 28]) et les encouragements du professeur (*Fais ainsi et tu auras la vie* [v. 28] ... *Va, et toi aussi, fais de même* [v. 37]).

Le message

L'histoire du blessé qui gît sur la route de Jéricho et dont seul un Samaritain prend soin reçoit aujourd'hui de nouveau chez les modernes une interprétation symbolique. « L'homme qui descendait représente Adam, Jérusalem le paradis, Jéricho le monde, les brigands les puissances ennemies, le prêtre la Loi, le lévite les prophètes, et le Samaritain le Christ. Les blessures sont la désobéissance, la monture le corps du Seigneur, le *pandochium*, c'est-à-dire l'auberge ouverte à tous ceux qui veulent y entrer, symbolise l'Église. De plus, les deux deniers représentent le Père et le Fils ; l'hôtelier, le chef de l'Église chargé de l'administrer ; quant à la promesse faite par le Samaritain de revenir, elle figurait le second avènement du Sauveur. »

Cette vision de la parabole met le Christ au centre de notre lecture mais elle pourrait démobiliser le lecteur qui dirait : « L'amour de l'autre, c'est l'affaire du Christ, pas la mienne ! » Au contraire, il faut comprendre cette façon de lire la parabole comme enracinant l'amour en Dieu. Il est compatissant et actif. L'amour se déploie dans l'Église, dont les membres, par leur foi et leur pratique, poursuivent les gestes de charité de leur Seigneur.

Jésus était parfois traité de Samaritain (Jean 8,48) parce qu'il était trop proche des pécheurs, très souvent des grands blessés de la vie. Il était tout différent de ce prêtre de la parabole qui a sans doute achevé son service et qui rentre chez lui. Au lieu de conjuguer l'amour du prochain au service de Dieu, il néglige la miséricorde, ce complément obligé de la piété. De même, le lévite.

La parabole choisit, comme figure positive, un marginal et un méprisé, silhouette négative de la société juive. Ainsi le choix d'un Samaritain surprend-il les lecteurs bien-pensants qui n'attendaient pas une telle réaction d'un pareil personnage. Ils sont ainsi amenés à réfléchir ; ils se découvrent moins impeccables qu'ils ne croyaient, plus fragiles ; ils se demandent s'ils n'ont pas besoin d'aide, s'ils n'ont pas le devoir de changer d'attitude ; ils comptent tout à coup sur l'encouragement de Jésus, Samaritain attentionné.

Aujourd'hui

Jésus a fait approfondir le commandement de l'amour du prochain de l'Ancien Testament. Il nous engage non à avoir des « prochains », mais à nous rendre proches des autres, des malheureux en particulier. En devenant le prochain d'autrui, nous accomplissons ainsi la Loi, donc la volonté de Dieu, et reprenons à notre compte l'intention et l'attitude du Christ.

Le légiste avait abordé Jésus en polémiste tendu prêt à ferrailler avec lui. Avec la parabole, Jésus a ouvert un dialogue avec lui. Par son affection et sa discrétion, Jésus a su devenir le prochain du légiste. Ils se quittent en bons termes.

16ᵉ dimanche du temps ordinaire

L'épisode de la rencontre d'Abraham et des trois mystérieux visiteurs au chêne de Mambré est justement resté célèbre comme type de l'hospitalité. Ce récit contient l'annonce de la naissance inespérée d'Isaac.

Jésus lui aussi a reçu l'hospitalité de ses amis. Son séjour chez les deux sœurs Marthe et Marie a été l'occasion de l'entendre prononcer une parole bien connue, mais pas toujours bien comprise : « Une seule chose est nécessaire. » C'est vrai que la cause de Dieu détient la supériorité sur toute autre.

Paul, exemple vivant d'une vie donnée à Dieu en priorité, livre le message de l'Église, présence du Christ dans le monde.

C'est vrai, Dieu meurt de froid.
Il frappe à toutes les portes, mais
qui ouvre jamais ? La place est prise.
Par qui ? Par nous-mêmes.

JULIEN GREEN

DIEU BIEN SERVI

Genèse 18,1-10a

Le contexte

L'histoire d'Abraham occupe une place importante dans la Genèse (ch. 12 à 25). Elle commence par la promesse qu'Abraham et Sara auront un fils. La réalisation tarde et un rebondissement de l'action se produit. Les ch. 18-19 où se déroulent ces péripéties constituent un ensemble remarquable aussi bien par la vivacité et le pittoresque de la narration que par la grâce du style. L'apparition des trois anges à Mambré (18,1-15) se relie par l'intercession d'Abraham (18,16-33) à la destruction de Sodome (19,1-29), à propos de laquelle on s'intéresse au sort de Lot et à ses descendants moabites et ammonites (19,30-38). L'auteur, le Yahviste, déploie ici un art consommé de la narration.

Le message

L'hospitalité est bien récompensée.

Tout au long de l'histoire un certain mystère enveloppe les visiteurs que reçoit Abraham. On ne sait jamais trop si Dieu, ce sont les trois visiteurs ou bien un seul d'entre eux. Par exemple, *le Seigneur apparut à Abraham* (singulier). *Abraham leva les yeux, et il vit trois hommes* (pluriel) *qui se tenaient près de lui. Aussitôt, il courut à leur rencontre* (pluriel), *se prosterna jusqu'à terre et dit: Seigneur* (singulier). Plus loin, le dialogue passe du pluriel: *Ils lui demandèrent: Où est Sara, ta femme...* au singulier: *Le voyageur reprit: Je reviendrai chez toi dans un an.*

La même ambiguïté se continue, certainement intentionnelle, de la part du narrateur pour éviter qu'on ne puisse plus dire: *Dieu, personne ne l'a jamais vu* (Jean 1,18), un principe constant de toute la Bible qui recouvre d'un voile toute manifestation de Dieu. De plus, on note la majesté tranquille des trois visiteurs qui parlent peu, alors qu'Abraham s'agite avec beaucoup de mots. Sans vouloir pour cela humilier Abraham, il ne peut en être autrement pour décrire un Dieu transcendant. L'empressement du patriarche est émouvant. Lui qui dispose de 318 serviteurs fait lui-même les honneurs à qui est arrivé à midi, l'heure la plus chaude du jour. *On va vous apporter un peu d'eau... Je vais chercher du pain...* (À Sara) *Fais des galettes... Il prit un veau gras et tendre. Il prit du fromage blanc, du lait, le veau qu'on avait apprêté.* Enfin, au cas où il manquerait quelque chose : *il se tenait debout près d'eux, sous l'arbre pendant qu'ils mangeaient.*

La récompense : une confirmation de la promesse. *Sara, ta femme, aura un fils.*

Aujourd'hui

L'hospitalité demeure une vertu chrétienne de première grandeur. *J'ai eu faim et vous m'avez donné à manger. Pour autant que vous l'avez fait à l'un de mes moindres frères que voilà, c'est à moi que vous l'avez fait* (Matthieu 25,35.40).

Dans la troisième lettre de Jean, l'auteur écrit à son ami Gaïus au sujet des missionnaires itinérants : *C'est pour le Nom qu'ils se sont mis en route, sans rien recevoir des païens. Nous devons accueillir de telles personnes, afin de collaborer à leurs travaux pour la Vérité* (3 Jean 7-8).

SERVIR LE MYSTÈRE

Colossiens 1,24-28

Le contexte

À Colosses, une ville située dans ce que nous appelons aujourd'hui la Turquie, la petite communauté chrétienne est tout imbue de la culture hellénistique qui l'entoure. À cause de cela, elle a tendance à accorder une importance excessive aux « forces célestes » qui, selon les astrologues du temps, devaient régir la marche du monde. Le Christ lui-même, pour ces nouveaux chrétiens, était sur le point de devenir un simple serviteur des étoiles, plus remarquable mais non moins soumis que les autres. Paul a réagi en disant fermement que le Christ est Seigneur et qu'il agit encore dans le monde par l'intermédiaire de ses apôtres.

Le message

Paul parle de ses souffrances au service de l'Évangile. Il lui est arrivé souvent de le faire, mais ici c'est différent. Il se sent tellement uni à la personne du Christ qu'il regarde ces souffrances personnelles comme celles du Christ lui-même. Il se voit comme le Christ continué. Avec audace il dit: *Je trouve la joie dans les souffrances que je supporte pour vous, car ce qu'il reste à souffrir des épreuves du Christ, je l'accomplis dans ma propre chair, pour son corps qui est l'Église.*

Dans les lettres précédentes, quand il parlait de l'Église, c'était de l'Église locale qu'il s'agissait: celle de Corinthe, celle de Philippes, etc. Quand il s'adresse aux Colossiens, c'est de l'Église universelle qu'il s'agit. Il y a une unité profonde entre toutes les communautés dans un mystère qui englobe le monde. La vision de l'Église est une vision cosmique qui embrasse l'univers et qui concerne les êtres humains de partout et de tous les temps.

Paul n'a pas une conception frileuse ou timide de lui-même et de sa mission car l'orientation qu'il a donnée à l'Église a été décisive. L'extension de l'Évangile en dehors du peuple juif qui a dépendu beaucoup de lui sous l'inspiration de Dieu constitue une plénitude. Il en est fier. C'est la réalisation d'un vaste plan divin. *C'est le mystère qui était caché depuis toujours à toutes les générations, mais qui maintenant a été manifesté aux membres de son peuple saint.*

L'incarnation du Christ a marqué la présence de Dieu au monde. *Le Christ est au milieu de vous, lui, l'espérance de la gloire!* Cette présence est la garantie d'une transformation magnifique du monde au bénéfice de la race humaine. *Ce Christ, nous l'annonçons: nous avertissons tout homme, nous instruisons tout homme avec sagesse afin d'amener tout homme à sa perfection dans le Christ.*

Aujourd'hui

Chaque communauté ecclésiale est invitée à faire l'expérience de l'unité de ses membres dans la multiplicité des cultures qui constitue un enrichissement. Cependant, cette unité qui est essentielle à la vie de l'Église ne peut se réaliser que dans l'union avec le Christ par les sacrements. L'eucharistie est un mystère par le secret de la présence réelle mais aussi par ses effets prodigieux dans la création d'unité.

SE FAIRE SERVIR LA PAROLE

Luc 10,38-42

Le contexte

L'évangéliste Luc présente les deux sœurs Marthe et Marie dans une œuvre qui parle fréquemment des femmes. Souvenons-nous de celles du début de l'évangile: Marie, mère de Jésus, Élisabeth, mère de Jean, Anne, la prophétesse. Cela sans compter Marie de Magdala et ses compagnes, avec la veuve de Naïn, puis la pécheresse au vase rempli de parfum. Les deux sœurs, Marthe et Marie, sont connues aussi par le quatrième évangile avec leur frère Lazare. Elles contribuent à faire connaître Jésus, comme auteur de miracles, surtout la résurrection de leur frère Lazare. Luc ignore totalement la personne de Lazare aussi bien que leur village de Béthanie. S'il met en scène Marthe et Marie durant une pause sur le chemin de Jérusalem, c'est avec une autre intention.

Le message

L'histoire de Marthe et Marie qui accueillent Jésus enseigne un ordre de valeurs dans les attitudes humaines.

Marthe, lorsqu'elle a reçu Jésus dans sa maison, s'est beaucoup affairée. Elle a reproché à Marie sa sœur, qui se tenait aux pieds de Jésus, d'écouter sa parole sans l'aider. Jésus a répondu: *Marthe, Marthe, tu t'inquiètes et tu t'agites pour bien des choses. Une seule est nécessaire, Marie a choisi la meilleure part: elle ne lui sera pas enlevée.*

Jésus ne fait pas de réprimande à Marthe. Ce qu'il lui dit correspond certes à son diagnostic à lui, mais aussi à la réalité des faits et gestes de la maîtresse de maison. Derrière l'agitation compréhensible, il détecte une préoccupation légitime mais anxieuse. L'inquiétude de Marthe tient à l'isolement dans lequel elle s'est mise: elle se sent abandonnée par sa sœur et mal comprise de Jésus. Ce dernier ne doute pas un instant de son désir de servir, ni de la nécessité des tâches domestiques. Il lui propose simplement une hiérarchie doctrinale des valeurs et des gestes. La priorité revient à l'écoute de la parole de Dieu, à la halte, au geste de s'asseoir; elle consiste à ne pas vouloir précéder le Seigneur, à accepter d'être servie avant de servir. Tel est l'unique nécessaire, qui répond au besoin de chacune et de chacun, telle est la bonne part, qui correspond au désir de tous. Marie, la silencieuse, l'immobile Marie, incarne et symbolise cette attention et cette foi prioritaire.

Aujourd'hui

Le bref récit de la visite de Jésus chez Marthe et Marie vient faire pendant à l'épisode du bon Samaritain et l'équilibrer. Il y a deux commandements qui résument la Loi et les Prophètes: c'est le premier qui a trait à l'amour de Dieu. Jésus n'entend pas mépriser ou sous-estimer les devoirs de l'hospitalité, mais établir que la supériorité revient à l'écoute de la Parole de Dieu.

Lorsqu'il a parlé de la valeur du célibat et de la virginité, saint Paul a donné ses vues sur les soucis qui « partagent » l'être humain et l'enlèvent d'auprès de Dieu (1 Corinthiens 7,32-35).

Nous vivons dans une époque où l'affirmation de soi passe par le déploiement de beaucoup d'activités. Il est opportun de réfléchir davantage à l'attention pour Dieu. L'écoute de la parole du Christ requiert la contemplation qui refait nos forces. « Le poète rentre en lui-même pour créer. Le contemplatif rentre en Dieu pour être créé. » (Thomas Merton)

17e dimanche du temps ordinaire

La prière d'Abraham demandant que Sodome soit épargnée témoigne de ce que la Bible enseigne sur Dieu. Sa puissance est faite de justice. Il n'agit pas selon des caprices.

Le Notre Père va plus loin en proposant de s'adresser à Dieu comme à un Père. L'orant ne s'appuie pas seulement sur le sens de la justice de Dieu, il exprime la confiance de ceux qui se savent fils et filles de Dieu.

Paul, tout imprégné du souvenir de la passion du Christ, y trouve de nouvelles raisons de faire crédit à Dieu : *Vous avez cru en la force de Dieu qui a ressuscité le Christ.*

Je n'ai peint l'homme et Dieu
que parce qu'il était au-dessus
de mes forces de peindre le mal et Dieu.

MICHEL-ANGE

MARCHANDER AVEC DIEU !

Genèse 18,20-32

Le contexte

Avec le saut de huit versets, la lecture continue celle de dimanche dernier. Dieu dans sa toute-puissance a une simplicité déconcertante. On le voit — seule fois dans toute la Bible — manger un repas ordinaire dont le lecteur connaît le menu plantureux. Bel anthropomorphisme ! La scène se déroule et se poursuit jusqu'au lendemain de grand matin, jour de la destruction de Sodome. Avec Dieu qui se rend si familier, est-ce possible de prier intensément pour obtenir justice ? Le dialogue entre Abraham et Dieu conduit à le penser.

Le message

La prière à Yahvé s'adresse à un Dieu juste et non capricieux.

La scène commence alors qu'Abraham est en présence des trois visiteurs au chêne de Mambré. *Le Seigneur dit : Comme elle est grande, la clameur qui monte de Sodome et de Gomorrhe !* Cette clameur, c'est le cri qui provient des victimes du péché. Selon Ézéchiel, le péché de Sodome est *orgueil, bonne chère et insouciant repos* alors que le pauvre et l'indigent sont abandonnés (Ézéchiel 16,49-51) ; mais le contexte de la Genèse indique que c'est plutôt la tentative de viol homosexuel et le refus d'hospitalité. Les deux hommes parmi les trois visiteurs (ils sont appelés parfois des anges) en feront l'expérience.

Abraham a l'intuition que le Seigneur a décidé la destruction des villes pécheresses. Il tente d'obtenir de Dieu un report de cette décision ou même une annulation parce qu'en même temps Dieu ferait périr des justes qui vivent à Sodome. Les justes qui ont une bonne conduite mériteraient la miséricorde. *Peut-être y a-t-il cinquante justes dans la ville*, dit Abraham. Malgré le plaidoyer très long d'Abraham qui passe à quarante-cinq, quarante, trente, vingt, dix, rien n'amène le Seigneur, qui connaît le fond des cœurs, à dire s'il y a un tel nombre de justes.

En somme, il y aurait trop peu de personnes honnêtes à Sodome pour obtenir que la ville soit épargnée.

L'intercession d'Abraham met en relief que l'action de Dieu dans le gouvernement du monde ne saurait être arbitraire et qu'elle doit se dérouler suivant les normes d'une justice parfaite. La prière pathétique d'Abraham est fondée sur la confiance en la justice et en la miséricorde divines.

Un problème qui a toujours tourmenté les anciens c'est le mystère de la rétribution et du châtiment. C'est trop simple de dire : Dieu récompense sur la terre ceux qui font le bien et il punit dès ici-bas ceux qui font le mal. Ce qui vient troubler cette vérité trop simple, c'est le sens de la solidarité si profondément enraciné dans la mentalité de l'époque. Est-ce que la solidarité peut jouer en faveur des pécheurs quand un ou des justes leur méritent le pardon ? Abraham, solidaire de Sodome, prépare le terrain pour la révélation d'Isaïe : *Par ses souffrances mon Serviteur justifiera des multitudes en s'accablant lui-même de leurs fautes* (Isaïe 53,11).

Aujourd'hui

Le livre de la Genèse, en recourant parfois aux mythes, enseigne des vérités profondes sur Dieu. Au sujet de sa justice, c'est le début d'une révélation stupéfiante qui est déjà en préparation : la miséricorde d'amour de Dieu envers le monde à cause de la sainteté de Jésus, son Fils.

UNE DETTE À MARCHANDER

Colossiens 2, 12-14

Le contexte

Paul prêche en martelant la même idée : le salut en Jésus-Christ. En bon pédagogue qu'il est, il présente toujours cependant une facette nouvelle du mystère, pour mieux l'approfondir. Jésus a ouvert avec son Père un dialogue d'intercession pour délivrer les hommes du péché. Mais qu'est-ce que le péché ? *Un vieillissement*: la terre et l'humanité pourtant sorties des mains du Créateur l'ont oublié. Elles ont oublié la vérité. Le vieil homme a besoin d'un renouvellement et Jésus est venu opérer une création nouvelle. *Un esclavage*: comme le propriétaire sur son esclave, Satan a acquis des droits sur l'être humain qui s'est livré à lui. Jésus est venu accomplir le rachat. *Un asservissement*: les puissances du ciel et surtout la mort exercent sur l'être humain une domination étouffante. Jésus est venu établir son règne de liberté. *Une source de division*: les humains se haïssent entre eux, leurs traditions religieuses ne font que les éloigner de plus en plus les uns des autres. Jésus a fait le rassemblement de tous et la réconciliation de tous les êtres.

Le message

Le baptême a racheté notre dette.

À l'égard de la loi juive, l'être humain est un condamné. Il a fait le mal qu'elle proscrit, il n'a pas fait le bien qu'elle demande. L'être humain est un débiteur et son péché n'est pas seulement un vieillissement, un esclavage, un asservissement, une source de division, il est aussi une dette selon la Loi. Dans la Bible, beaucoup de fautes contre le prochain supposaient une compensation financière pour un tort causé à l'autre: Exode 21,19.30.32.34.35 et 22,2.3. De là vient l'usage d'appeler dette le péché qui en est en fait la cause, ainsi que d'appeler l'un pour l'autre. Jésus est venu remettre à l'humanité sa dette en associant les croyants à la croix et à la résurrection par le baptême.

On se rappelle que dans une des deux versions du Notre Père le péché est appelé « dette ». C'est le Notre Père d'après saint Matthieu: *Pardonne-nous nos dettes comme nous pardonnons aussi à ceux qui nous ont offensés* (Matthieu 6,12). La rançon est un autre terme qui a l'idée de dette comme sous-jacente à l'expression de la faute à racheter. Jésus a dit: *Le Fils de l'Homme n'est pas venu pour être servi mais pour donner sa vie en rançon pour la multitude* (Marc 10,45). Il n'est jamais agréable d'avoir des dettes car on se sent un peu dépossédé de soi-même, aliéné, un autre ayant des droits sur soi; dans les sociétés anciennes il existait même le droit à un travail d'esclave en faveur de son débiteur.

Aujourd'hui

Le Père n'a eu que de l'amour envers le Fils chargé de nos dettes, celui qui a pris en partage les maux de la condition humaine. Soyons attentifs à voir que la prière, dialogue avec Dieu en union avec le Ressuscité, nous apporte le pardon, la liberté, la réconciliation et le rajeunissement de nos énergies les meilleures.

LA CONFIANCE APRÈS LE MARCHANDAGE

Luc 11,1-13

Le contexte

Les évangiles rapportent de nombreux enseignements de Jésus sur la prière. Dans le sermon sur la montagne selon saint Matthieu, une version du Notre Père est présentée. L'évangéliste a adapté les mots de Jésus à la liturgie des chrétiens de son temps et Luc a fait de même au chapitre 11 de son évangile. Dans sa pédagogie de la prière, l'Église a retenu surtout la version de Matthieu avec une adaptation qui tente d'être aussi fidèle que possible à l'enseignement de Jésus. La version de Luc a « Père » au lieu de *Notre Père*. Elle ignore la troisième demande de Matthieu sur la volonté. La demande de pardon commence de la même façon, mais Luc parle de *péchés*, là où Matthieu mentionne les *dettes*. La supplication relative à la tentation est brève chez Luc. Il ignore « mais délivre-nous du mal ».

Le message

Les mots que rapporte Luc vont à l'essentiel. Chacun vaut son pesant d'or.

Père : Jésus a refusé les longues titulatures. Selon son option, Dieu chérit non seulement l'ensemble du peuple, mais chacun de ses membres, homme ou femme. Cette affection personnalisée est typique de l'enseignement du Christ. Saint Paul a rappelé le beau mot araméen *Abba* (Père) en Romains 8,15 et Galates 4,6.

Que ton nom soit sanctifié: le nom de Dieu, c'est la réalité même de Dieu, surtout dans sa communication avec l'extérieur. Notre requête, c'est que cette manifestation soit enfin reconnue. Un jour, elle le sera parfaitement mais déjà, par la prière, elle est anticipée. La prière montre du respect pour la divinité de Dieu face aux outrages de l'idolâtrie.

Que ton règne vienne: nous demandons que dès à présent la vie courante, banale ou douloureuse, soit placée sous le pouvoir de ce Roi paternel. Ce qui compte, c'est la réalisation du dessein de Dieu en faveur des pauvres et des opprimés.

Donne-nous le pain dont nous avons besoin pour chaque jour: c'est l'esprit des Proverbes. L'abondance conduirait en effet le croyant à abandonner Dieu et la disette l'inciterait au vol (Proverbes 30,9).

Pardonne-nous nos péchés, car nous-mêmes nous pardonnons à tous ceux qui ont des torts envers nous: le présent (« nous pardonnons ») est vague: il dit à la fois que nous le faisons en récitant le Notre Père (langage performatif) et que nous le ferons à la prochaine occasion (pardonnant d'autant plus volontiers que nous sommes pardonnés). L'ordre de la liturgie en calque l'ordonnance: Pardonne-nous, comme nous allons le faire entre nous, par le baiser de paix.

Et ne nous soumets pas à la tentation: le doute, l'usure, la convoitise de l'argent, des biens ou des plaisirs de ce monde talonnent le disciple. Nous tester, ce n'est du reste pas un mal, au contraire. C'est une manière de nous aguerrir. Cependant, puisse le Père nous épargner l'épreuve excessive.

La parabole de l'ami importun qui demande trois pains concerne Dieu: comme le personnage central de la parabole, Dieu « donne », malgré les réserves qu'il peut avoir.

Aujourd'hui

Il faut enrichir notre discours sur Dieu en nous rendant compte qu'en échappant à des impératifs historiques et culturels qui ont structuré la tradition biblique, nous pouvons l'appeler Père et Mère. La manière globale, holistique, qu'a la femme de saisir le monde et d'aimer son vis-à-vis, sa façon intellectuelle et affective d'approcher le réel, son attention simultanée au détail et à la structure d'ensemble se trouvent bel et bien en Dieu.

18e dimanche du temps ordinaire

Devant l'attachement aux biens de ce monde, l'Ecclésiaste Qohélet est totalement désabusé, sans espérance ni devant la vie ni devant la mort. Jésus, lui, veut que ses disciples soient riches en vue de Dieu et cela est infiniment plus positif, même si cette richesse en vue de Dieu entraîne paradoxalement, au moins chez les saints, l'amour de la pauvreté. Quant à saint Paul, c'est le Seigneur du ciel qui attire toute son attention. La soumission à sa parole entraîne des relations nouvelles entre les personnes faites de fraternité.

Pas besoin de « réussir » pour être grand.

CHARLES PÉGUY

VANITÉ DES VANITÉS

Ecclésiaste 1,2 ; 2,21-23

Le contexte

L'Ecclésiaste, ou Qôhélèt selon la simple transcription du mot hébreu, se donne pour le fils de David, roi à Jérusalem (1,1). Mais cette innocente fiction ne trompait personne en Israël, où il était de tradition d'attribuer les écrits des sages au roi sage par excellence, Salomon. En réalité, Qôhélèt est un moraliste, un « sage » qui a enseigné et formé des disciples, auxquels il a confié le résultat de ses recherches. Certains caractères de son œuvre invitent à situer l'activité de l'Ecclésiaste vers les premières années du IIIe siècle av. J.-C. Le nom Qôhélèt vient d'un mot qui signifie « rassembler » ou « réunir » ; le mot a une forme féminine, même s'il est hautement invraisemblable que l'auteur ait été une femme. L'auteur *a réuni* des élèves pour l'écouter ou encore il *a réuni* des dictons de sagesse en un tout. Il appartient aux sages de la Bible, même si son enseignement diffère du livre de Job ou de celui des Proverbes.

Le message

L'existence de l'être humain sur la terre n'est pas un absolu.

L'usage que l'Ecclésiaste fait du mot « vanité » exige une précision. En français moderne, la vanité est une forme superficielle d'orgueil concernant souvent la compétence de quelqu'un ou encore la beauté physique. L'Ecclésiaste vise une réalité plus profonde et plus radicale. On n'exagère pas en disant que la pensée fondamentale de Qôhélèt se résume dans la pensée qui a traversé les siècles : *Vanité des vanités, tout est vanité !*

Le mot hébreu *hèbel* (31 fois), que toutes les traductions rendent ici par « vanité », signifie « souffle », et se dit de tout ce qui est léger, inconsistant, fugace, vide, de tout ce qui manque de fermeté, de solidité, de vérité (au sens biblique de ce terme). Mais ce sens fondamental revêt, suivant le contexte, des acceptions diverses : déception, sottise, déraison, injustice, etc., que le lecteur attentif doit s'efforcer de découvrir.

Ici, le lectionnaire, par son découpage, le retient à propos d'une personne à succès. *Un homme s'est donné de la peine. Il a réussi. Et voilà qu'il doit laisser son bien à quelqu'un qui ne s'est donné aucune peine. Cela aussi est vanité, c'est un scandale.* On n'a qu'à penser au cas de grandes entreprises familiales où l'on avait le génie des affaires à la première génération. Les parents devenus riches par leur propre industrie ne pouvaient prévoir que ceux de l'autre génération seraient moins travaillants et dissiperaient l'argent de la famille. Quelle déception !

L'expression *sous le soleil* revient vingt-six fois, comme un hommage rendu à l'auteur de tant de bienfaits, et en même temps par contraste, une évocation mélancolique des jours de ténèbres qui seront nombreux.

Aujourd'hui

Le pessimisme de l'Ecclésiaste rejoint celui de notre littérature contemporaine. Cependant, la misère de grand seigneur dépossédé, selon le mot de Pascal, se situe dans un contexte de foi. Jamais Qôhélèt ne s'en prend à Dieu pour exiger une explication de la souffrance. Il demeure dans la soumission : *Crains Dieu et observe ses commandements ; c'est là le tout de l'homme.*

VANITÉ ET VRAIES VALEURS

Colossiens 3,1-5.9-11

Le contexte

La lecture est tirée de cette partie de l'épître aux Colossiens que plusieurs éditions de la Bible titrent « parénèse », c'est-à-dire exhortation morale. Pour bien en comprendre la portée, il faut lier ces conseils aux autres parties de la lettre. La Parole de Dieu, la Sagesse, est venue en personne, c'est Jésus. On l'appelle *premier-né de toute créature* pour évoquer sa ressemblance avec la Sagesse au livre des Proverbes (8,22). Jésus dépasse tous les êtres intermédiaires imaginés par les Colossiens entre Dieu et les êtres humains : il est Christ et Seigneur. Jusqu'au moment de le rejoindre dans la gloire, les chrétiens de Colosses mettront en pratique le conseil : *Songez aux choses d'en haut, non à celles de la terre* (3,2). Maintenant, la vie nouvelle est faite de vertus en exercice, et par-dessus tout de la charité.

Le message

Les théories en cours en Asie mineure, là où se trouve Colosses, mettaient sous le boisseau la croix de Jésus au profit de la connaissance des Anges ou Esprits de l'atmosphère. Paul proteste énergiquement. Seule compte la victoire de Jésus ressuscité. Il est vraiment l'image du Dieu invisible. Dans la Genèse, on lit : *Dieu créa l'homme à son image, à l'image de Dieu il le créa* (Genèse 1,27). Jésus n'est pas créé : *Il est avant toute chose* (Colossiens 1,17), mais Paul l'appelle le nouvel Adam. Dans le baptême, l'être humain meurt à lui-même et au péché pour devenir un avec le Christ. L'homme nouveau que Paul invite à revêtir, il est déjà au ciel, assis à la droite de Dieu. Selon la légende juive, le corps d'Adam avait été fait d'argile prise dans tous les coins du monde. La nature humaine se trouve tout entière en lui. Dans le nouvel Adam, de même, l'humanité nouvelle est unifiée : *il n'y a plus de Grec et de Juif.*

L'exhortation à l'obéissance comporte une évolution par rapport aux premières épîtres de Paul. Il écrivait : *Celui qui était esclave lors de son appel est un affranchi du Seigneur* (1 Corinthiens 7,22). Telle qu'énoncée, cette affirmation pouvait être interprétée dans le sens de l'anarchie sociale. Où sont les maîtres humains que l'on doit respecter ? Dans la lettre aux Colossiens, l'affirmation : *Il n'y a pas d'esclave* est maintenant nuancée par l'exhortation : *Esclaves, obéissez en tout à vos maîtres d'ici-bas* (3,22). C'est comme si Paul (ou celui qui écrit en son nom) avait peur qu'on interprète l'égalité provenant du baptême comme un accès à l'affranchissement de l'esclavage.

La structure autoritaire est mieux établie, avec plus de netteté. En ce qui concerne l'esclavage, l'appel pressant à obéir devait servir à appuyer la renaissance de l'esclavage au XVIe siècle en en durcissant les termes, puisque désormais la condition d'esclave se doublait dans les faits de l'appartenance à la race noire africaine. L'Antiquité, au moins, n'avait pas de race… L'esclave lisait dans la Bible: *Esclaves, obéissez…* Il paraissait devoir se résigner à sa condition.

Aujourd'hui

Il faut lire les codes moraux des épîtres de Pierre et de Paul avec beaucoup de précautions herméneutiques. Ces écrits ont été rédigés pour l'époque avec l'intention de ne pas faire apparaître les premiers chrétiens comme des séditieux voulant renverser l'ordre établi. Ils ne devaient mettre en pratique l'égalité des êtres humains entre eux qui ressort tout naturellement du baptême que bien lentement, sans choc.

Évidemment, on voit le danger d'en rester à une égalité purement spirituelle sans effet pratique dans la vie. Il faut faire une mise en garde contre une compréhension rachitique de la pensée évangélique libératrice.

VANITÉ DE PRÉVOIR

Luc 12,13-21

Le contexte

Luc a retenu beaucoup des enseignements de Jésus sur l'urgence du partage et la nécessité du détachement. Il réagissait contre la pseudo-sagesse des païens connue surtout par les pierres tombales. L'inscription funéraire de Sardanapale disait: « Sardanapale, enfant d'Anaxyndaraxe, a construit Tarse et Anchilè en un seul jour: mange, bois et fais l'amour, puisque le reste ne vaut rien. » Au lieu de partager, pourquoi ne pas jouir au maximum ? Jésus dit : *Car à quoi sert-il à un homme de gagner le monde entier, s'il se perd lui-même* (Luc 9,25). Le refus d'un esprit fraternel mène l'homme au désastre.

Le message

Deux frères se disputaient à propos d'un héritage. L'un des deux a demandé à Jésus d'agir en juge ou en répartiteur comme le faisaient les rabbins du temps. Le droit hébreu prévoyait un partage, la norme idéale suggérait cependant de garder l'héritage intact par une vie commune des héritiers, ce que la Bible appelle « vivre ensemble » ou « vivre entre frères ». *Qu'il est bon, qu'il est doux de vivre en frères tous ensemble !* (Psaume 133,1)

Devant la demande de l'héritier, Jésus ne s'est pas défilé. Cependant, il a discerné en lui de la cupidité : *Gardez-vous bien de toute âpreté au gain ; car la vie d'un homme, fût-il dans l'abondance, ne dépend pas de ses richesses*. Les partages plaisent au Maître quand ils s'opèrent dans l'optique du Royaume qui vient. Le geste de Barnabé qui vend l'un de ses champs et en verse le montant aux apôtres pour la communauté est le contre-modèle de notre héritier anonyme (Actes 5,37). Jésus refuse une justice humaine qui n'est pas reliée à l'ordre du Royaume.

La parabole du riche qui est satisfait de sa prospérité, qui fait des projets d'avenir et qui meurt subitement recèle une position chère à Luc : en étant généreux durant sa vie, on se soucie de ce qui vient après la mort. L'échec du projet humain, la mort subite, confirme l'intention coupable.

Tout d'une pièce, le personnage symbolise l'attitude à ne pas adopter. Son projet relève de l'ordre du faire : entraîné par la logique du profit, il veut couronner le succès de son entreprise par l'agrandissement de ses entrepôts. C'est ici qu'il a mal choisi et qu'il a rendu clair son fond. À ce qu'il a reçu de la nature et obtenu de son travail, il aurait dû répondre par le don et non par l'accaparement. Alors que Dieu donne, lui, il refuse de partager.

Aujourd'hui

Le Dieu bon de la création et de la providence, par respect de ses créatures, attend d'elles une vie responsable, au service des autres et de sa gloire. Le Dieu des bienfaits, s'ils sont mal gérés, devient le Dieu des châtiments. Le comble de l'avarice, disait-on dans l'Antiquité, c'est quand un homme rédige son testament et, comme nom de l'héritier, fait figurer le sien. Gare à l'oubli de la misère des autres!

Les plans de partage au niveau mondial doivent être envisagés en dépit de leur apparence idéaliste. « Si nous ne tentons pas l'impossible, nous serons condamnés à affronter l'inconcevable », clamaient les étudiants européens de mai 1968.

19e dimanche du temps ordinaire

Pour les auteurs des récits bibliques, croire en Dieu, c'est obéir activement à son appel et se disposer à l'accueillir. Le livre de la Sagesse fait l'éloge des ancêtres depuis Abraham qui anticipaient la venue de Dieu durant la nuit pascale pour libérer son peuple de la servitude. Tout à fait dans le même esprit, la lettre aux Hébreux exalte le courage et la disponibilité d'Abraham et de Sara. Dieu a libéré le couple de ses problèmes très humains : errance dans une terre étrangère, infertilité.

Dans une visée semblable, Jésus invite ses disciples à se tenir prêts pour une rencontre désirée avec lui sans laisser s'affaiblir leur vigilance.

Des vies humaines très longues nous sont proposées en exemple. Ces vies exemplaires ont été faites d'instants animés par la recherche de la perfection.

De l'atelier de Jésus à Nazareth pouvez-vous imaginer une table ou une chaise qui ne soit pas sortie parfaite de ses mains ?

CATHERINE DE HUECK-DOHERTY

IL VIENT EN LIBÉRATEUR

Sagesse 18,6-9

Le contexte

Le livre de la Sagesse résulte de la rencontre de la tradition hébraïque avec la culture grecque. Selon le mot du sulpicien Émile Osty : « Pour la première fois, Israël s'est montré sensible au sourire d'Athéna. » L'auteur a posé le problème de la sagesse sur des bases nouvelles, comme on ne l'avait jamais fait dans la Bible : la question essentielle est de savoir où aboutit la vie présente. Il y a un jugement et une autre vie, et tant qu'on ne l'a pas compris, on ne peut juger bien de rien.

L'auteur vit en Égypte après la défaite de Marc-Antoine et de Cléopâtre. Les immigrants juifs se considèrent persécutés et marginalisés par l'administration égyptienne. Ils espèrent que les Romains, maintenant maîtres du Moyen-Orient, adopteront une politique plus favorable.

La langue grecque a fourni à un juif d'Alexandrie qui a pris l'identité de Salomon des moyens d'analyse et d'expression qui dépassent les maigres ressources du parler hébraïque. La préoccupation d'harmonie, si importante chez les Grecs, existe, comme par exemple dans les chapitres 16 à 19. Un contraste symétrique est établi pour les diverses plaies d'Égypte selon leurs effets sur les Israélites et sur les Égyptiens.

Le message

La nuit de la délivrance pascale a été un grand moment de salut. Alors que la foi des juifs est ébranlée par des séductions étrangères au premier siècle avant le Christ, l'auteur de la Sagesse rappelle comment, tout au long de son histoire, Dieu a veillé sur Israël et l'a fait triompher de ses ennemis. La nuit où Dieu envoyait l'ange exterminateur pour les fils aînés de l'Égypte a été le moment du repas pascal. Israël a consommé l'agneau de la liberté.

Cette nuit-là avait été connue par les patriarches Abraham, Isaac et Jacob que la Sagesse appelle *nos Pères*. Dans les promesses de bonheur que Dieu leur avait faites, la joie de cette heure de liberté a été anticipée.

Ce tournant décisif dans l'histoire d'Israël, Dieu l'a confirmé à Moïse dans sa vocation unique de révélation du Dieu Un.

Dans le secret de leurs maisons, c'est-à-dire dans l'intimité de chaque foyer, on a célébré la Pâque. L'immolation de l'agneau pascal, la Sagesse l'appelle *un sacrifice*. On imagine le premier repas pascal, comme il avait lieu à l'époque du Christ. Il comportait beaucoup de chants joyeux, les psaumes du Hallel (Psaumes 113-118). *Déjà ils entonnaient les chants de louange des Pères.*

Le récit de l'Exode comporte certaines péripéties cruelles. (L'auteur de la Sagesse montre d'ailleurs la modération de Dieu.) Cependant, la leçon est bien le parti pris de Dieu pour les mal-pris de la vie, les victimes de toutes les formes d'oppression.

Aujourd'hui

La liturgie juive qu'ont connue les premiers chrétiens soulignait le thème des quatre nuits : la nuit de la création, la nuit de l'alliance avec Abraham, la nuit de la sortie d'Égypte et la nuit du messie à venir. On peut insister sur la nuit du péché qui est notre malheur mais aussi sur les forces de rédemption, car Dieu est présent dans notre nuit.

IL VIENT RENCONTRER UN AMI

Hébreux 11,1-2.8-19

Le contexte

La lettre aux Hébreux est un appendice aux épîtres de Paul dans le Nouveau Testament. Elle contient trop d'idées propres pour être de Paul, surtout celle du sacerdoce du Christ. Elle n'a de lettre que quelques lignes de la fin (13,22-24), car on s'entend aujourd'hui pour dire que c'est un sermon qui a reçu ainsi l'allure d'une lettre. La différence est qu'une lettre impose les idées de son auteur tandis que le sermon suppose un dialogue au moins implicite avec les auditeurs. De fait, la lettre aux Hébreux manifeste une volonté d'adaptation à la communauté pour consolider sa foi dans la communication.

Le message

Le chapitre 11 entre tout à fait dans cette catégorie, car dans cette dernière partie comme dans tout ce qui a précédé, l'auteur donne des paroles d'exhortation (Hébreux 13,22). Le but n'est pas de condamner ou de rectifier des doctrines erronées mais plutôt de réchauffer la foi.

La foi n'apparaît pas comme l'adhésion intellectuelle à un donné révélé comme celui du Christ mort ou ressuscité d'après les épîtres de saint Paul. Elle est davantage une intuition de grandes choses dans un monde invisible mais néanmoins très réel. Pour approfondir la foi, il y a de magnifiques exemples : Abraham et Sara.

Abraham a quitté un pays d'idoles, la Chaldée (ou la Mésopotamie) pour la Terre promise où il allait vivre un véritable dialogue avec Dieu. Puisqu'il était nomade et vivait sous la tente, il n'était pas propriétaire de terrain et il vivait à la périphérie des villes. Cette façon de vivre avait valeur de symbole. C'est l'itinéraire de la conduite humaine, car le croyant marche en cheminant vers le ciel qui est la vraie Terre promise et la cité aux vraies fondations.

Sara, l'épouse d'Abraham, a été pour lui une véritable compagne de vie. Peut-être amenée par l'amour conjugal à partager la foi d'Abraham, Sara a cru qu'elle allait avoir un enfant dans sa vieillesse. On n'est pas obligé de prendre au pied de la lettre l'hyperbole de la Genèse qui lui attribue 90 ans à la naissance d'Isaac. On saisit qu'elle avait gardé la beauté et la santé à un âge avancé.

Aujourd'hui

La mort est symbolisée par deux choses dans la lecture : la vieillesse du couple d'Abraham et Sara ainsi que vers la fin de la lecture, le sacrifice d'Isaac par Abraham, son père. Dans les deux cas, la résurrection est aussi figurée : d'une part, la naissance d'un enfant issu d'un couple âgé, d'autre part, la délivrance d'Isaac, pourtant déjà attaché à l'autel du sacrifice. Croyons-nous vraiment à *une patrie meilleure, celle des cieux* ?

N'y a-t-il pas beaucoup d'Hébreux, de déracinés dans le monde d'aujourd'hui ? Les malades qui n'ont plus d'espoir, les chrétiens en butte à l'hostilité, ceux qui n'acceptent pas l'injustice et la médiocrité de leur société. Même si beaucoup d'entre eux ne comprennent pas tous les arguments ou toutes les citations bibliques de cette lettre, ils en sont cependant encouragés dans leur foi.

IL VIENT EN MAÎTRE ET EN VOLEUR

Luc 12,35-48

Le contexte

Les trois évangiles de Marc, Matthieu et Luc rapportent souvent la consigne de Jésus : *Veillez*. On connaît la parabole des vierges sages et des vierges folles qui veillent dans l'attente du cortège nuptial amenant l'Époux (Matthieu 25,1-13). Les apôtres ont repris le même mot d'ordre, par exemple saint Pierre : *Soyez sobres, veillez. Votre adversaire le Diable, comme un lion rugissant, rôde, cherchant qui dévorer* (1 Pierre 5,8). Cet appel vise non pas la foule mais les disciples. Il ne suffit pas de croire, il faut veiller, il ne suffit pas d'aimer, il faut veiller, il ne suffit pas d'obéir, il faut veiller. Et veiller pour ce grand événement, la venue du Christ ! Y aurait-il deux sortes de chrétiens, ceux qui veillent et ceux qui ne veillent pas ? La brève parabole sur la vigilance de ce jour en saint Luc suit un ordre radical sur le dépouillement : *Vendez vos biens et donnez-les en aumônes. Faites-vous un trésor inépuisable dans les cieux* (Luc 12,33).

Le message

Soyez comme des gens qui attendent leur maître à son retour des noces. Jésus voudrait pour nous le sentiment qui nous habite lorsque nous attendons un ami et qu'il tarde à venir. C'est peut-être le sentiment que l'on a quand on est avec une personne désagréable et que l'on souhaite voir le temps passer pour se trouver avec d'autres de meilleure compagnie. C'est faire l'expérience du suspense quand va arriver quelque chose d'important qui nous fait battre le cœur.

Heureux les serviteurs que le maître, à son arrivée, trouvera en train de veiller. Il existe une familiarité exceptionnelle entre ce maître et ses employés. Il fait un geste étonnant : *Il prendra la tenue de service, les fera passer à table et les servira chacun à son tour.* Cette personne est de celles qui sont présentes à nos vies, si proches que l'on peut lire dans leur âme, que l'on devine à leur air ce qu'elles éprouvent au-dedans d'elles-mêmes, que l'on pressent leurs désirs. Cette parole de Jésus est à rapprocher d'une autre, tirée de l'Apocalypse : *Voici que je me tiens à la porte et je frappe ; si quelqu'un entend ma voix et ouvre la porte, j'entrerai chez lui pour souper, moi près de lui et lui près de moi* (Apocalypse 3,20).

Suit une comparaison étrange : *Si le maître de maison connaissait l'heure où le voleur doit venir...* Le maître n'est plus l'image du Christ mais plutôt de chaque disciple. Le Christ, lui, est devenu le voleur. Dans la parole qui précède, Jésus a mis en garde contre ceux qui ramassent des biens que le voleur peut leur enlever. Jésus a conseillé de se faire des trésors dans le ciel. Irait-il jusqu'à suggérer qu'il enlève les biens terrestres pour mieux donner ceux du ciel ? Ce serait ajouter à la signification de la parabole qui insiste sur le caractère impromptu de la venue du Christ, mais la mort n'est-elle pas une voleuse ?

Aujourd'hui

La réflexion sur la venue du Christ concerne l'avenir. Cependant, envisager le futur d'un chrétien ne se fait jamais dans notre tradition biblique sans une évocation du passé, les souffrances de Jésus. Ainsi, lorsque Paul dit aux Corinthiens que nous *attendons la venue du Seigneur Jésus-*

Christ, il parle aussi de *porter dans son corps la mort du Seigneur Jésus, pour que la vie de Jésus soit aussi manifestée dans notre corps*. Alors qu'il console les Colossiens avec l'espérance que *lorsque le Christ apparaîtra, ils apparaîtront avec lui dans la gloire*, il a déjà déclaré *qu'il complète en sa chair ce qui reste à souffrir dans la Passion du Christ pour son corps qui est l'Église*. Le bonheur qui surviendra dans l'avenir est rendu possible par l'amour de Jésus manifesté dans sa Passion.

20e dimanche du temps ordinaire

Jésus avait prévu la persécution de ses disciples. Il serait un signe de division et de contradiction. Déjà, le prophète Jérémie avait été persécuté par ceux et celles qui refusaient une vérité trop exigeante. En fait, c'est tout le mystère de la croix qui continue à diviser l'humanité.

La division entre croyants et incroyants dans la communauté du peuple hébreu a pu mener au découragement. Comme dans nos familles de maintenant, la même souffrance existe, il convient d'écouter la lettre aux Hébreux et de fixer les yeux sur Jésus, origine et terme de la foi.

Il n'y a que deux amours :
l'amour de Dieu jusqu'au mépris de soi
l'amour de soi jusqu'au mépris de Dieu.

SAINT AUGUSTIN

UN PROPHÈTE QUI A DE L'ENDURANCE

Jérémie 38,4-6.8-10

Le contexte

Le prophète Jérémie vivait à une époque où la grande puissance montante était l'empire néo-babylonien de Nabuchodonosor. Peut-être éclairé par le bon sens, Jérémie recommandait avec insistance la soumission au plus fort. Pour lui, la volonté de Dieu était que le roi de Juda, Sédécias, soit fidèle à un serment d'obéissance qu'il avait fait et qui l'engageait envers les Babyloniens. Le roi a commencé à écouter le parti qui prônait la révolte. Les hommes puissants de ce groupe ont persécuté Jérémie. Ils l'ont mis en prison. Ils ont été jusqu'à le jeter dans une citerne boueuse en profitant de l'indécision du roi.

Le message

Le prophète Jérémie est le type de l'homme de Dieu qui souffre. À cause de sa vie douloureuse, il a été vu comme une annonce de Jésus dans sa Passion.

Il est inévitable que ceux qui croient en la parole donnée devant Dieu soient en butte à la contradiction. Il est très fréquent de voir que ceux qui recommandent la modestie et la modération soient mal vus. On les accuse, comme on l'a fait pour Jérémie, de défaitisme, d'apathie, de négativisme. Les esprits fantasques, les beaux parleurs qui sont téméraires, réussissent souvent à convaincre les foules ou les personnalités falotes à la Sédécias. Dieu n'abandonne pas son porte-parole Jérémie. Par un bon mouvement du roi de Juda, Dieu tire le prophète des profondeurs du puits où il allait se noyer. Le destin de Jérémie concentre en une seule personne le destin tragique du peuple qui, après avoir passé par des épreuves terribles, s'en sortira tout de même selon un plan providentiel.

Jérémie a été secouru par un Noir d'Afrique, l'Éthiopien Ebed-Melek. C'est une récompense pour la ténacité du prophète. Il considérait comme une superstition la confiance aveugle des Judéens en une délivrance miraculeuse du siège de Jérusalem par Dieu. Devant les mauvais traitements et devant la mort elle-même, Jérémie n'a jamais reculé : au contraire, il a continué d'annoncer fidèlement le message pur et dur qui lui attirait tant de haine.

Ce même Jérémie nous a dit ailleurs ce qu'il lui en a coûté d'être fidèle à son Dieu. À certaines heures, dit-il, accablé par sa tâche, il voulait se taire ; *je me disais : je ne penserai plus à Dieu. Je ne parlerai plus en son nom* (Jérémie 20,9). C'est le cri de l'être humain effrayé par ce qui lui est demandé. C'est souvent notre cri devant la difficulté d'être chrétien. Mais Jérémie reprend : *Alors, c'était en mon cœur comme un feu dévorant.* C'était déjà le feu dont parle Jésus : *Je suis venu apporter le feu sur la terre* (Luc 12,49), le feu de l'amour. Et Jérémie s'écriait : *tu m'as séduit, mon Dieu et je me suis laissé séduire* (Jérémie 20,7).

Aujourd'hui

Les êtres droits qui refusent une diplomatie mensongère se font rarement aimer. Ils dérangent ceux qui font « marcher » la société par des mensonges. Quand ils dénoncent la publicité frauduleuse, quand ils dénoncent les modes superficielles, quand ils refusent le viol des consciences au nom de la liberté, ils sont tournés en ridicule et poussés dans le gouffre. L'Écriture enseigne la vérité sur l'être humain, ses craintes et son courage.

COURONS L'ÉPREUVE AVEC ENDURANCE

Hébreux 12,1-4

Le contexte

Cette lettre a été probablement écrite de Rome, peut-être vers l'année 66, quand s'annonçait la guerre où Jérusalem allait être détruite. C'étaient les derniers mois de la vie de Paul si on se fie à des témoignages historiques : il était emprisonné à Rome pour la deuxième fois. Cette lettre n'est pas étrangère à la pensée de Paul, même s'il ne l'a pas écrite.

Le mot « prêtre » a pris une telle importance dans l'Église qu'il n'est pas inutile de retrouver ici le texte biblique qui a le plus approfondi le sens du sacerdoce et sa réorientation par le fait du sacrifice de Jésus.

Probablement écrite avant la destruction du temple de Jérusalem, l'épître aux Hébreux confirme dans la foi des juifs convertis au Christ. Il y avait certainement des prêtres parmi eux et la nostalgie du temple, dont ils étaient exclus, exigeait des paroles d'encouragement.

Le message

La foi, dans cette épître, est à définir très concrètement par rapport à la situation des destinataires. Pourquoi l'auteur insiste-t-il sur le caractère invisible de la foi chrétienne ? Parce que les Hébreux connaissaient très bien une religion dont toutes les institutions étaient visibles. Une loi dont les détails et les interprétations étaient très bien codifiés, une hiérarchie de prêtres dont l'ambition était pour le moins voyante, un temple dont la splendeur émerveillait les voyageurs (Marc 13,1). La foi de l'Église porte sur une liturgie très simple de pain et de vin qui ne se suffit pas à elle-même comme celle de Jérusalem.

Les Hébreux chrétiens, au contraire de leurs anciens coreligionnaires, fondent leur expérience de Dieu sur la présence du Christ ressuscité dans la communauté. *Bienheureux ceux qui croient sans avoir vu* (Jean 20,29). Les Hébreux chrétiens ressemblent à ceux qui ont vécu avant Jésus et avaient confiance dans un Messie à venir : ils ne le voient pas non plus. Ils souffrent de la division prédite par Jésus dans l'évangile d'aujourd'hui. Jésus rejeté lui aussi par les juifs est leur modèle dans la souffrance.

Nous courrons l'épreuve avec endurance. Les martyrs qui ont versé leur sang ne sont pas le grand nombre. Jacques, le cousin du Seigneur (Actes 12,2), ainsi qu'Étienne (Actes 7,57-60), ont donné leur vie, mais pour la plupart, il ne s'agit encore que d'un bannissement de la communauté de prière. Qu'ils s'attendent toutefois au pire !

Méditez l'exemple de celui qui a enduré de la part des pécheurs une telle hostilité, et vous ne serez pas accablés par le découragement. Vous n'avez pas encore résisté jusqu'au sang dans votre lutte contre le péché.

Aujourd'hui

Les communautés chrétiennes sont souvent constituées par ceux qui habitent par hasard près d'une église. Évidemment l'édifice qu'on peut voir n'est qu'un élément dans la formation d'une véritable communauté. Les liens personnels dans la foi au Christ sont ce qui crée vraiment un temple de pierres vivantes.

L'ENDURANCE À L'ÉPREUVE DU FEU

Luc 12,49-53

Le contexte

Nous sommes dans le voyage de Jésus à Jérusalem. D'étape en étape, il enseigne à ses apôtres des choses importantes sur la prière et sur l'argent. Surtout, il leur parle de sa destinée, puisqu'il sait fort bien les dangers qui l'attendent en allant exercer sa tâche prophétique dans la capitale. *Or il advint, comme s'accomplissait le temps où il devait être enlevé, qu'il prit résolument le chemin de Jérusalem* (Luc 9,51).

Le message

Jésus vient apporter le feu.

Le feu dans l'Ancien Testament, c'est l'instrument du jugement de Dieu. Sodome est consumée par le feu du ciel; au milieu de la grêle, des éclairs de feu châtient le pharaon et les Égyptiens qui retiennent Israël en captivité. Élie fait tomber le feu sur des soldats venus l'arrêter. Cependant, la même chose qui sert à punir peut servir à gratifier les bons d'un don divin. L'Esprit Saint, pour Luc, vient en effet sous forme de feu. *Ils virent apparaître des langues qu'on eût dites de feu* (Actes 2,3). On peut penser que, pour Luc, Jésus attend le don de l'Esprit comme le terme de sa mission terrestre. Quand Jésus parle, le feu de l'Esprit n'a pas encore pris. Quand Luc écrit, la Pentecôte s'est déjà produite et permet de comprendre les paroles de Jésus.

Jésus recevra un baptême.

Jean le Baptiste avait dit : *Lui vous baptisera dans l'Esprit Saint et le feu* (Luc 3,16), voulant dire que le Messie devait exercer le jugement divin. Il était loin de se douter que le Messie lui-même souffrirait dans cette purification douloureuse qui venait. Jésus, lui, comprend en profondeur le plan divin. Il sait que le messie doit se buter au refus des hommes et recevoir d'eux la mort. Il y a en Jésus des sentiments mêlés. Il lui en coûte d'attendre, il a peur devant la souffrance qui approche. D'autre part, il vient de dire qu'il voudrait que l'Esprit, donné dans sa mort, soit déjà à l'œuvre. Nous avons là un « flash » sur la pensée intime de Jésus, mélange de hâte joyeuse et d'angoisse.

Aujourd'hui

Les chrétiens se sont-ils laissés embraser par l'Esprit de foi, d'espérance et de charité ? Ont-ils compris qu'il n'y a pas de disciple qui ne subisse la contradiction et ne porte la croix ?

21e dimanche du temps ordinaire

La fin du livre d'Isaïe annonce avec beaucoup de lyrisme le dessein de Dieu : rassembler les hommes et les femmes du monde entier pour qu'ils voient sa gloire. Cependant, les interlocuteurs de Jésus, inquiets de ses exigences (*Passez par la porte étroite*), ne peuvent s'empêcher de lui demander combien seront sauvés. Une réponse qui donne lieu d'être optimiste dit que les disciples viendront de l'orient et de l'occident, du nord et du midi. Ils seront donc nombreux ceux qui renonceront à faire le mal, à accepter les exigences de l'évangile. De plus, ils partageront un banquet et les banquets sont joyeux quand il y a du monde.

S'il y a beaucoup de demeures dans le ciel,
il y a aussi beaucoup de chemins pour y arriver.

SAINTE THÉRÈSE D'AVILA

UN UNIVERS DE NATIONS

Isaïe 66, 18-21

Le contexte

La lecture appartient à la conclusion du livre d'Isaïe, dans cette partie appelée parfois « Trito-Isaïe ». L'oracle a été rédigé moins d'un siècle après l'exil (587) et constitue un des passages les plus audacieux de l'Ancien Testament par sa portée spirituelle et universaliste.

Il reprend des thèmes de l'oracle de la paix universelle qui commençait le livre : *La montagne de la maison de Yahvé sera établie en tête des montagnes et s'élèvera au-dessus des collines. Alors toutes les nations afflueront vers elle.* Le thème de la paix y est cependant envisagé avec moins de sérénité !

La troisième partie d'Isaïe, comme les deux premières d'ailleurs, envisage pour la fin de l'histoire une gigantesque bataille entre Israël et ses ennemis. Israël triomphera, mais le « reste » des nations sera sauvé grâce à la mission des « messagers de mon peuple » parmi elles. « Nulle part ailleurs dans l'Ancien Testament l'universalisme et le particularisme ne sont à un tel point juxtaposés. » (Nouvelle Bible de Jérusalem)

Le message

Je viens rassembler... Il ne faut pas comprendre de travers cette expression, car les juifs voyaient en tout l'action de Dieu. Quand quelqu'un entreprenait quelque chose, ils disaient que Dieu l'avait poussé à le faire. Ici, l'expression veut dire : « ils vont se rassembler, mais je me servirai de cela pour accomplir le salut de mon peuple ».

Le prophète énumère un peu plus loin quelques-uns des peuples sauvés et évangélisés : Tarsis (Espagne), Put (Somalie), Yavan (Grèce), Tubal (Turquie), Lud (Lybie), etc. Tout cela suppose qu'il n'y aura plus de peuples purs (Israël) et impurs (les païens). Tous auront également une entrée libre dans la maison de Dieu. Toutes les nations seront converties et ramèneront les dispersés d'Israël à Jérusalem en offrande à Dieu, mais c'est Israël qui reçoit les promesses éternelles. *De toutes les nations, ils ramèneront tous vos frères en offrande au Seigneur, sur des chevaux ou dans des chariots, en litière, à dos de mulet ou de dromadaire.* La liste des moyens de transport ajoute du pittoresque à l'oracle et contribue à accentuer le caractère centripète du mouvement des peuples.

Parmi ces étrangers, certains seront prêtres. *Et même je prendrai des prêtres et des lévites parmi eux.* Le culte de Dieu ne sera donc pas réservé à une race et à une culture, il sera vraiment universel. Cette vision très ample du salut avait été déjà révélée à Abraham en faveur de toutes les familles de la terre mais on était tellement obnubilé par les rancœurs et les haines entre peuples, villages et religions, qu'on n'y avait guère fait attention.

Dans les synagogues du temps de Jésus, on se plaisait à répéter le v. 23 de l'oracle, particulièrement optimiste : *De nouvelle lune en nouvelle lune, et de sabbat en sabbat, toute chair viendra se prosterner devant ma face, dit Yahvé.*

Aujourd'hui

Si l'on veut travailler à la paix universelle, il faut regarder l'histoire humaine à vol d'oiseau pour en saisir les lignes de force. C'est vrai que l'unité du genre humain est en train de s'accomplir, c'est vrai aussi que la révélation en Israël du Dieu unique est le moteur de cette unification. Le Christ et ses apôtres ont fait sauter des barrières encombrantes en rappelant la condition d'enfants de Dieu de tous les humains.

PLUSIEURS NATIONS, UN SEUL PÈRE

Hébreux 12,5-7.11-13

Le contexte

L'épître aux Hébreux n'a pas été écrite par saint Paul. La pensée est trop différente de la sienne pour qu'on puisse le soutenir. Déjà, les premiers siècles hésitaient beaucoup à ce sujet et la critique moderne va dans ce sens. Le style de l'épître, sa façon de citer l'Ancien Testament à partir de la Septante sont particuliers. L'épître a été reconnue comme inspirée par toute la communauté des croyants et elle est Parole de Dieu pour le chrétien. L'auteur vient peut-être d'Alexandrie d'Égypte, comme celui de la Sagesse, car c'est à Alexandrie que l'on avait les mêmes points de vue ou méthodes de lecture de la Bible.

Le message

L'auteur cite le livre des Proverbes selon lequel à l'origine des épreuves, il y a Dieu qui agit en Père. *Quand le Seigneur aime quelqu'un, il lui donne de bonnes leçons; il corrige tous ceux qu'il reconnaît comme ses fils* (Proverbes 3,12). L'Apocalypse disait un peu la même chose: *Ceux que j'aime, je les semonce et je les corrige*, lorsque Jean le visionnaire tentait de comprendre les épreuves de la persécution!

Il faut se souvenir que parler de Dieu comme Père et comme Père qui châtie a des limites dues au langage employé par la Bible.

Saint Justin écrivait: « Personne n'est capable d'attribuer un nom au Dieu qui est au-dessus de toute parole, et si quelqu'un ose prétendre qu'il en a un, il est atteint d'une folie mortelle. Ces mots: Père, Dieu, Créateur, Seigneur et Maître ne sont pas des noms, mais des appellations motivées par ses bienfaits et par ses œuvres. Le mot Dieu n'est pas un nom, mais une approximation naturelle à l'homme pour désigner une chose inexplicable. »

Nous hésitons beaucoup à présent à parler d'un Dieu qui punit, car cela semble une « approximation » (pour reprendre le langage de Justin) étrangement maladroite et inconciliable avec tant d'autres pages bibliques sur la révélation de Dieu dans sa miséricorde.

La lettre aux Hébreux lance à tous un appel à la confiance en Dieu même au milieu de l'épreuve, si difficile à comprendre soit-elle!

Aujourd'hui

Les événements de la vie sont des signes des temps où il faut savoir découvrir la présence aimante de Dieu comme Père.

Les personnes qui acceptent les épreuves comme venant de Dieu sont rares. Voilà une façon de faire pénitence.

« C'est probablement parce que quelques saints, obscurément, font pénitence et se sacrifient pour le salut de leurs frères, attirant sur eux la miséricorde divine, que le monde n'a pas sombré dans le chaos. » (Benoît Pruche)

L'UNIVERS DES SAUVÉS

Luc 13,22-30

À la ressemblance des autres évangiles synoptiques (Matthieu et Marc), Luc a disposé certains enseignements de Jésus dans le récit de la montée de Jésus à Jérusalem en vue de la Passion. C'est un catéchisme du disciple. Le fait de placer ces paroles de Jésus au long d'un « chemin de croix » donne une perspective un peu sombre à l'enseignement de Jésus, mais il fait prendre conscience de l'aspect de combat contre le mal dans la vie chrétienne.

Le message

On peut distinguer plusieurs paroles de Jésus :

La parabole de la porte étroite : *Efforcez-vous d'entrer par la porte étroite, car, je vous le déclare, beaucoup chercheront à entrer et ne le pourront pas.* Le disciple doit renoncer à ses caprices et engager toutes ses forces pour être sauvé. C'est comme si la question : *Seigneur, n'y aura-t-il que peu de gens à être sauvés ?* n'intéressait pas vraiment Jésus. Certaines gens sont accablées par le trop petit nombre de chrétiens dans les églises le dimanche. C'est une constatation stérile. Peut-être faut-il recentrer nos préoccupations sur les efforts personnels à faire pour surmonter la difficulté de croire en Jésus.

La parabole de la porte fermée : *Quand le maître de la maison se sera levé et aura fermé la porte, si vous, du dehors, vous vous mettez à frapper à la porte en disant : « Seigneur, ouvre-nous », il vous répondra : « Je ne sais pas d'où vous êtes. Éloignez-vous de moi, vous tous qui faites le mal. »* La foi doit être active et ceux qui ont côtoyé Jésus durant leur vie (ou ont été membres en règle de l'Église) doivent fuir le mal et avoir une foi imbibée par la charité s'ils veulent être sauvés. *Il ne suffit pas de me dire Seigneur ! Seigneur ! pour entrer dans le Royaume des cieux* (Matthieu 7,21).

Les exclus du festin : *Il y aura des pleurs et des grincements de dents quand vous verrez Abraham, Isaac et Jacob et tous les prophètes dans le royaume de Dieu, et que vous serez jetés dehors. Alors on viendra de l'orient et de l'occident, du nord et du midi, prendre place au festin dans le royaume de Dieu.* Cette parole vient atténuer ce qui précède, car elle laisse entendre qu'un grand nombre de gens de partout atteindront le ciel.

Le renversement de situation : *Oui, il y a des derniers qui seront premiers, et des premiers qui seront derniers.* Les juifs du temps de Jésus qui paraissaient les mieux placés pour entrer les premiers dans le royaume ne seront pas forcément les privilégiés qu'on croirait. Ce sera le bonheur inattendu de ceux qui n'avaient pas grand-chose en commun avec Jésus selon la chair et qui en auront plutôt la chance.

Aujourd'hui

La volonté de Dieu, c'est que tous soient heureux avec lui : *Dieu veut que tous les hommes soient sauvés* (1 Timothée 2,4). « En effet, ceux qui, sans faute de leur part, ignorent l'Évangile du Christ et son Église, mais cherchent pourtant Dieu d'un cœur sincère et s'efforcent, sous l'influence de sa grâce, d'agir de façon à accomplir sa volonté telle que leur conscience la leur révèle et la leur dicte, ceux-là peuvent obtenir le salut éternel. À ceux-là mêmes qui, sans faute de leur part, ne sont pas encore parvenus à une connaissance expresse de Dieu, mais cherchent, non sans la grâce divine, à avoir une vie droite, la divine providence ne refuse pas les secours nécessaires à leur salut. En effet, tout ce qui se trouve de bon et de vrai chez eux, l'Église le considère comme une préparation évangélique et comme un don de celui qui illumine tout homme pour que finalement, il ait la vie. » (Vatican II, *Lumen Gentium*, 16)

22e dimanche du temps ordinaire

Les leçons d'humilité de Sirac, comme plus tard celles de Jésus, nous font découvrir une constante du dessein de Dieu tel que la Bible le décrit : Dieu aime les pauvres, les petits, ceux et celles qui se mettent au service des autres. Le Serviteur par excellence, c'est Jésus, et chercher l'humilité ou le désintéressement n'est pas seulement une attitude morale prudente : pour les croyants, c'est une condition pour se configurer à celui qu'ils aiment.

Comme les destinataires de la lettre aux Hébreux, nous célébrons Jésus victorieux dans le ciel par des rites très humbles sur la terre.

Que de gens sont humiliés
et ne sont pas humbles.

SAINT BERNARD

PLACE À L'HUMILITÉ

Sirac 3,17-18.20.28-29

Le contexte

Deux siècles avant le Christ, Jésus, fils de Sirac, écrit ce livre qui est une synthèse des traditions et des instructions des sages. C'est un homme riche et instruit. Il semble avoir été le chef d'une maison importante avec des serviteurs. Il avait eu des rapports avec beaucoup de monde, il avait voyagé, et il avait réussi dans ses affaires. Et il confesse que ce sont les livres sacrés qui lui ont enseigné le secret du succès. En écrivant ce livre, il veut partager avec d'autres ce qu'il avait appris dans les livres sacrés et ce qu'il avait vérifié par sa propre expérience.

Le message

Mon fils, accomplis toute chose dans l'humilité, et tu seras aimé plus qu'un bienfaiteur. En écrivant ces mots, Ben Sirac profite sans doute des exemples ou des cas connus dans la tradition d'Israël.

On se souvient de Joseph, fils de Jacob. Il s'est vanté d'avoir eu des songes dans lesquels il avait le beau rôle. Ses frères en sont venus à le détester pour cela. Le manque d'humilité de Joseph, peut-être explicable par son jeune âge, allait engendrer un long drame familial, une hostilité croissante et un gaspillage de temps pour une réconciliation très longue à venir.

Le cas de Saül, premier roi d'Israël, est un exemple tragique du manque d'humilité. Lorsque David a réussi à tuer le géant Goliath, les femmes chantaient: *Saül en a tué mille, David en a tué dix mille* (1 Samuel 18,7). Même si c'était la vérité, Saül n'a pas pu l'accepter. Il en a conçu un vif dépit et il n'a pas assumé humblement sa situation face à un rival en puissance. La tristesse qui en a résulté l'a mené à la neurasthénie, et même à la perte de sa vie.

Dans l'histoire d'Anne, mère de Samuel, le manque d'humilité de Pennina, l'autre femme de Elcana, entraînait un climat familial désagréable. Pennina avait plusieurs enfants tandis que Anne n'en avait aucun. Au lieu de jouir humblement de son bonheur, Pennina usait de sarcasmes à l'endroit de Anne (1 Samuel 1,6).

L'humilité, on le voit, engendre la paix tandis que l'orgueil produit la discorde et la guerre. Tout dépend de ce que la personne vit au-dedans d'elle-même. Ben Sirac l'exprime très bien quand il dit : *La condition de l'orgueilleux est sans remède, car la racine du mal est en lui.*

Aujourd'hui

Peut-être pouvons-nous diverger d'opinion sur un point avec Ben Sirac. Il ne faut jamais désespérer d'une personne. Dire que l'orgueil est *sans remède* pourrait être remplacé par l'énoncé : « L'humilité est une dure conquête qui peut se faire chaque jour. » *Rien n'est impossible à Dieu* (Luc 1,37).

« La racine de l'humilité est la connaissance de Dieu ; car il est impossible de connaître et de sentir notre bassesse que par rapport à quelque grandeur avec laquelle nous la comparons. » (Louis Lallemant)

POUR UNE PLACE DANS LE CIEL

Hébreux 12,18-19.22-24a

Le contexte

Au temps des apôtres on qualifiait d'Hébreux surtout les juifs qui vivaient en Palestine, à la différence de cette majorité de leur peuple qui avait émigré vers d'autres pays, dans tout l'empire romain. Cette lettre est peut-être adressée aux premières communautés chrétiennes de juifs de Palestine qui s'étaient formées après la Pentecôte. Comme disciples du Christ, ils avaient été persécutés, certains avaient eu leurs biens confisqués. Ils n'avaient plus rien au monde et ils devaient s'encourager les uns les autres avec la conviction qu'à la fin de leur exil ils trouveraient la vraie patrie où Jésus était allé après ses souffrances. Ils retrouvaient ainsi la situation de leurs ancêtres hébreux qui avaient vécu dans le désert, attendant et recherchant une terre promise.

Le message

Le contraste était grand entre le culte chrétien des origines et les célébrations du temple de Jérusalem. Le dépouillement des premiers disciples de Jésus faisait d'eux des êtres très sensibles à tout ce qu'il y a d'invisible dans l'expérience chrétienne. La petite assemblée des Nazaréens dans une humble maison renvoyait à une différence profonde d'avec la gloire passée d'Israël. *Quand vous êtes venus vers Dieu, il n'y avait rien de matériel comme au Sinaï, pas de feu qui brûle, pas d'obscurité, de ténèbres, ni d'ouragan, pas de son de trompettes, pas de paroles prononcées par cette voix que les fils d'Israël demandèrent à ne plus entendre.*

Pour les disciples de Jésus réunis pour la fraction du pain, une brèche s'est ouverte dans le ciel. Ils ont un contact avec les « malakim », les anges qui sont auprès de Dieu (ils sont aussi appelés « les premiers-nés »). La liturgie de tradition orthodoxe orientale insiste encore plus à présent que la tradition latine occidentale sur la présence des anges dans le mystère de l'eucharistie. Des êtres célestes, d'après l'Apocalypse, acclament Dieu dans le ciel en disant : *Saint, Saint, Saint, le Seigneur, Dieu de l'univers !* (Apocalypse 4,8)

L'assemblée est aussi en communion avec *les âmes des justes arrivés à la perfection*, c'est-à-dire les saints de l'Ancien Testament. Ils ont la perfection dans le sens que leur vie a été comme un sacrifice offert à Dieu et qui a été reçu par lui.

La vie chrétienne est par-dessus tout une vie d'alliance dans l'amitié avec le Christ. *Vous êtes venus vers Jésus, le médiateur d'une alliance nouvelle.*

Aujourd'hui

Beaucoup de chrétiens de notre temps vivent au milieu de gens à la mentalité bien étrangère à la foi. Leur situation les force à l'humilité, car par la force des choses leur appartenance à l'Église et leur engagement n'ont rien de triomphal. Leur isolement sur la terre ne doit pas leur faire perdre de vue qu'ils ne sont pas vraiment seuls mais qu'au contraire, ils sont en communion avec les saints du ciel, et avec Dieu lui-même, aboutissement de leur itinéraire.

LA DERNIÈRE PLACE

Luc 14,1a.7-14

Le contexte

Tout au long de son évangile, Luc est attentif au danger que représente la convoitise des places d'honneur. Ainsi, Jésus ayant en vue l'humilité a dit aux pharisiens: *Malheur à vous, pharisiens, car vous aimez le premier siège dans les synagogues* (Luc 11,43). La parabole d'aujourd'hui reprend et dépasse la pensée du livre des Proverbes: *Ne fais pas l'arrogant devant le roi et ne te tiens pas dans l'entourage des grands. Car mieux vaut qu'on te dise: Monte ici! que de te voir humilié devant un notable* (Proverbes 25,6-7). Pour garder l'humilité, Jésus dit qu'en plus de ne pas choisir les premières places, il faut aussi avoir une préoccupation pour les humiliés par la vie, jusqu'à partager des repas avec eux.

Le message

Jésus a observé comment les gens recherchent les premières places à la table d'un chef des pharisiens et il donne un enseignement à partir de cela. Pour respecter la bienséance et éviter d'insulter les personnes devant lui, il imagine un type de banquet un peu différent de celui auquel il assiste, c'est un banquet de noces.

Il incite à rechercher la dernière place et en cela il se distingue de ceux qui éduquent aux bonnes manières. Lui, il adresse un message religieux sur le royaume de Dieu. C'est vraiment paradoxal de prendre la dernière place. La raison profonde est qu'on se place dans la dépendance de Dieu selon le radicalisme de l'Évangile.

Il y a aussi de l'intérêt personnel: *quand viendra celui qui t'a invité, il te dira: « Mon ami, avance plus haut », et ce sera pour toi un honneur.* Un tel intérêt porté à soi-même choque le moralisme de qui cherche l'abnégation. Or Dieu non seulement tolère-t-il notre recherche de bonheur et d'honneur, mais il nous le propose comme objectif. Nous avons raison, dit Jésus, de rechercher notre honneur. Il ne faut pas rechercher indirectement par un truc la première place mais bien se mettre entre les mains de Dieu qui donne l'honneur.

Il faut éviter le calcul quand on fait des invitations à une fête. Il faut inviter des gens qui ne peuvent rendre la politesse parce qu'ils sont pauvres, estropiés, boiteux, aveugles.

Comme c'est une chose que l'on fait très rarement ou même jamais, Jean Chrysostome avec réalisme proposait que devant une exigence au-dessus de nos forces, on offre au moins aux pauvres une partie de nos aliments. Comme les pauvres ne peuvent nous rendre la pareille, c'est Dieu qui devient notre débiteur, ce qui est tout à notre avantage.

Aujourd'hui

L'humilité du chrétien se ressource continuellement à la contemplation du mystère du Christ. Il a choisi la « dernière place », celle de serviteur. *Moi, je suis au milieu de vous comme celui qui sert!* (Luc 22,27), dit-il juste avant la Passion. Il a su également inviter les déshérités et les invalides. On lui reprochait: *Cet homme fait bon accueil aux pécheurs et mange avec eux!* (Luc 15,2) Il accomplissait ce qu'il disait.

23e dimanche du temps ordinaire

Dans bien des situations humaines, il est difficile de reconnaître la volonté de Dieu. Le livre de la Sagesse assure que ce n'est possible qu'avec l'assistance de l'Esprit Saint. Et Jésus invitait ses auditeurs à réfléchir avant de s'engager à sa suite, car il leur proposait la voie du renoncement sur laquelle on ne peut s'engager étourdiment.

De même, quand les premiers chrétiens se sont heurtés au problème de l'esclavage, c'est en y réfléchissant en profondeur comme l'a fait Paul qu'ils ont pu adopter une attitude juste.

Paul, en recommandant à Philémon de regarder son esclave Onésime comme un frère bien-aimé, pose certainement sans le savoir la charge qui fera exploser l'ordre social romain.

La vie éternelle commence maintenant
dans le choix que nous faisons chaque jour
de se suffire à soi-même ou de communier
aux joies et aux peines des autres.

Abbé Pierre

SAGESSE DE L'ART DE VIVRE

Sagesse 9,13-18

Le contexte

Deux écoles s'offrent aux juifs d'Alexandrie au premier siècle avant Jésus. La première leur propose la pensée des philosophes païens, la seconde la foi de leurs ancêtres. La civilisation grecque est brillante, très attirante, et les modes de vie qu'elle propose séduisent beaucoup de croyants. L'auteur de notre livre enseigne aux juifs qu'ils n'ont rien à envier aux païens. La foi au Dieu unique est elle-même une sagesse.

Le message

Dieu donne comme maîtres la Sagesse et l'Esprit Saint.

Les juifs d'Égypte, comme tous les peuples, avaient des maîtres à penser. Ces êtres d'expérience avaient comme mission principale de réfléchir et d'enseigner aux autres comment mener leur vie. S'ils avaient vécu de nos jours, ils auraient probablement écrit « Comment se faire des amis » ou même « La timidité vaincue » mais ils allaient encore plus loin, jusqu'à enseigner à l'homme son origine et sa situation dans le monde.

À la différence des autres peuples toutefois, les juifs croyaient que l'art de vivre ne vient pas de l'humain mais de Dieu. Tous les efforts d'un être de chair ne sont rien si Dieu ne s'en mêle pas. En somme, la sagesse est beaucoup plus le fruit de la prière que de toute discipline humaine. Salomon, le type du sage dans la Bible, l'avait bien compris, lui qui n'a demandé à Dieu aucune autre richesse que la sagesse. On trouve sa prière en 1 Rois 3,6-9 et 2 Chroniques 1,8-10. L'auteur du livre de la Sagesse l'a incluse dans son livre en la développant. Notre lecture d'aujourd'hui en est la dernière partie.

L'auteur n'attribue pas l'ignorance de la personne humaine sur elle-même au péché d'Adam et Ève. Il n'en explique pas la cause. La constatation de l'ignorance est le résultat de l'expérience, de l'observation de ce qui se passe. Ses observations n'en restent pourtant pas là, terre à terre, à insister sur la misère humaine. *Un corps périssable appesantit notre âme, et cette enveloppe d'argile alourdit notre esprit aux mille pensées.* Cependant, Dieu n'abandonne pas l'homme à lui-même, il lui donne tout ce qui est nécessaire à la vie. *Et qui aurait connu ta volonté, si tu n'avais pas donné la Sagesse et envoyé d'en haut ton Esprit Saint?*

Aujourd'hui

Des commentatrices ont souligné que la Sagesse proclame le principe de la réciprocité: *Moi j'aime ceux qui m'aiment... Pourvoyant de ressources ceux qui m'aiment, je remplis leurs trésors* (Proverbes 8,17.21). En exigeant que l'amour soit réciproque et suscite un échange d'énergie, la Sagesse interpelle fort à propos les personnes qui ont tendance à trop se dépenser. Il faut faire échec au préjugé qui exige de la femme un don de soi continuel et surhumain au service des autres. Notre culture considère normal qu'il y ait des perdants et des gagnants. Et on a inculqué aux femmes, aux Noirs, aux Amérindiens, aux Latino-Américains et aux membres des autres minorités la résignation des éternels perdants. Or la Bible enseigne une réciprocité qui permet à tous et à toutes d'être gagnants, et où les plus forts trouvent leur récompense en rendant les autres aptes à se prendre en main. Le Christ, qui n'a pas hésité à employer une métaphore féminine en parlant de lui-même (*La Sagesse a été justifiée par ses enfants* [Luc 7,35]), a enseigné aux puissants de ce monde que donner c'est recevoir, que pardonner c'est être pardonné, que libérer rend libre (Luc 6,37-38). Le principe psychologique en jeu n'est pas le sacrifice masochiste, mais le gain spirituel par le don spirituel. La Sagesse enrichit ceux et celles qui l'aiment.

SAGESSE ET LIBERTÉ

Philémon 9-10.12-17

Le contexte

La deuxième lecture d'aujourd'hui est un billet très court de saint Paul (25 versets). La lettre à Philémon a un caractère si intime et personnel que beaucoup s'étonnent qu'elle soit parmi les écrits inspirés. Peut-être est-ce là pourtant la raison profonde de son appartenance à la Bible : l'Église primitive y a vu le signe d'un Paul très humain qui, partant d'un fait de vie, a donné un enseignement de vie qui a Dieu pour auteur.

La lettre, malgré son aspect intime, a pourtant un caractère public, car Paul salue plusieurs personnes dans l'exorde comme le couple d'Apphia et Archippe qui seront des témoins pour la mise en pratique du contenu de la lettre.

Le message

La charité est proposée dans un « cours par correspondance ».

Paul écrit à Philémon, un riche converti de Colosses, une ville de la Turquie actuelle. Dans son billet, Paul dit à Philémon qu'il lui renvoie Onésime, un esclave qui s'était enfui. Il semble qu'Onésime avait trouvé refuge auprès de Paul et quand l'Apôtre a découvert à qui il appartenait il a senti la nécessité de le renvoyer à son propriétaire à cause des droits de Philémon.

Ce qui rend la lettre particulièrement émouvante, c'est que Paul est lui-même prisonnier (à Rome entre 61 et 63). Pourtant, il ne pense qu'aux droits d'un ami, Philémon, et à la liberté d'un autre, Onésime. Aucune plainte sur sa propre condition ou ses souffrances. Paul ne se donne pas le titre de *maître*, il y a un seul Maître et c'est Jésus-Christ. Il enseigne quand même une leçon de charité, bien convaincu de sa responsabilité pour le faire. *Nous sommes en ambassade pour le Christ ; c'est comme si Dieu exhortait par nous* (2 Corinthiens 5,20).

Ce qui étonne les gens d'aujourd'hui en lisant cette lettre, c'est que Paul ne tonne pas vigoureusement comme il en est capable contre l'esclavage, ce fléau de l'Antiquité. Non, Paul est un pédagogue averti qui est non seulement patient, mais qui prend les problèmes par le fond. Le meilleur moyen pour Paul de montrer que l'esclavage est contraire à l'esprit évangélique, c'est d'insister sur les valeurs positives du Règne. Désormais, les liens entre les membres de l'Église sont fondés sur la charité. Bien comprise, elle change du tout au tout les relations humaines. Elle engendre la liberté.

La main-d'œuvre à bon marché que des générations d'êtres humains ont trouvé dans l'esclavage a empêché les progrès de la science et de la technique. On s'est résigné à ce mal terrible en disant qu'il était inévitable.

Paul insiste pour que Philémon reçoive Onésime comme s'il était le fils de Paul lui-même et son frère bien-aimé à lui, Philémon. Plus, Paul insinue que Philémon devrait créer un nouveau rapport avec Onésime en lui accordant la liberté. Onésime deviendrait libre pour servir l'apôtre.

Aujourd'hui

Ah ! si nous étions tous des pédagogues à la saint Paul ! Désintéressés comme lui qui offre des dédommagements matériels à Philémon, courageux comme lui qui se préoccupe des autres plus que de sa détresse de prisonnier, humains comme lui qui s'attache à adoucir les institutions de son temps, enracinés dans la charité comme lui qui regarde les hommes et les femmes en frères et sœurs bien-aimés.

UNE ÉCOLE DE SAGESSE

Luc 14,25-33

Le contexte

Les rabbins, les « maîtres », donnaient pour la plupart leur enseignement dans une ville qui devenait leur ville. Jésus semble avoir été différent sur ce point. Sa ville était Capharnaüm — *Jésus vint dans sa ville* (Matthieu 9,1) — mais il a surtout voyagé de ville en ville : comme quelques maîtres du temps, il a été un rabbin itinérant. L'école mobile était inventée. C'était l'école tout de même et Jésus enseignait la venue du Royaume et les exigences qui s'en suivent.

Le message

Il faut aller jusqu'au bout à l'école de Jésus.

La lecture d'évangile se divise aujourd'hui en deux parties. *(1)* Suivre Jésus exige tout du disciple. *(2)* Il faut être prudent avant de s'engager derrière Jésus.

Jésus dit : Si quelqu'un vient à moi sans me préférer [« haïr » dans la langue hébraïque, qui peut signfier comme ici « aimer moins »] *à son père, sa mère, sa femme, ses enfants, ses frères et sœurs, et même à sa propre vie, il ne peut être mon disciple. Celui qui ne porte pas sa croix…* Dans un monde où les liens familiaux étaient encore plus importants que maintenant, les paroles de Jésus conduisaient au renoncement total. Dans le même esprit, saint Paul utilisait le paradoxe : *Oui, je souhaiterais être anathème, être moi-même séparé du Christ pour mes frères, ceux de ma race selon la chair !* (Romains 9,3) Les devoirs envers la famille sont par ailleurs rappelés quand Jésus a redit les commandements au jeune homme riche (Luc 18,20).

Les écrits les plus récents de l'Ancien Testament faisaient de la Sagesse divine quelque chose de pratiquement distinct de Dieu. Jésus révèle peu à peu qu'il est la Sagesse, une émanation de Dieu. Par exemple il moule son langage sur celui que l'Ancien Testament attribue à la sagesse divine : *Venez à moi* (Matthieu 11,28s ; *cf.* Sirac 24,19). Jésus est donc à la fois l'enseignant et la matière enseignée.

Comme le livre de la Sagesse, Jésus propose à l'être humain le bonheur. Il donne des leçons de vie assez identiques mais il dépasse le message sapientiel. L'être humain n'atteint le vrai bonheur que dans une contradiction avec lui-même.

Avant de s'engager dans cette voie si difficile, le plus élémentaire bon sens exige qu'on y pense. Jésus, comme le roi de la parabole, s'est assis au désert, pour réfléchir avant d'entreprendre sa montée à Jérusalem. Jésus a donné l'exemple de l'intelligence dans sa vocation messianique. Il s'est placé à l'école du silence et des prophètes qui l'avaient précédé.

Aujourd'hui

Nous avons en mémoire une scène classique des écoles en septembre : une maman, le cœur gros, vient conduire à l'école sa petite fille ou son petit garçon pour la première fois. On sait que l'école est nécessaire à l'enfant mais c'est tout de même un déchirement. À l'école de Jésus, c'est la même chose. Pour avoir le bonheur que Dieu veut pour nous, il faut d'abord prendre la croix et ses renoncements.

Accepter les renoncements aux liens naturels, accepter la croix et la mort, c'est la source d'un bonheur supérieur. Ce message de vie par la mort à soi-même est garanti par la Sagesse de Dieu, Jésus. *Ce qui est folie de Dieu* — la croix de Jésus — *est plus sage que l'humain, et ce qui est faiblesse de Dieu est plus fort que l'humain* (1 Corinthiens 1,25).

24e dimanche du temps ordinaire

Le thème du pardon remplit les lectures de ce dimanche. La première nous reporte au Sinaï alors que le peuple inquiet du long séjour de Moïse dans la montagne s'est fabriqué une idole grossière, et Moïse apaise la colère du Seigneur son Dieu en lui rappelant les promesses qu'il fit à Abraham, à Isaac et à Jacob. Le chrétien ressent de la joie à cette lecture puisqu'elle révèle un Dieu lent à la colère et plein d'amour.

Dans l'épître, Paul chante la miséricorde de Dieu qui non seulement lui a pardonné son égarement mais lui a fait confiance en l'appelant à l'apostolat ; il est ainsi lui-même la démonstration vivante que le Christ est bien venu pour sauver les pécheurs. Ce bilan de vie est raconté dans une joie sereine.

Quant à l'évangile, il nous montre la joie que Dieu éprouve à pardonner et il nous incite à partager cette joie. Les objets, même précieux, qu'on trouve par hasard, ne nous réjouissent jamais autant que ceux qu'on a longtemps désirés et recherchés, et qu'on trouve au bout d'un effort personnel. Que dire des mouvements de l'âme du père de l'enfant prodigue qui regardait chaque jour la route où son enfant reviendrait !

Nous valons ce que valent nos joies.

JEANNE D'ARC

EN ROUTE VERS LA JOIE !

Exode 32,7-11.13-14

Le contexte

Le livre de l'Exode est le deuxième parmi les cinq livres de la loi de Moïse. La version grecque de la Bible lui a donné le nom sous lequel on le connaît aujourd'hui, c'est-à-dire *Exode* ou « sortie ». La sortie d'Égypte a été l'événement fondateur du peuple d'Israël. La délivrance de l'esclavage dans la terre des pharaons a été la manifestation éclatante de Dieu qui aime ce peuple, si rebelle soit-il. Après le passage de la mer des Roseaux, le don de l'alliance au Sinaï, un dernier événement devait permettre à Dieu de se faire connaître véritablement : l'épisode du veau d'or, la colère de Moïse qui a brisé les tables de la Loi, et surtout la réaction de Yahvé, Dieu d'Israël.

Le message

Il y a quelques années, on entendait souvent cette distinction : l'Ancien Testament, c'est la révélation d'un Dieu juste qui inspire la crainte ; le Nouveau Testament, c'est la révélation d'un Dieu d'amour qui pardonne. Maintenant que les chrétiens connaissent mieux la Bible, ils savent que ces distinctions sont plus ou moins valables. Toujours, Dieu est juste et aimant. Toujours, il provoque la crainte et il pardonne.

Ainsi, au beau milieu de l'Ancien Testament, au Sinaï, dans le livre de l'Exode, Dieu est présenté avec des traits surprenants. *Yahvé, Yahvé, Dieu de tendresse et de pitié, lent à la colère, riche en grâce et en fidélité ; qui garde sa grâce à des milliers, tolère faute, transgression et péché, mais ne laisse rien impuni* (Exode 34,6-7 ; voir aussi Psaume 103,8-10). C'est la prière de Moïse peu après la lecture d'aujourd'hui. De fait, à l'épisode du veau d'or, Dieu a pardonné. Pendant que Moïse s'entretenait avec Dieu dans la solitude de la montagne, les Israélites ont fabriqué un veau en or fondu. Ils se sont prosternés devant lui. Qu'il s'agisse de l'Égypte qu'Israël vient de quitter ou de la Palestine des Cananéens où il s'en va, le Moyen Orient ancien a vu dans le jeune taureau la divinité. On connaît les sépultures fastueuses du bœuf tacheté Apis à Karnak. Que les Hébreux aient voulu cet emblème de fertilité, « une religion comme les autres », ne nous étonne pas.

Moïse refuse l'offre du Seigneur de devenir l'ancêtre d'un peuple nouveau issu de lui. Il aime ses frères et sœurs tels qu'ils sont. Il intercède pour sa race pécheresse. Par son humilité et par la puissance de sa médiation, il apparaît nettement comme une figure du Christ. Il supplie le Dieu invisible qui ne se laisse représenter par aucune forme. S'il obtient miséricorde, c'est par anticipation, « en vertu des mérites de Jésus-Christ », comme le dit la tradition théologique.

Aujourd'hui

Le sacrement de la réconciliation est devenu dans la nouvelle économie des sacrements le signe le plus évident de la miséricorde de Dieu. Sa permanence dans la vie de l'Église indique la disposition de Dieu à ne plus revenir sur sa décision d'établir une alliance. Le pardon en Jésus-Christ a rendu définitive la volonté d'accessibilité de la miséricorde. La confession demeure « le plus humain des sacrements ».

LA JOIE D'ÊTRE TROUVÉ

1 Timothée 1,12-17

Le contexte

Nous avons ici une des dernières lettres de saint Paul parmi les treize que la tradition lui attribue. Les trois lettres que l'on appelle pastorales semblent considérablement retouchées à moins qu'elles ne soient des compositions libres par des disciples. Quoi qu'il en soit, on y reconnaît le ton passionné de Paul comme aussi son enseignement doctrinal. Le destinataire est Timothée, son collaborateur favori, à qui il confiait des missions très délicates.

Le message

Dans les lettres à son cher compagnon de travail Timothée, saint Paul, vers la fin de sa vie, a fait des récapitulations biographiques. C'est de sa vie de foi qu'il a parlé. Il résume ici en quelques lignes comment il a persécuté les disciples de Jésus, comment il s'est converti et comment le service de l'Évangile lui a été confié.

Je suis plein de reconnaissance pour celui qui me donne la force, Jésus Christ notre Seigneur, car il m'a fait confiance en me chargeant du ministère, moi qui autrefois ne savais que blasphémer, persécuter, insulter. Mais le Christ m'a pardonné : ce que je faisais, c'était par ignorance, car je n'avais pas la foi ; mais la grâce de notre Seigneur a été encore plus forte, avec la foi et l'amour dans le Christ Jésus…

Moi le premier, je suis pécheur. « Paul est le premier des pécheurs en ce sens que son cas illustre de façon éclatante la miséricorde dont l'être humain est l'objet de la part du Seigneur. Il serait donc vain de se demander si Paul a véritablement été le plus grand des pécheurs, l'idée de comparaison avec les autres ne jouant pas de rôle dans ce texte » (TOB). Paul a été bouleversé par la contemplation du mystère de Jésus. « La rédemption jaillit de la plus grande douleur jamais ressentie et de la plus grande innocence jamais parue sur terre. » (Paul VI)

Lui qui allait enchaîner les disciples de Jésus à Damas, Jésus glorieux lui est apparu et l'a chargé d'une mission chez les païens. *Mais si le Christ Jésus m'a pardonné, c'est pour que je sois le premier en qui toute sa générosité se manifesterait ; je devais être le premier exemple de ceux qui croiraient en lui pour la vie éternelle.*

Aujourd'hui

Un des dons de saint Paul a été la capacité de convaincre en parlant de lui-même. Les liens entre Paul et Timothée ont été solides.

L'activité apostolique de Timothée fut profondément marquée par celle de son maître. Paul l'appelait avec tendresse *notre frère, le collaborateur de Dieu dans la prédication de l'Évangile du Christ* (1 Thessaloniciens 3,2). Souvent, il le prenait avec lui dans ses déplacements missionnaires (*cf.* Actes 17,14-15; 18,5; 20,4; 2 Corinthiens 1,19). Nous trouvons Timothée aux côtés de Paul lorsque ce dernier écrit plusieurs de ses lettres: 1 et 2 Thessaloniciens, la seconde aux Corinthiens, Romains, Philippiens, Colossiens, Philémon. Paul le chargea de missions particulières. Par exemple, il l'envoya auprès des Corinthiens, pour leur rappeler *les règles de conduite dans le Christ* (1 Corinthiens 4,17).

Cette façon de faire n'est-elle pas la meilleure pastorale des vocations!

LA JOIE D'UNE FAMILLE EN FÊTE

Luc 15,1-32

Le contexte

La brebis perdue, la drachme perdue et l'enfant prodigue sont des paraboles sur la miséricorde adressées par Jésus à ceux qui le critiquaient parce qu'il mangeait avec les pécheurs.

Le message

Il y a une grande unité entre les deux premières paraboles du chapitre 15 de Luc et la dernière qui est la plus connue: la parabole de l'enfant prodigue. Dans le cas de la brebis perdue, le fait d'avoir été perdue symbolise le péché. De même pour la pièce d'argent. La conclusion rend d'ailleurs ce sens explicite puisque l'on parle de la joie pour un seul pécheur qui se convertit. La troisième parabole développe cependant davantage la notion de péché et celle de miséricorde. *Un homme avait deux fils. Le plus jeune dit à son père: « Père, donne-moi la part d'héritage qui me revient. » Et le père fit le partage de ses biens. Peu de jours après, le plus jeune rassembla tout ce qu'il avait, et partit pour un pays lointain où il gaspilla sa fortune en menant une vie de désordre.* Le fils ne veut plus vivre dans l'amour de son père. Son éloignement marque la distance de son cœur. Ce n'est plus un objet comme la pièce d'argent ni un animal comme la brebis qui sont perdus, mais c'est une personne qui choisit de s'en aller. Pour le père, le fils est perdu.

Ensuite, c'est la conversion. Est-elle proposée en exemple à celui qui écoute ? Si oui, bien faiblement, car elle s'inspire d'une contrition très imparfaite. Il n'est pas question du chagrin du père ou même de nostalgie de l'atmosphère familiale. *Quand il eut tout dépensé, une grande famine survint dans cette région, et il commença à se trouver dans la misère. Il alla s'embaucher chez un homme du pays qui l'envoya dans ses champs garder les porcs. Il aurait bien voulu se remplir le ventre avec les gousses que mangeaient les porcs, mais personne ne lui donnait rien.* L'humiliation pour un juif est totale, il doit vivre parmi les porcs alors que c'est l'animal impur par excellence. Le mauvais fils a échoué, il a dissipé son bien en utilisant mal les ressources qui devaient lui assurer un certain bien-être. Et il n'y a aucune élévation d'esprit en lui, seulement une capacité d'entrer en lui-même, comme disent certaines traductions. *Alors il réfléchit : « Tant d'ouvriers chez mon père ont du pain en abondance, et moi, je meurs de faim ! Je vais retourner chez mon père, et je lui dirai : Père, j'ai péché contre le ciel et contre toi. Je ne mérite plus d'être appelé ton fils. Prends-moi comme l'un de tes ouvriers ». Il partit donc pour aller chez son père.*

Suit la partie la plus importante de la parabole, celle qui décrit l'attitude du père. La pitié qu'il éprouve traduit le grec sémitisant *splangnai* qui veut dire « entrailles féminines » et qui rend l'hébreu *rahamim*. Ce père a une tendresse maternelle. Avant même que le fils ait prononcé une parole de repentir, avant qu'il n'ait « donné » quoi que ce soit à son père, celui-ci lui fait don du plus grand bien, l'amour (*cf.* ACEBAC). *Comme il était encore loin, son père l'aperçut et fut saisi de pitié ; il courut se jeter à son cou et le couvrit de baisers. Le fils lui dit : « Père, j'ai péché contre le ciel et contre toi. Je ne mérite plus d'être appelé ton fils… »*

On remarque la fin de phrase tronquée. Le fils n'a pas le temps de réclamer le statut de serviteur. La joie du père est telle qu'il ne peut en être question. L'aveu du fils est interrompu par l'ordre de le restaurer dans sa dignité première avec le vêtement et la bague du fils de famille ainsi que les sandales de l'homme libre. La fête est commandée. *Le père dit à ses domestiques : « Vite apportez le plus beau vêtement pour l'habiller. Mettez-lui une bague au doigt et des sandales aux pieds. Allez chercher le veau gras, tuez-le ; mangeons et festoyons. Car mon fils que voilà était mort, et il est revenu à la vie ; il était perdu, et il est retrouvé. » Et ils commencèrent la fête.*

À propos de sa brebis, le berger disait : *J'ai retrouvé ma brebis, celle qui était perdue.* À propos de la pièce d'argent, la femme s'exclamait : *J'ai retrouvé la pièce d'argent que j'avais perdue.* Le père de l'enfant prodigue dit de même : *Il était perdu, et il est retrouvé.* Cependant, parce qu'il a engendré cet enfant, il va plus loin. Il parle de mort et de vie : *Mon fils que voilà était mort et il est revenu à la vie.* Le langage de la métaphore disparaît presque pour désigner la vie éternelle que retrouve le pécheur pardonné. La restauration est intégrale.

Nous avions perdu de vue les interlocuteurs de Jésus. Ils réapparaissent sous les traits du fils aîné. *Le fils aîné était aux champs. À son retour, quand il fut près de la maison, il entendit la musique et les danses. Appelant un des domestiques, il demanda ce qui se passait. Celui-ci répondit : « C'est ton frère qui est de retour. Et ton père a tué le veau gras, parce qu'il a vu revenir son fils en bonne santé. » Alors le fils aîné se mit en colère, et il refusait d'entrer.* Jésus interpelle ainsi doucement les pharisiens et les scribes qui refusaient de se réjouir des conversions nombreuses à sa parole. L'entêtement et l'amertume du fils aîné leur apparaîtront une erreur et ils accepteront peut-être de se joindre à la joie des temps messianiques.

Jésus, dans les paroles du père, fait l'éloge du bonheur tranquille et profond du fils fidèle. Il ne heurte pas de front ses adversaires, car il dit bien que le bonheur se trouve dans la communion avec le Père. Jésus tente la persuasion comme dans la parabole. *Son père, qui était sorti, le suppliait. Mais il répliqua : « Il y a tant d'années que je suis à ton service sans avoir jamais désobéi à tes ordres, et jamais tu ne m'as donné un chevreau pour festoyer avec mes amis. Mais quand ton fils que voilà est arrivé, après avoir dépensé ton bien avec des filles, tu as fait tuer pour lui le veau gras ! » Le père répondit : « Toi, mon enfant, tu es toujours avec moi, et tout ce qui est à moi est à toi. Il fallait bien festoyer et se réjouir ; car ton frère que voilà était mort, et il est revenu à la vie ; il était perdu et il est retrouvé !»*

Aujourd'hui

L'Église est une assemblée de pécheurs pardonnés qui se réjouit de la miséricorde de Dieu !

25e dimanche du temps ordinaire

Vous ne pouvez servir Dieu et l'Argent. Cette conclusion de la parabole du gérant malhonnête est un leitmotiv de l'enseignement de Jésus ; il se fait ainsi l'écho amplifié des prophètes qui, comme Amos (première lecture), avaient tonné contre l'injustice des riches et des puissants envers les pauvres. Le temps est bref pour en prendre conscience.

Saint Paul nous invite à la prière spécialement pour les puissants. Étonnant ? Non ! puisque, selon l'enseignement même de Jésus, plus ils sont responsables, plus ils sont menacés... La prière se fait dans la perspective d'ensemble d'une conformité au plan de Dieu qui veut le salut de tous.

Toute la vie est dominée par le fait
que l'avenir commande le présent :
l'heure sonnera tôt ou tard
de plier bagage ou de remettre sa copie.

François Mauriac

PIQUER C'EST VOLER

Amos 8,4-7

Le contexte

Amos est le premier des prophètes écrivains, c'est-à-dire des prophètes dont les paroles et les interventions ont été consignées dans des livres qui portent leur nom. Originaire de Teqoa, près de Bethléem (Amos 1,1), Amos se présente lui-même comme un éleveur de bétail et un pinceur de sycomores: *J'étais berger et je cultivais les sycomores. C'est Yahvé qui m'a pris de derrière le troupeau et c'est Yahvé qui m'a dit: Va, prophétise à mon peuple Israël* (Amos 7,14-15). Il exerce son service dans le royaume du nord (Israël) vers 750 avant Jésus-Christ. Jéroboam II est alors roi d'Israël et Ozias roi de Juda (sud). À cette époque le pays jouit d'une grande prospérité.

Le message

Amos ne se laisse pas leurrer par les apparences de richesse. Peut-être parce que Teqoa a abrité une garnison assyrienne de surveillance, il est au fait de la politique internationale. Éclairé par Dieu, il juge que la richesse actuelle n'aura qu'un temps. Bien que n'étant pas forcément pauvre lui-même, son métier lui permet de connaître le paysan pauvre.

Il juge que le véritable service de Dieu exige non seulement l'abandon des idoles mais aussi la vie en fraternité. Tous sont des partenaires égaux de l'alliance et Dieu a imposé des obligations qui protègent les droits de la personne. Il n'est pas permis au riche d'accaparer la terre donnée à tous en héritage. Amos crie contre l'appât du gain qui fait regretter aux marchands les jours chômés. Il proteste contre ceux qui faussent les balances.

Le cynisme de ceux qui font payer jusqu'à la criblure de froment, il le condamne. Il utilise le ton de l'ironie pour dénoncer les exploiteurs. *Nous pourrons acheter le malheureux pour un peu d'argent, le pauvre pour une paire de sandales. Nous vendrons jusqu'aux déchets du froment!* Il peut mieux ainsi leur asséner une condamnation par la menace.

Le prophète s'insurge contre le marché d'esclaves où l'on vend des débiteurs insolvables. L'injustice des marchands de la ville sera punie par un fléau terrible. Dieu enverra les cruels Assyriens, symbolisés par le tremblement de terre (Amos 1,1).

Aujourd'hui

L'idole Mammon (l'argent) est la plus corrosive qui soit. Elle attaque et dégrade autant ceux qui ont de l'argent que ceux qui n'en ont pas : les uns par l'avarice, les autres par les angoisses d'un désir jamais satisfait. On aura beau avoir un tableau très sombre des maux qu'entraîne l'argent, on n'en continue pas moins de le désirer de toutes ses forces. Un peu d'honnêteté serait le premier pas dans l'écoute de la parole des prophètes. Attention à ne pas léser les intérêts des autres en les volant, fût-ce « modérément » — « peu de chose », par-ci, par-là, cela finit quelquefois par faire beaucoup.

Le nouveau visage de l'injustice se présente dans le problème écologique. L'écologie est un luxe de riches. C'est un fait de l'hémisphère nord. Après les déprédations de la nature dans leurs pays et le saccage des peuples pauvres du monde entier, les pays riches veulent un milieu ambiant salubre et des réserves écologiques pour la préservation des espèces en voie d'extinction. Les solutions proposées sont myopes (conservation des forêts, zones de protection du milieu ambiant), car elles ne remettent pas en cause le modèle de société qui fait que 80 % de la pollution de la terre vient des pays industrialisés de l'hémisphère nord. On ne remet pas en question les paradigmes de développement et les habitudes de consommation qui sont les causes de la crise écologique, spécialement les maladies et la mort prématurée des pauvres. Comme le dit Josué de Castro : « La pauvreté est le plus grand problème de l'environnement. »

LE SALUT, IL NE L'A PAS VOLÉ

1 Timothée 2,1-8

Le contexte

Les deux épîtres à Timothée et l'épître à Tite sont appelées les « épîtres pastorales ». D'un caractère assez particulier, ces écrits contiennent principalement des directives adressées aux « pasteurs » des communautés chrétiennes. Le problème de l'authenticité de ces épîtres et, par le fait même, celui de la date de leur composition restent ouverts. Est-ce Paul ou l'un de ses disciples qui les a rédigées ? En quelle année ?

La collaboration missionnaire entre Paul et Timothée a été très étroite. C'est à Lystres, au cours de sa seconde mission, que Paul fait sa connaissance et décide de l'emmener avec lui (Actes 16,3). Lorsque Paul part pour la Macédoine, l'Église d'Éphèse est confiée à Timothée (1 Timothée 1,3). Dans l'extrait qui nous est proposé, l'auteur formule ses instructions relatives à la prière liturgique.

Le message

L'accent de tout ce passage porte sur l'universalité. Le Christ est *venu sauver tous les hommes*. Cette expression est très caractéristique de la pensée des épîtres pastorales (*cf.* 1 Timothée 4,10; Tite 2,11). Elle revient d'ailleurs deux fois dans notre texte. L'auteur recommande avant tout de prier *pour tous les hommes* (v. 1). Trois modes de prière sont ensuite énumérés : la demande, l'intercession et l'action de grâces. Parmi les bénéficiaires de la prière d'intercession, ceux qui détiennent l'autorité font l'objet d'une mention spéciale (v. 2). Cette intercession du peuple chrétien en faveur de tous est accueillie favorablement par Dieu, car elle est la meilleure coopération qui soit à la réalisation de son plan de salut universel. Tous les êtres humains, sans aucune exception, sont appelés au salut. Ils y entrent par la connaissance de la vérité, de l'authentique parole de Dieu révélée en Jésus-Christ.

Parfois l'enseignement de saint Paul reflète son éducation chez les pharisiens. Ainsi dans la prière pour les chefs d'État. En général, les pharisiens étaient partisans d'un accommodement avec le pouvoir romain. Bien sûr, la Loi dans toute son intégrité ne pouvait être accomplie que dans une Palestine libérée de ses maîtres étrangers. Cependant, Israël est d'abord une communauté spirituelle. L'Église a mûri au moment où s'écrit la première épître à Timothée. Elle aussi, comme Israël et même davantage, se comprend comme une communauté religieuse. Son autonomie à l'égard du pouvoir politique doit lui permettre de rendre à Dieu ce qui est à Dieu. La communauté chrétienne se situe dans un monde païen. Elle est une minorité qui aspire à une vie calme et paisible. Elle est respectueuse du pouvoir établi comme Paul l'avait déjà recommandé dans l'épître aux Romains (ch. 13). L'Église ne perd pas toutefois son esprit conquérant : Paul, en effet, est le docteur des païens qu'on ne laisse pas croupir dans leur ignorance mais qu'on veut faire parvenir à la vérité et à la foi au Christ.

Aujourd'hui

Un lien peut être établi entre les trois lectures de ce dimanche : les riches marchands auxquels le prophète Amos s'en prend, trop intéressés à gagner toujours plus d'argent, ne peuvent célébrer le sabbat et les fêtes de Yahvé avec un cœur pur. Quant au texte de l'évangile, qui nous rappelle que nous ne pouvons servir à la fois Dieu et l'argent, Dieu et Mammon (Luc 16,13), il peut être rapproché de la formule de confession de foi monothéiste : *il n'y a qu'un seul Dieu* (1 Timothée 2,5).

QUE FAIRE AVEC L'ARGENT VOLÉ ?

Luc 16,1-13

Le contexte

Une parabole de Jésus est présentée avec des paroles de Jésus sur le thème de l'argent. Ces paroles pourraient être expliquées pour elles-mêmes, mais ici on les comprend en rapport avec la parabole qui vient d'être racontée.

Le message

Un intendant s'était vu accorder une grande indépendance dans la gérance d'un domaine agricole : la pratique en était commune à l'époque. Il peut se tirer un bon salaire à même l'intérêt usurier aux clients de son maître. Pourvu qu'il remette au propriétaire un pourcentage raisonnable, il peut s'organiser à sa guise. Malheureusement et peut-être à tort, on le soupçonne de gaspillage et son maître lui retire la gérance. Afin de se ménager des amis, l'intendant diminue l'intérêt des débiteurs, intérêt qui devait lui revenir. Ainsi il n'augmente pas la somme qu'il fait perdre à son maître, mais il profite de la courte période de temps où il peut encore passer pour le chargé d'affaires.

Première morale : *Les fils de ce monde sont plus habiles entre eux que les fils de la lumière. Eh bien, moi, je vous dis : faites-vous des amis avec l'argent malhonnête afin que, lorsqu'il viendra à manquer, ces amis vous reçoivent dans les demeures éternelles.* La première leçon se fonde sur une bonne intelligence du temps. La situation présente est provisoire. Il faut envisager l'éternité. Les amis qu'on se fait vont se révéler être Dieu lui-même dans le monde à venir.

Seconde morale : *Celui qui est digne de confiance dans une petite affaire est digne de confiance aussi dans une grande. Celui qui est malhonnête dans une petite affaire est malhonnête aussi dans une grande. Si vous n'avez pas été dignes de confiance avec l'argent malhonnête, qui vous confiera le bien véritable ? Et si vous n'avez pas été dignes de confiance pour des biens étrangers, le vôtre, qui vous le donnera ?* La seconde leçon ne porte plus sur le sens du temps mais sur le sens des valeurs. La sagesse consiste à estimer à leur juste mesure, dès ce monde-ci, les biens matériels et spirituels qui nous sont octroyés. Les expressions qui désignent les biens matériels sont délibérément péjoratives de crainte qu'on exagère leur rôle. L'argent n'est qu'*une petite affaire.* Jésus l'oppose au bien véritable comme s'il n'avait qu'une existence illusoire. Un bien étranger, extérieur à la personne, ne peut satisfaire son exigence profonde de bonheur. Il semble qu'il faille l'abandonner aux *fils de ce monde.*

Aujourd'hui

Tout argent, quel qu'en soit le mode d'acquisition, est malhonnête s'il n'est pas mis au service de Dieu. « Dans l'Évangile, le Seigneur ne nous demande rien de moins qu'un complet retournement de notre échelle des valeurs. » (B.-M. Chevignard) Nous n'avons pas trop d'une vie pour nous rendre compte qu'un jour l'argent perdra toute sa valeur : le jour de notre mort, il ne nous sera d'aucune utilité. Le temps qui nous est dévolu est accordé pour apprendre ce qu'est la vie. « Dieu a sagement agi en plaçant la naissance avant la mort ; sans cela, que saurait-on de la vie ? » (Alphonse Allais)

26e dimanche du temps ordinaire

Le portrait que trace le prophète Amos des riches de Jérusalem, vautrés dans le luxe et l'insouciance, semble avoir inspiré Jésus dans sa description du riche insensible au malheur du pauvre Lazare. Sa parabole nous apparaît comme une vivante illustration de sa proclamation étonnante : *Bienheureux, vous les pauvres ! Malheureux, vous les riches !* Saint Paul fait part à Timothée de la difficulté pour le riche d'être sauvé. Il propose des moyens pour surmonter ce problème et atteindre la joie. Le riche ne peut se tirer d'affaire tout seul dans ce genre de difficulté.

Souvent le désir de l'argent surgit d'une volonté de dépasser les autres : de cette manière on se fera considérer par eux et l'on pourra éventuellement les utiliser en les rabaissant.

Dieu ne regarde pas à la possession mais à la convoitise.

SAINT AUGUSTIN

POUR LE MALHEUR DES RICHES...

Amos 6,1a.4-7

Parmi les seize prophètes qui ont donné leur nom à des livres de la Bible, Amos est le plus ancien. C'est un berger, rude et simple, qui est envoyé par Dieu à partir de Juda (Jérusalem), son pays, à l'autre royaume, celui d'Israël. Vers 750, sous le règne de Jéroboam II, le royaume du Nord est prospère. Le luxe des grands insulte les opprimés et la splendeur du culte masque l'absence d'une religion vraie. Amos, le berger de Teqoa, est pris par Yahvé de derrière son troupeau pour prêcher à Béthel, le sanctuaire schismatique.

Le message

Les riches n'en ont pas pour longtemps.

Pour Amos comme pour Osée, le désert de l'Exode, c'était le bon temps. Israël vivait comme un peuple fraternel, les uns et les autres s'entraidant dans les difficultés de la vie. Depuis que les villes ont pris de l'importance, cette belle fraternité est finie. Les grands propriétaires terriens sont apparus et l'escalade infernale a commencé : les riches sont de plus en plus riches, les pauvres de plus en plus pauvres.

Pourtant, l'élection d'Israël oblige le peuple choisi à une plus grande justice sociale. Un fils qui a connu l'amour de son père d'une manière aussi privilégiée ne devrait-il pas être plus « raisonnable » ? Hélas, le peuple appelé n'y a rien compris, il n'a pas d'idéal de justice plus élevé que les peuples des alentours. La noblesse ne pense qu'à profiter de sa situation. Elle vit dans la mollesse avec l'argent pris aux pauvres.

Cette situation de scandale n'aura qu'un temps. L'Assyrie n'est pas nommée mais c'est à elle que le prophète pense pour exécuter le dessein de Dieu. Ce jour-là, les riches connaîtront la punition. Dans la ruine de Joseph — le royaume d'Israël — ils vont partir pour l'exil en tête des déportés.

Aujourd'hui

Les chrétiens sont les enfants chéris de Dieu, et même des « aînés » capables de comprendre son dessein dans la foi. Comment se fait-il que, groupés en nations, ils fassent peser sur le monde le poids de l'injustice et de l'inégalité ?

L'écologie représente un champ particulier où les inégalités sont apparentes. Pour être en compétition avec les autres, les pays d'Amérique latine ont procédé, par exemple, à la déforestation de plus de 25 millions d'hectares dans la forêt amazonienne. Cela entraîne une perte accélérée d'espèces animales au rythme d'une espèce à l'heure depuis 1990.

Il est illusoire de réclamer le respect de la nature en faisant abstraction de l'agression qui est faite aux êtres humains qui y vivent, les êtres humains marginalisés et appauvris.

L'écologie touche non seulement les animaux, les plantes, la pureté de l'atmosphère, mais aussi les relations de solidarité à l'échelle mondiale de l'être humain et de la nature. Le désastre risque d'être bien pire que l'invasion des Assyriens, s'il n'y a pas réveil des consciences.

... DIEU VIENDRA

1 Timothée 6,11-16

Le contexte

Les épîtres de saint Paul à ses disciples Timothée et Tite sont appelées épîtres pastorales.

Certains doutent que Paul ait écrit lui-même ces épîtres. Le message est assez différent de celui des autres épîtres puisque Paul parlait autrefois surtout de la liberté des chrétiens vis-à-vis du passé tandis que maintenant il insiste sur la continuité avec ce qui est déjà établi. Ce qui est certain, c'est qu'on a ici l'enseignement d'un Paul vieillissant et peut-être certaines de ses recommandations ont-elles été travaillées par des disciples comme Luc.

Le message

L'amour de l'argent est funeste.

Paul éprouve pour Timothée une affection très paternelle. Dans la deuxième lettre qu'il lui adresse, il lui dit par exemple: *Sans cesse, nuit et jour, je fais mémoire de toi dans mes prières. En me rappelant tes larmes* — lorsque Paul laissa Timothée à Éphèse —, *je brûle du désir de te revoir, afin d'être rempli de joie* (2 Timothée 1,3-4).

S'il lui donne des conseils, c'est donc qu'il parle le langage de l'affection. Dans une adjuration très personnelle, il lui recommande de se méfier de l'argent. *Lors donc que nous avons nourriture et vêtement, sachons être satisfaits* (1 Timothée 6,8). Il cite un proverbe courant dans la littérature profane du temps: *La racine de tous les maux, c'est l'amour de l'argent* (1 Timothée 6,10).

Le contexte de la lecture a un message plus conforme au thème de ce dimanche que la lecture proprement dite. Si le chrétien se détache de l'argent, c'est pour mieux s'attacher à Jésus-Christ. Le jour de son retour glorieux, de son Apparition, semble mystérieux; Paul l'ignore mais son exhortation n'en est pas moins assurée: *Garde le commandement sans tache et sans reproche, jusqu'à l'Apparition de notre Seigneur Jésus-Christ.*

Aujourd'hui

Inspirons-nous dans nos actions du portrait du riche chrétien fait par Paul à Timothée: *Aux riches de ce monde, recommande de ne pas juger de haut, de ne pas placer leur confiance en des richesses précaires, mais en Dieu qui nous pourvoit largement de tout, afin que nous en jouissions. Qu'ils fassent le bien, s'enrichissent de bonnes œuvres, donnent de bon cœur, sachent partager; de cette manière, ils s'amassent pour l'avenir un solide capital, avec lequel ils pourront acquérir la vie véritable* (6,17-19).

Dans le problème écologique qui touche toute notre planète, l'erreur des riches est de ne pas avoir une vue globale ou holistique de la situation. Ils pensent trop uniquement à eux-mêmes et non au destin des masses de pauvres qui sont concernées. Les écologistes pensent parfois que s'il y avait de moins en moins de personnes sur la terre le problème se résoudrait, car les êtres humains polluent et détruisent. Suffit-il de conserver des réserves de plantes et d'animaux dans des milieux protégés ? Il faut se défaire d'une mentalité égoïste et intéressée. Il faut protéger l'univers en ayant en vue l'être le plus complexe et en même temps le plus responsable de la création, l'être humain.

RÉTABLIR LA JUSTICE

Luc 16,19-31

Le contexte

Le chapitre 16 comporte un enseignement sur l'argent de la part de Jésus. Il dit : *Faites-vous des amis avec l'argent trompeur, afin que, le jour où il ne sera plus là, ces amis vous accueillent dans les demeures éternelles* (v. 9). Un retour sur le thème se fait grâce à une parabole.

Le message

Dans la parabole du mauvais riche et du pauvre Lazare, Jésus enseigne la nécessité du partage. Il faut éviter le triste exemple du *riche qui portait des vêtements de luxe et faisait chaque jour des festins somptueux*. Jésus ne le condamne pas pour sa richesse. Il ne le blâme pas non plus pour son indifférence envers le pauvre. Avec l'art extraordinaire du conteur qui est le sien, il se contente de juxtaposer la vie sur la terre de deux personnes. À l'auditeur de tirer ses conclusions lorsqu'il entend : *Un pauvre, nommé Lazare, était couché devant le portail, couvert de plaies. Il aurait bien voulu se rassasier de ce qui tombait de la table du riche; mais c'étaient plutôt les chiens qui venaient lécher ses plaies.* Sa misère est extrême puisqu'il est malade, qu'il a faim, qu'il est faible au point de ne pouvoir se lever pour mendier. Par terre, des chiens, animaux impurs pour les juifs, forment sa seule compagnie. Son unique recours, c'est Dieu, et Jésus le suggère en lui donnant un nom. Contrairement à l'anonymat des personnages des paraboles, celui-ci s'appelle Lazare (El'azar = « Dieu a secouru »).

Toujours sans porter de jugement explicite, Jésus laisse parler les images. *Or le pauvre mourut, et les anges l'emportèrent auprès d'Abraham. Le riche mourut aussi, et on l'enterra. Au séjour des morts, il était en proie à la torture; il leva les yeux et vit de loin Abraham avec Lazare tout près de lui.* On aurait pu traduire littéralement « dans le sein d'Abraham ». Les juifs se représentaient le bonheur éternel comme un banquet (voir Luc 14,15) auquel participent les patriarches (voir Luc 13,28-29). On y mangeait étendu sur un coussin, et la tête de chacun se trouvait près de la tête du voisin. Lazare est à la place d'honneur dans le festin céleste. La description de Jésus est très plastique. Comprenons bien qu'elle s'adresse à l'imagination des auditeurs et qu'elle ne présume pas une nature purement matérielle du bonheur du ciel. Jésus saisit ses auditeurs par le contraste absolu dans le sort des personnes.

Les lieux de bonheur dans l'Écriture comme chez les peuples du Moyen-Orient sont irrigués par de l'eau en abondance. On pense aux quatre fleuves du jardin d'Éden (Genèse 2,9-14). Le riche souffre de la soif alors qu'il y a de l'eau où se trouve Lazare. Le riche crie: *Abraham, mon père, prends pitié de moi et envoie Lazare tremper dans l'eau le bout de son doigt, pour me rafraîchir la langue, car je souffre terriblement dans cette fournaise.* La réponse d'Abraham étonne mais elle enseigne, sous la figure du gouffre, que l'orientation vers le bonheur ou le malheur au moment de la mort est définitive.

Mon enfant, répondit Abraham, *rappelle-toi: Tu as reçu le bonheur pendant ta vie, et Lazare, le malheur. Maintenant, il trouve ici la consolation, et toi, c'est ton tour de souffrir. De plus, un grand abîme a été mis entre vous et nous, pour que ceux qui voudraient aller vers vous ne le puissent pas, et que, de là-bas non plus, on ne vienne pas vers nous.*

Il ne faut pas comprendre ces paroles comme si Abraham voulait simplement dire : chacun son tour ; il est normal que ceux qui ont eu sur la terre toutes les jouissances pâtissent maintenant et inversement. Cette déclaration se réfère à un fait absolument anormal et contraire à la volonté du Seigneur : la juxtaposition révoltante de l'extrême misère et de l'extrême opulence. La loi de Moïse prévoyait des dispositions en faveur des gens modestes. Par exemple : *Tu n'endurciras pas ton cœur ni fermeras ta main à ton frère pauvre* (Deutéronome 15,7). Parce qu'il n'a pas agi selon ce précepte, le riche est condamné. Au contraire, les sentiments intimes de Lazare sont révélés. En lui-même, il prononçait la prière si fréquente du psalmiste : *Et moi, pauvre et malheureux ! ô Dieu viens vite !* (Psaume 70,6). Dieu a répondu à son attente. Hélas ! l'abîme qui le séparait du riche sur la terre se perpétue dans l'éternité. Le trou ne peut pas être comblé. Lazare ne peut le franchir.

Mais alors que faire ? Jésus voudrait convertir ses auditeurs et il les met en scène dans la parabole. Ce sont les frères du mauvais riche. Une demande est faite pour qu'on s'occupe d'eux. *Père, je te prie d'envoyer Lazare dans la maison de mon père. J'ai cinq frères : qu'il les avertisse pour qu'ils ne viennent pas eux aussi dans ce lieu de torture !* Abraham lui dit : *Ils ont Moïse et les prophètes : qu'ils les écoutent ! — Non, père Abraham, dit le riche, mais si quelqu'un de chez les morts vient les trouver, ils se convertiront. Abraham répondit : S'ils n'écoutent pas Moïse ni les prophètes, quelqu'un pourra bien ressusciter d'entre les morts : ils ne seront pas convaincus.*

Aujourd'hui

Nos contemporains notent que le message n'est pas énoncé. Tout ce que devrait dire Lazare aux cinq frères, c'est de ne pas venir en enfer. Ils devront se convertir, mais à quoi ? Dans toute parabole, on sent une énigme, un mystère, souvent d'autant mieux transmis qu'il n'est pas dit en toutes lettres. La tradition chrétienne ne se trompe pas en y voyant le souci des pauvres. Les riches sont stimulés à administrer leurs biens dans l'intérêt des pauvres. Qu'ils ne demeurent pas irresponsables dans une vie de jouissances ! Qu'ils organisent la société pour le bien-être des démunis !

27e dimanche du temps ordinaire

« Augmente en nous la foi ! » À ce cri des apôtres repris par les fidèles de tous les temps, le prophète Habacuc avait répondu par avance en exhortant à la constance dans notre amitié pour Dieu, même lorsqu'il laisse arriver des malheurs incompréhensibles. Pensons à Marie au pied de la croix.

Jésus, lui, semble se moquer un peu de ses disciples : la foi n'est pas une question de quantité, elle est d'abord confiance en Dieu et humilité. Sa mère Marie est un modèle de fidélité cachée depuis l'Annonciation. Saint Paul exhortait le faible Timothée à la vigueur dans la foi puisque c'est une puissante énergie qu'il a reçue dans les sacrements : « Ce n'est pas un Esprit de peur que nous avons reçu, mais un Esprit de force et d'amour. » La constance de Marie, mère de Jésus, puise à la même source.

Priez comme si tout dépendait de Dieu,
agissez comme si tout dépendait de vous.

S. Ignace de Loyola

LE JUSTE VIVRA PAR SA FIDÉLITÉ

Habacuc 1, 2-3 ; 2, 2-4

Le contexte

Le livre d'Habacuc est bref, seulement trois chapitres. Son auteur porte le nom d'une plante potagère, comme aujourd'hui des familles s'appellent Larose ou Latulipe. C'est une herbe semblable à la menthe ou au basilic. Habacuc a prononcé ses oracles de 605 à 600 av. J.-C., quand Nabuchodonosor, qui venait de détruire la cruelle Assyrie (Ninive), était en train de devenir puissant lui-même et accablait Israël. *Tu traites les hommes comme les poissons de la mer... l'hameçon du Chaldéen les prend tous, il les tire dans son filet, il les ramasse dans sa nasse* (1,14-15). Habacuc apparaît aussi dans le livre de Daniel au milieu d'un épisode qui a l'air d'un conte : c'est lui qui apporte à manger à Daniel dans la fosse aux lions, amené par un ange qui le prend par la tête et l'enlève de la Palestine pour le conduire en volant jusqu'à Babylone. Dans son livre, les oracles sont, selon l'expression anglaise, « food for thought ».

Le message

Le prophète Habacuc est dans la Bible le premier qui ait osé demander des comptes à Dieu. Depuis des siècles la foi proclamait la justice de Dieu. Cependant, cette justice n'était pas toujours évidente, et beaucoup devaient taire leurs doutes. Habacuc est le premier à poser la question : Pourquoi Yahvé permet-il à l'injustice de triompher ? *Combien de temps, Seigneur, vais-je t'appeler au secours, et tu n'entends pas, crier contre la violence, et tu ne délivres pas !*

Quand Yahvé punit un oppresseur, pourquoi le remplace-t-il par quelqu'un de pire ? *Pourquoi m'obliges-tu à voir l'abomination et restes-tu à regarder notre misère ? Devant moi pillage et violence : dispute et discorde se déchaînent.*

La réponse est double lorsque le prophète Habacuc s'interroge sur le problème du mal :

— Yahvé garde le secret de sa manière de gouverner le monde et il ne nous demande qu'une chose : rester fidèles. *Le juste vivra par sa fidélité.* La dernière phrase de la lecture du jour est aussi la pointe du livre.

— Le prophète Habacuc contemple la gloire de Dieu qui, à la fin, fera justice. Un peu comme il en sera plus tard dans le livre de Job, la puissance de Dieu manifestée dans sa création empêche l'être humain de placer son créateur en accusation. Surtout quand il déploie sa grandeur dans une tempête, la fragile créature humaine est forcée de s'en remettre à lui. *Dieu s'est arrêté, la terre tremble, il a regardé, les nations s'effraient, les monts des origines volent en éclats, les collines antiques s'effondrent* (Habacuc 3,6).

Aujourd'hui

Le problème du mal se pose à l'être humain avec plus d'acuité. Les communications instantanées et les capacités que nous avons de faire des investigations historiques plus poussées relancent le débat sur le rôle de Dieu dans la confrontation de la race humaine avec la souffrance. D'autre part, l'avancement des connaissances scientifiques mène à un approfondissement du mystère de l'origine de l'être et de la foi en Dieu. C'est une orientation conforme à ce que Habacuc disait il y a déjà très longtemps.

LA FORCE DE LA FIDÉLITÉ

2 Timothée 1,6-8.13-14

Le contexte

La deuxième épître à Timothée est la dernière lettre de Paul qu'on ait conservée. Elle a pu être retouchée par un disciple. Paul est mort à Rome vers l'an 67. Il avait environ 60 ans quand il a écrit ce testament spirituel. Dans nos Bibles, les lettres à Timothée se trouvent dans le dernier tiers du Nouveau Testament. Parce que courtes, elles ont été placées par Jérôme à la fin des épîtres de Paul.

L'amitié de Paul pour Timothée fut sans faille. Quand le bourreau se tiendra devant la porte de sa geôle vers la fin de sa vie, il désirera revoir une dernière fois (2 Timothée 4,9. 21) celui qu'il appelle « mon véritable enfant dans la foi » (1 Timothée 1,2).

Le message

Dans son message à Timothée, Paul emploie des images très évocatrices susceptibles d'émouvoir beaucoup celui qui le lit, des images qui rappellent le feu de camp. Au début, il y a l'embrasement où tout brille et s'élève dans un grand élan. Puis, il y a la retombée dans le calme avec des crépitements plus rares. Le bûcher qui dure n'est plus que du rouge sous la cendre. Le feu de braise attend du vent pour bondir de nouveau.

Paul a en tête ces images lorsqu'il dit à Timothée qu'il doit réveiller le don de Dieu. Il emploie le mot grec *anazopurein*, *anazo* « de nouveau » et *purein* « brûler ». Que la grâce des sacrements qu'il a reçue, celle du baptême, de la confirmation et de l'ordination sacerdotale soit vive en lui. Que la braise devienne flamme !

Timothée est né d'un père païen et d'une mère juive, Eunice, convertie à la foi chrétienne (Actes 16,1). Sa mère et sa grand-mère Loïs l'ont élevé dans le plus pur judaïsme et le culte des Écritures.

Paul, en passant par Lystres, a remarqué ce jeune homme, auquel les frères de Lystres et d'Iconium rendaient un bon témoignage (Actes 16,2), et il se l'est attaché pour le travail apostolique. Timothée est devenu l'enfant chéri de Paul (1 Corinthiens 4,17), son collaborateur fidèle, dont il ne se sépare pas volontiers. Timothée semble avoir été timide et un peu faible de caractère (1 Timothée 4,12).

Aujourd'hui

La plupart des chrétiens ont des traits communs avec Timothée. La majorité des baptisés ont bénéficié d'une éducation à la foi, soit dans leur famille ou dans des écoles. Ce que l'on a reçu d'autres personnes, toutefois, ne remplace pas l'intégration personnelle de la foi à sa vie. On ne peut pas suppléer à l'expérience propre de Dieu et du Christ.

À Timothée qui est un adulte investi de responsabilités, Paul dit de réfléchir sur les dons reçus. La réflexion va rendre plus vivante en lui la grâce des sacrements. Nous avons nos périodes de timidité. C'est en lisant les Écritures, surtout la vie héroïque de Paul et des apôtres, que nous retrouvons l'audace.

LA FOI EST HUMBLE FIDÉLITÉ

Luc 17, 5-10

Le contexte

L'évangile de Luc contient de nombreux enseignements sur ce qu'est la foi, avec de multiples paroles de Jésus et des exemples concrets. Nulle part ailleurs ne peut mieux se réaliser ce que le philosophe Gabriel Marcel disait au sujet de la foi: « La foi est faite de fidélité à une personne plus que d'adhésion à un formulaire dogmatique. » Dès les premières pages de son petit livre, Luc montre ce qu'est la foi. Marie répond à la proposition de l'ange Gabriel, non pas en donnant un accord intellectuel à un énoncé abstrait — c'est malheureusement la seule définition de la foi que l'on retient à l'époque moderne —, elle s'engage envers Dieu et le Messie qui naîtra d'elle dans un acte de confiance qui comporte un abandon de soi et beaucoup de confiance. Les enseignements de Jésus sur la foi sont évidemment tout à fait conformes à cette manière de voir.

Le message

La foi, si vous en aviez gros comme une graine de moutarde... Qu'un peu de foi suffise, voilà qui est réconfortant ! La comparaison avec un grain de moutarde suggère que nous ne sommes pas dans le domaine du calculable ou du quantifiable. Le théologien qui a peiné longtemps dans ses livres n'a pas forcément plus de foi que le travailleur manuel. La foi est renonciation à compter sur soi-même et sur ses propres forces pour s'appuyer sur Dieu. C'est bien le cas de la Vierge qui comprend sans doute qu'être la mère du Messie ne sera pas une mince tâche et entre tout de même dans le plan du Seigneur par son oui à l'ange.

Vous diriez au grand arbre que voici : Déracine-toi et va te planter dans la mer ; il vous obéirait. Il y a disproportion entre la foi et ses effets. Si Dieu devient l'agent principal dans les réalisations de la foi, tout devient possible. C'est le cas de Marie qui engendre un fils sans l'intervention d'un père humain.

Quand vous aurez fait tout ce que Dieu vous a commandé, dites-vous : « Nous sommes des serviteurs quelconques : nous n'avons fait que notre devoir. » Dans la parabole du serviteur qui a donné à manger à son maître et qui l'a servi à table, si Jésus conclut par une parole où il dit que les serviteurs du genre sont quelconques (ou inutiles), ce n'est pas pour mépriser le travail apostolique ou le zèle des disciples. Plutôt, c'est pour dire que tout dépend de la bonté de Dieu dans le salut. Aussi la motivation du disciple doit être l'accomplissement de la volonté de Dieu et la satisfaction d'occuper la place qui a été voulue pour lui. On reconnaît cette disposition de cœur dans la réponse de la Vierge à la demande de l'ange : *Je suis la servante du Seigneur !* Le choix de Dieu est gratuit, c'est lui qui en a fait la *pleine de grâce* selon la salutation qui lui est adressée.

Aujourd'hui

Si l'évangéliste Luc est celui qui pose les exigences les plus dures à qui veut devenir disciple, jamais il ne réduit l'état de disciple à ces exigences. Certes, le disciple doit se convertir, être pauvre, servir, porter sa croix mais une attitude englobe tous ces gestes, tout cet agir : la foi. L'essentiel, c'est d'être saisi par le Christ et de s'abandonner à l'Esprit. La Vierge Marie présente le modèle de cette attitude d'accueil.

28e dimanche du temps ordinaire

Derrière les récits de guérisons que nous propose la liturgie se cache une leçon d'universalisme qui s'oppose au particularisme de tous les temps — celui des juifs et le nôtre. En effet, Naaman est un Syrien et celui des lépreux qui vient remercier Jésus, un Samaritain. La foi ignore les frontières.

Saint Paul était bien d'accord, lui qui emprisonné à Rome écrit à son disciple Timothée d'origine grecque : *On n'enchaîne pas la Parole de Dieu.*

La foi demeure très imparfaite à moins de s'épanouir en reconnaissance.

Que chacun compare combien il a prié
quand il était dans l'épreuve
et combien il a remercié
quand ses prières ont été exaucées.

JOHN HENRY NEWMAN

FOI ÉPANOUIE EN GRATITUDE

2 Rois 5,14-17

Le contexte

Les livres des Rois racontent des événements depuis la mort de David (931) jusqu'à la prise de Jérusalem par les Babyloniens (587). Ces livres ne sont pas d'abord de l'histoire mais plutôt une réflexion de foi sur des épisodes choisis. Celui que retient la liturgie du jour met en scène Élisée qui a vécu vers 850 av. J.-C. Il était le disciple d'Élie et son héritier spirituel. Il a accompli des miracles comme son maître.

Le message

Il faudrait lire en entier l'histoire de Naaman. La liturgie n'en retient que les trois moments essentiels : son immersion dans le Jourdain, son action de grâces, sa profession de foi.

La lèpre qui l'affecte n'est peut-être qu'une maladie de peau, puisqu'elle n'interrompt pas les relations sociales dans son rôle de général d'armée.

Naaman a commencé par refuser d'aller se baigner au Jourdain comme le lui demandait Élisée. Il lui paraissait stupide de se plonger dans des eaux boueuses alors que les fleuves de son pays, la Syrie, avaient de l'eau claire : les rivières de Damas en font une oasis de toute beauté.

Ce qui nous intéresse en Naaman, c'est son bonheur d'homme guéri et sa démarche pour remercier. Il était normal d'apporter un cadeau à un prophète que l'on venait consulter (jadis Samuel avait apporté de l'argent quand il allait consulter Samuel, le voyant [1 Samuel 9,7-8]). Élisée a refusé le cadeau que Naaman voulait lui faire pour orienter l'homme vers Dieu, auteur de toute grâce.

Étrangement, Naaman emporte de la terre d'Israël pour ériger, une fois revenu à Damas, un terre-plein qui soit un temple à Yahvé. Pour les anciens, la terre est le lieu d'habitation de Yahvé. Une terre étrangère est impure car elle est souillée par les idoles.

Ce récit a valeur de défi pour les Israélites de l'époque et ceux qui liront les livres des Rois. Les chefs politiques d'Israël étaient justement pour la plupart des rois idolâtres qui s'étaient éloignés de la tradition yahviste et de ses psaumes d'action de grâces.

Aujourd'hui

Le prophète Ézéchiel nous dit, par le récit d'une vision fantastique, que Dieu a quitté Jérusalem à la prise du temple. Désormais, c'est en tout lieu qu'on peut le prier et le remercier. *La gloire de Yahvé sortit de sur le seuil du temple et s'arrêta sur les chérubins. Les chérubins levèrent leurs ailes et s'élevèrent de terre à mes yeux, en sortant les roues avec eux* (Ézéchiel 10,18). Les plus jeunes et les plus vieux peuvent lui rendre grâces partout.

« Qu'est-ce qu'on dit ? » « Merci ». Une bonne partie de l'éducation d'un enfant consiste à lui apprendre à dire « merci ». Et encore, on dirait que cette habitude, une fois prise, est rarement profonde. Elle s'oublie vite, surtout dans les années difficiles de l'adolescence. Dieu a été un bon pédagogue, revenant constamment à la charge pour enseigner la reconnaissance depuis l'histoire de Naaman jusqu'aux leçons de Jésus sur la gratitude.

FOI DANS UNE VIE AVEC LUI

2 Timothée 2,8-13

Le contexte

À la différence des lettres de Paul adressées à des communautés chrétiennes, les lettres à Timothée et Tite sont adressées à des pasteurs d'âmes, plus précisément à deux des proches collaborateurs de Paul : c'est pourquoi on les appelle épîtres pastorales. Pastorales, elles le sont à un autre titre encore. Timothée et Tite, qui sont des délégués de Paul, comme lui itinérants, et qui ont autorité sur les Églises locales, reçoivent des directives concernant le choix et les devoirs des ministres ou pasteurs. Nous voyons donc ici deux types de ministère. Le premier, dont Timothée et Tite sont les exemples, prolonge directement la mission des apôtres. Les autres restent liés à la communauté qui les a élus. Les femmes exégètes ont des réticences à l'égard des épîtres pastorales parce qu'elles restreignent les ministères aux hommes ou, du moins, ignorent les responsabilités apostoliques qu'ont exercées les femmes selon d'autres épîtres de Paul. Aussi des phrases qui sont peut-être circonstancielles rabaissent les femmes à un rôle passif dans la communauté (ex.: *Je ne permets pas à la femme d'enseigner* [1 Timothée 2,12]). Ces réserves n'enlèvent pas leur valeur permanente à la spiritualité qui ressort de ces lettres pour toute personne qui exerce un ministère dans l'Église ou pour tout baptisé.

Le message

Le catéchisme de l'Église catholique utilise un verset important de ce passage lorsqu'il traite de la mort chrétienne: grâce au Christ, la mort chrétienne a un sens positif. « *Pour moi, la vie c'est le Christ et mourir, un gain* » (Philippiens 1,21). « C'est là une parole certaine: si nous mourons avec Lui, nous vivrons avec Lui. » (2 Timothée 2,11) La nouveauté essentielle de la mort chrétienne est là: par le baptême, le chrétien est déjà sacramentellement « mort avec le Christ » pour vivre d'une vie nouvelle; et si nous mourons dans la grâce du Christ, la mort physique consomme ce « mourir avec le Christ » et achève ainsi notre incorporation à Lui dans son acte rédempteur.

Saint Ignace d'Antioche disait dans une lettre qu'il écrivait en route pour le martyre: « Il est bon pour moi de mourir dans le Christ Jésus, plus que de régner sur les extrémités de la terre. C'est Lui que je cherche, qui est mort pour nous; Lui que je veux, qui est ressuscité pour nous. Mon enfantement approche... Laissez-moi recevoir la pure lumière; quand je serai arrivé là, je serai un homme. »

Dans la mort, Dieu appelle l'être humain vers lui. C'est pourquoi le chrétien peut éprouver envers la mort un désir semblable à celui de saint Paul: *J'ai le désir de m'en aller et d'être avec le Christ* (Philippiens

1,23) ; et il peut transformer sa mort en un acte d'obéissance et d'amour envers le Père, à l'exemple du Christ. « Mon désir terrestre a été crucifié ; il y a en moi une eau vive qui murmure et dit au-dedans de moi : "Viens vers le Père." » (Ignace d'Antioche)

Sainte Thérèse de l'Enfant-Jésus disait pour sa part : « Je veux voir Dieu, et pour le voir il faut mourir. » Et aussi : « Je ne meurs pas, j'entre dans la vie. »

Aujourd'hui

Tout ministère ou même tout témoignage chrétien repose en son fond sur une conviction secrète à propos de la destinée humaine. Le noyau de la prédication chrétienne est un rappel de la mort du Christ et de sa résurrection : *Souviens-toi de Jésus-Christ le descendant de David ; il est ressuscité d'entre les morts.* Cet événement clé a fait connaître notre espérance : *nous régnerons avec lui !*

FOI + JOIE = MERCI

Luc 17,11-19

Le contexte

Les Samaritains occupent une place importante dans le Nouveau Testament. On connaît la Samaritaine et ses concitoyens d'après l'Évangile de Jean (Jean 4). Cependant, c'est dans l'œuvre de Luc qu'on fait vraiment connaissance avec eux : il y a le bon Samaritain (Luc 10,29-37), la mission en Samarie de Philippe, Pierre et Jean (Actes 8). Jésus avait dit dans une première phase de sa vie publique : *N'entrez pas dans une ville des Samaritains* (Matthieu 10,5) ; mais il ne répugne pas à avoir des contacts avec eux. Par exemple dans l'épisode d'aujourd'hui, Jésus se laisse approcher par un Samaritain. On a affaire à un Samaritain qui est lépreux, ce qui ne facilite pas les choses pour le contact avec les juifs.

À l'époque de Jésus, les lépreux devaient vivre en marge des lieux habités et ils étaient considérés comme impurs. Tellement que, le vent d'ouest étant dominant à Jérusalem, il leur était interdit de vivre à l'ouest du Temple pour que le vent ne souffle pas leur odeur sur le temple et rende ainsi impure la maison de Dieu.

Le message

Un Samaritain guéri de la lèpre est venu remercier Jésus.

Jésus était en marche vers Jérusalem quand dix lépreux sont venus à sa rencontre tout en se tenant loin de lui. Ils ont crié une prière: *Jésus, maître, prends pitié de nous.* Jésus les a envoyés se montrer aux prêtres. La loi de Moïse le prévoyait afin de vérifier une guérison et ainsi rendre la réintégration possible dans la communauté. En même temps, un contraste est établi au niveau symbolique. Les institutions juives ne peuvent rien pour les malades. À peine ses prêtres peuvent-ils constater que les lépreux ont recouvré la santé. Seul le Sauveur est capable de faire quelque chose.

Dans la pensée juive du temps de Jésus, la maladie est signe du péché. Le malade est déclaré impur. Il est, de ce fait, exclu temporairement de sa communauté, « excommunié ». La lèpre est même l'expression presque parfaite du péché. Les dix lépreux du récit sont rejetés et ne peuvent prétendre participer aux bienfaits spirituels de leur communauté. Neuf d'entre eux, alors qu'ils sont guéris, ne se rapprochent pas de Jésus, pas plus qu'avant leur guérison. Ils n'appartiendront pas à ceux qui suivent Jésus.

Un seul des lépreux guéris, un Samaritain, a été remis en santé spirituelle. Le nom « juif » vient de yadah (hébreu) qui veut dire *rendre grâce.* Le véritable « juif », dans le sens profond du mot, c'est le Samaritain. Il est digne des psalmistes qui à l'école de David remerciaient Dieu dans leurs poésies. *Il se jeta la face contre terre aux pieds de Jésus en lui rendant grâce.*

Le texte laisse les neuf lépreux dans un certain anonymat. On ne sait rien de leur personnalité, à part le fait de la maladie qui, seule, paraît les définir. Il en est autrement du Samaritain. C'est un enthousiaste. *Il revint sur ses pas, en glorifiant Dieu à pleine voix*. Lui dont les lèvres étaient peut-être rongées par la lèpre, il est maintenant capable de crier sa joie à pleins poumons. Il est humble, car il se jette aux pieds de Jésus. Il jouit d'une grande vertu : l'esprit de gratitude. Aussi il reconnaît en Jésus l'envoyé de Dieu.

Aujourd'hui

Nous sommes comme ce Samaritain, c'est-à-dire des personnes qui ne peuvent revendiquer de droit quelconque au salut. Pourtant, c'est bien ce qui se produit. Les sacrements, actes de vie, nous ont conduits à nous en remettre à Jésus dans la foi pour assurer notre bonheur dans sa plénitude.

29e dimanche du temps ordinaire

Les gestes de prière ont parfois au moins autant d'importance que les paroles. La prostration des musulmans a amené la conversion de Charles de Foucauld. Dans la première lecture, Moïse a levé les mains vers Dieu une journée entière pour obtenir l'aide de Dieu dans le combat de son peuple. Sa persévérance a valu la victoire à Josué et ses troupes.

Il faut prier longtemps, avec constance, c'est aussi ce que dit Jésus à ses disciples en leur racontant l'histoire de cette veuve qui, inlassablement, réclame d'un mauvais juge que justice lui soit rendue... Et elle y parvient !

Dans la vraie prière, il faut du temps : les gens pressés et les impatients passent à côté de la vraie prière.

Ce qui est vrai de la prière est vrai de la vie chrétienne tout entière. Paul le rappelait à Timothée en lui recommandant d'encourager avec grande patience les membres de sa communauté.

On trouve toujours assez de temps pour ce à quoi on tient vraiment.

Marc Joulin

TENIR BON

Exode 17, 8-13

Le contexte

La victoire contre les Amalécites se situe dans la continuité de la sortie d'Égypte.

— Le passage de la mer des Roseaux : les Égyptiens poursuivent Israël. Les Hébreux se révoltent contre Moïse mais Dieu lui commande de faire un passage dans la mer. C'est le salut du peuple élu.

— Les murmures à Mara : les Hébreux souffrent de la soif. Ils trouvent une eau amère à Mara et se révoltent contre Moïse. Dieu dit à Moïse comment rendre l'eau douce avec du bois. Le peuple se désaltère.

— La mutinerie à Élim : les Hébreux souffrent de la faim. Ils critiquent violemment Moïse mais Dieu leur fait dire qu'ils auront les cailles et la manne. Ils mangent à leur faim.

— Massa et Meriba : les Hébreux se plaignent encore de la soif et querellent Moïse. Sur l'ordre de Dieu, Moïse frappe le rocher qui donne de l'eau.

Le message

Le Yahviste qui, le premier, a écrit une histoire sainte d'Israël est un théologien raffiné. Cependant il a recueilli des sources plus anciennes qui reflètent parfois une pensée religieuse très primitive.

Sur la montagne qui surplombe le lieu de la bataille, Moïse tient à la main le bâton de Dieu. C'est un reste de magie, car Moïse par son geste de malédiction diminue la vigueur des Amalécites qui ne peuvent plus résister aux guerriers de Josué. Une pensée religieuse plus évoluée préférera montrer Dieu qui intervient dans l'histoire humaine non pas en raison de gestes magiques mais plutôt à cause de la sainteté des intercesseurs.

Le Yahviste a retenu cette histoire pour montrer que toute action dans l'ordre surnaturel exige de la persévérance. Il faut résister à la fatigue, à la lassitude, à l'ennui. Moïse, que l'extension des bras épuise, ira quand même jusqu'au bout pour mériter l'intervention de Dieu.

Le Yahviste tout au long de son livre de l'Exode est un maître extraordinaire de la prière. C'est surtout par le portrait de Moïse qu'il enseigne à ses lecteurs comment prier.

La première prière des Hébreux est celle de l'action de grâces. Il faut lire le chant joyeux de Moïse après le passage de la mer (Exode 15). L'autre prière que décrit le mieux le Yahviste est l'intercession pour les pécheurs : Moïse y met toute son âme (Exode 32), la même force qu'à lever les bras pour soutenir l'armée.

Aujourd'hui

La magie nous évite bien de la peine. Le magicien a trouvé la formule rapide pour mettre Dieu en action. Lever les mains ou tenir le bâton ont peut-être paru aux anciens des moyens efficaces. Moïse et Josué ont ainsi vaincu des ennemis. Cependant, Jésus est venu détruire l'illusion. C'est, sans doute pour donner l'exemple, par une prière douloureuse et persévérante qu'il a touché son Père. L'auteur de la lettre aux Hébreux décrit ainsi la prière de Jésus durant la Passion : *ayant présenté, avec une violente clameur et des larmes, des implorations et des supplications à celui qui pouvait le sauver* (Hébreux 5,7). Dans la prière de Jésus, il n'y a rien de magique, rien de facile et d'instantané. Le Yahviste, un des auteurs de l'Exode, enseignait déjà la ténacité dans la prière, un millénaire avant Jésus.

TENIR FERME

2 Timothée 3,14 - 4, 2

Le contexte

Tout au long des épîtres de Paul, un thème revient qui a une importance capitale : *Paul, apôtre, non de la part des hommes ni par l'intermédiaire d'un homme, mais par Jésus-Christ et Dieu le Père qui l'a ressuscité des morts* (Galates 1,1). La vocation de Paul pour évangéliser les nations vient d'une apparition du Christ ressuscité. Paul est apôtre au même titre que les autres, favorisés de la même vision, pas moins.

Le groupe des apôtres a reçu un honneur, ou plutôt une mission unique dans toute l'histoire du salut : témoigner de Jésus-Christ comme témoins oculaires. Pour leurs successeurs, la mission est déjà différente : il s'agit de maintenir une Église apostolique, fondée sur l'expérience des apôtres dont on ne doit pas perdre le souvenir. C'est ce que saint Paul enseigne avec tant d'insistance à un successeur, Timothée.

Le message

La ténacité de Timothée, condition de la succession apostolique.

Sachant bien quels sont les maîtres qui te l'ont enseigné. Le rôle de Timothée dans l'Église n'a de sens qu'en tant qu'il s'explique par un autre. Loïs, la grand-mère de Timothée, et Eunice, sa mère (2 Timothée 1,5), avaient élevé l'enfant dans la foi et, surtout, lui avaient fait rencontrer Paul. C'est par l'Apôtre que Timothée se rattache au Christ.

Tous les passages de l'Écriture sont inspirés par Dieu. En 67, les apôtres ont déjà consigné par écrit leur témoignage, en tout ou en partie (Matthieu et Jean), à moins que des disciples immédiats s'en soient chargés (Marc et Luc). L'Église des débuts voit un miroir de sa foi non seulement dans les livres saints des juifs — l'Ancien Testament — mais encore dans les écrits des apôtres. C'est l'arme par excellence de l'homme de Dieu que l'Apôtre choisit pour continuer à veiller sur les communautés chrétiennes.

Je te le demande : proclame la Parole. Timothée doit exercer un rôle de prédicateur, différent de celui de Paul, d'un ordre inférieur certes, mais qui ne doit pas manquer de ferveur. Les vertus de persévérance et de patience seront dans son arsenal.

Aujourd'hui

Nous subissons tous depuis une trentaine d'années un bouleversement des valeurs qui orientaient notre existence. Ce qui semblait solide paraît maintenant à beaucoup fragile et relatif. Les principes objectifs régissant la vie de tous les chrétiens ont cédé largement la place aux aspirations subjectives et relatives de chacun. Nos convictions personnelles sont devenues facilement friables dans ce climat alimenté par le cinéma, le théâtre, les revues, les journaux, la télévision et la radio.

Tiraillés et hésitants, nous souffrons des frustrations causées par le doute généralisé. Or on n'engage pas son existence sur un chemin incertain. Nous voulons être assurés que nos efforts nous procureront un bonheur durable. Les impressions d'un moment ne suffisent pas. Il nous faut un maître qui nous dirige avec une autorité infaillible.

Pour un chrétien qui ressent le besoin de croire dans un tel maître, la Parole de Dieu contenue dans la Bible est un refuge offrant la sécurité. Cette Parole est toujours vivante et interpellante. Efficace et sûre, elle illumine comme un phare au milieu des ténèbres du doute, elle apparaît comme un rocher sûr pour la personne ballottée en tous sens.

TENIR LONGTEMPS

Luc 18,1-8

Le contexte

Depuis la guérison des dix lépreux (17,11-19) jusqu'à la parabole du pharisien et du publicain (18,9-14), une section de l'évangile de Luc pourrait s'intituler: « Leçons sur la prière ». Les remerciements d'un lépreux montraient dans la prière d'action de grâces le complément normal de la prière de demande. La parabole exaltera la prière humble du pécheur qui a besoin de miséricorde.

Entre ces deux parties, on lit un discours de Jésus sur le Jour du Fils de l'homme. Il est à comprendre au sens de la demande du Notre Père: *Que ton règne vienne* (Luc 11,2). Le temps de l'Église, qui sépare la première venue de Jésus de la deuxième, c'est aussi le temps de la prière. Jésus enseigne la constance que doivent y mettre les disciples.

Le message

La ténacité de la veuve est une condition d'exaucement.

Il y a parfois des paraboles où l'enseignement, la conclusion morale comporte de l'ambiguïté, surtout pour des esprits occidentaux qui aiment la clarté. La parabole de l'intendant infidèle où l'on dirait qu'on approuve un fraudeur est de celles-là. Ici, pas de confusion possible. Le but de la parabole est indiqué bien nettement par l'évangéliste: *Pour montrer à ses disciples qu'il faut toujours prier sans se décourager.*

Le portrait de Dieu est fait d'après celui du juge inique. Dieu n'est pas comme lui, bien au contraire. Il est le Dieu juste avec la connotation particulière à la justice qui est donnée dans la Bible. La justice n'est pas une stricte répartition des biens selon un code de droits et de devoirs. C'est bien plutôt un parti pris en faveur des plus démunis comme la veuve importune. Ses élus sont précisément ceux qui souffrent. Ils vivent le paradoxe d'Israël qui n'a pris conscience de son élection que dans la grande humiliation de l'Exil.

On pourrait écrire un chapitre particulier sur les veuves tellement Luc les mentionne souvent. La prophétesse Anne était restée veuve (2,37). Jésus ressuscite un fils unique dont la mère était veuve (7,12) comme Élie l'avait fait autrefois (4,25); Jésus a loué la veuve qui mettait des piécettes dans le trésor du Temple (21,3). Dans les Actes, elles sont très présentes dans la plainte des Hellénistes (6,1) et autour de Pierre (9,39).

La veuve représente un type. Dans la société ancienne, la femme indépendante n'existe pas. Elle est membre d'une famille, elle dépend soit de son père ou de son mari. La femme qui n'a plus l'appui d'un homme peut donc se trouver en situation très difficile. Les lois les plus anciennes ne lui donnent même pas droit à l'héritage. On peut penser à l'Inde où, jusqu'à il y a peu de temps, la veuve s'immolait sur le bûcher funéraire de son mari, ayant perdu toute raison de vivre.

Le portrait de Dieu n'est pas celui des philosophes. Jésus ne décrit pas un Dieu intangible, insensible et transcendant. Plutôt, c'est le Père attentif au bien de ses enfants, comme la veuve. *Sans tarder, il leur fera justice.*

Aujourd'hui

Nous ne comprenons plus l'exaucement de nos prières par le retour glorieux de Jésus et l'accélération de l'histoire. L'Église croit cependant que la persévérance dans la prière n'est pas dépassée comme valeur. C'est par son Esprit Saint que Jésus vient exaucer nos prières. Il n'agit pas souvent d'une manière éclatante. Son action n'est pas de changer le plan de Dieu pour l'adapter à nos désirs. Il travaille plutôt, grâce au pain quotidien de la Parole, à nous conformer peu à peu intérieurement au plan de Dieu.

30e dimanche du temps ordinaire

Tout commence par un enseignement sur la prière. Sirac le sage l'affirme : Dieu écoute la prière humble et modeste. Jésus le dit lui aussi mais il va plus loin dans la parabole du pharisien et du publicain. On passe de la loi ancienne entendue comme un ensemble de règles à observer, à la loi nouvelle qui est un appel à la conversion du cœur ; il ne s'agit plus seulement d'obéir, il faut se savoir aimé comme pécheur et répondre à cet amour.

Saint Paul, au soir de sa vie, après avoir si souvent proclamé la gratuité de l'amour de Dieu, répète une dernière fois que la mort comme accès à la récompense est une pure grâce. Elle n'est pas un automatisme explicable par nos catégories.

(À son médecin)
N'aie pas peur de me dire
que la mort est proche,
car elle est pour moi la porte de la vie.

FRANÇOIS D'ASSISE

IL ÉCOUTERA UNE PRIÈRE HUMBLE

Sirac 35,12-14.16-18

Le contexte

L'Ecclésiastique ou le Siracide occupe un rang prééminent dans la littérature juive de sapience. Des ouvrages sapientiaux, il est l'un de ceux qui, avec la Sagesse, ont le plus influencé les auteurs du Nouveau Testament. Il déborde grandement d'Israël par sa théologie universaliste, bien que sa conception de la morale soit fondée sur la Loi et sa philosophie de l'histoire sur les prophètes. Il appartient à une époque, le IIe siècle av. J.-C., où le judaïsme cherche à se répandre parmi les gentils d'Égypte. Il veut transmettre les valeurs spirituelles et, surtout, dans le passage qui nous concerne, le sens de la prière.

Le message

La prière est une réalité accessible au pauvre. Les sacrifices d'animaux au temple de Jérusalem n'étaient possibles que pour les riches parce qu'il fallait être à l'aise financièrement pour faire passer par le feu un agneau ou un bœuf.

La prière est vraiment le moyen d'accès à Dieu le plus universel qui soit. Du côté du Seigneur, il fait savoir par les prophètes et les sages comme Sirac qu'il reçoit la prière comme une offrande agréable. *Il ne défavorise pas le pauvre, il écoute la prière de l'opprimé... La prière du pauvre traverse les nuées ; tant qu'elle n'a pas atteint son but, il demeure inconsolable. Il ne s'arrête pas avant que le Très-Haut ait jeté les yeux sur lui.*

À cause de cet enseignement biblique, les définitions de la prière données par les saints qui en ont été les maîtres sont lumineuses de simplicité. Saint Jean Damascène donnait la définition qui suit : « La prière est l'élévation de l'âme vers Dieu ou la demande à Dieu des biens convenables. » Sainte Thérèse de l'Enfant-Jésus disait : « Pour moi, la prière c'est un élan du cœur, c'est un simple regard jeté vers le ciel, c'est un cri de reconnaissance et d'amour au sein de l'épreuve comme au sein de la joie. »

Le pauvre dont parle Sirac n'est pas seulement celui qui est dépourvu de richesses, il est aussi un pauvre « en esprit » puisqu'il s'en remet à Dieu.

La prière biblique des psaumes est à cet égard un modèle de prière pour les humbles. D'où parlons-nous en priant ? De la hauteur de notre orgueil et de notre volonté propre, ou *des profondeurs* (Psaume 130,14) d'un cœur humble et contrit ? C'est celui qui s'abaisse qui est élevé, selon les mots de la Vierge à la Visitation. L'humilité est le fondement de la prière, car la personne renfermée dans sa suffisance n'a pas besoin de Dieu.

L'humilité est également la disposition nécessaire pour recevoir de Dieu la capacité de prier. *Nous ne savons que demander pour prier comme il faut* (Romains 8,26). L'humilité est la disposition pour recevoir gratuitement le don de la prière. « L'homme est un mendiant de Dieu », disait saint Augustin.

Aujourd'hui

Même après avoir perdu la ressemblance avec Dieu par son péché, l'être humain reste à l'image de son Créateur. Il garde le désir de celui qui l'appelle à l'existence. Toutes les religions témoignent de cette quête essentielle de la personne. Quand nous prions, nous sommes en droit de nous sentir en communion avec tous les habitants de la terre puisque bien rares sont ceux qui ne voient pas naître dans leur cœur une élévation vers Dieu.

IL ME FERA ENTRER AU CIEL

2 Timothée 4,6-8.16-18

Le contexte

Beaucoup de personnages bibliques laissent un testament spirituel avant de mourir. C'est le cas de Moïse dans le livre du Deutéronome, celui de David dans le premier livre des Rois et, bien sûr, celui de Jésus dans l'évangile de saint Jean. Inévitablement, dans ces pages de la Bible, il ressort une conception de la mort, ce qu'elle est et où elle mène. Saint Paul, dans la dernière de ses lettres, n'échappe pas à la règle. Il donne, sans le vouloir tout à fait, un enseignement sur la mort chrétienne. Il l'adresse à son ami Timothée, et ce testament spirituel, qu'il soit authentique ou fortement retouché, contient un résumé profond et complet sur les fins dernières de l'être humain.

Le message

Paul affirme sa confiance en Dieu comme juge devant qui il doit paraître: *Je n'ai plus qu'à recevoir la récompense du vainqueur: dans sa justice, le Seigneur, le juge impartial, me la remettra en ce jour-là.* Paul dit avec fermeté qu'il ne croit pas en une réincarnation dans un corps différent de celui qu'il a eu durant la vie qui s'achève. Ailleurs dans le Nouveau Testament on lit: *Les êtres humains ne meurent qu'une fois, après quoi il y a un jugement* (Hébreux 9,27). Pour Paul, la purification des péchés ne s'accomplit pas par la transmigration des âmes où la personne reçoit dans différentes existences une purification des fautes et des péchés commis dans des existences antérieures. *[Je recevrai la récompense] comme tous ceux qui auront désiré avec amour sa manifestation dans la gloire.* Ce qu'il dit, c'est clairement qu'il y a un « je », une personne responsable de ses actes dans une histoire qui ne se répétera jamais. Cette personne compte sur Dieu et non sur elle-même pour la délivrer du mal. *Il me sauvera*, dit Paul, car si par la foi il a déjà adhéré au Christ Sauveur mort sur la croix, le moment est venu où cette foi arrive à son achèvement.

Paul ressent beaucoup de solitude durant son procès et devant la perspective d'une condamnation à la peine capitale. *La première fois que j'ai présenté ma défense, personne ne m'a soutenu: tous m'ont abandonné.* Toutefois, le fait même d'adresser une lettre à Timothée montre qu'il se sent lié à des personnes, parents ou collaborateurs, avec qui il a vécu des moments inoubliables et qui le consolent de l'isolement. Ce sont ces liens qui occupent son esprit au moment de mourir.

Paul redit ce qui a constitué l'essentiel de sa prédication sur la grâce ou le don gratuit: le bonheur de la plénitude du salut vient de Dieu et non de nos efforts. *Il me fera entrer au ciel, dans son Royaume.* La théorie de la réincarnation, selon laquelle chaque personne hérite d'un poids de mal dont elle doit se libérer par une démarche de volonté, est mise à l'écart. C'est Dieu qui gratuitement se fait connaître. *Il se fait le rémunérateur de ceux et celles qui le cherchent* (Hébreux 11,6).

Aujourd'hui

La théorie de la réincarnation était connue par saint Paul puisqu'elle faisait partie de la philosophie de Platon, hautement considéré par les intellectuels de l'Antiquité. De nos jours l'influence de la religion de l'Inde l'a ramenée à l'actualité. (Notons que la Chine ne croit pas en cette doctrine.) Nous avons à prendre position vis-à-vis de cela dans la tradition des religions du Livre, en redisant que nous attendons la rémission des péchés de la croix du Christ et que nous reconnaissons en lui un juge plein d'amour et de miséricorde.

IL ÉCOUTERA LA PRIÈRE DU PÉCHEUR

Luc 18,9-14

Le contexte

Luc a été un maître de la prière et il s'est montré très sensible aux enseignements de Jésus à ce sujet. Il a aimé nous parler de la prière sous toutes ses formes, il s'est intéressé à nous décrire les contemporains de Jésus, les premiers chrétiens ou Jésus lui-même, en train de prier. Son évangile s'ouvre sur la prière de Zacharie qui demandait un enfant. On lui répond: *Ta supplication a été exaucée... Élisabeth t'enfantera un fils* (Luc 1,13). Luc propose donc la prière pour des besoins quotidiens et par des exemples très concrets. C'est Luc qui nous parle des apôtres étonnés devant la prière de Jésus. Ils disent: *Seigneur, apprends-nous à prier comme Jean l'a appris à ses disciples* (Luc 11,1). Jésus va jusqu'à dire: *Veillez donc et priez en tout temps* (Luc 21,36). Cette consigne paraît avoir été suivie presque à la lettre: *Tous d'un même cœur étaient assidus à la prière avec quelques femmes, dont Marie, mère de Jésus* (Actes 1,14).

Le message

Dans la parabole du pharisien et du publicain, Luc nous rapporte l'enseignement de Jésus sur l'humilité dans la prière.

Quand on pense au pharisien et au publicain en train de prier, on imagine la figure grasse, bouffie, d'un pharisien riche et prétentieux, puis celle d'un publicain, pauvre type mal habillé à l'air misérable. Il faudrait oublier cette image venue d'un album pour enfants, car c'était probablement le contraire. Un publicain, c'est un fonctionnaire, distingué, instruit et riche, riche surtout puisqu'il se remplissait les poches avec l'argent des contribuables.

Le pharisien priait en lui-même: *Mon Dieu, je te rends grâce parce que je ne suis pas comme les autres hommes: voleurs, injustes, adultères, ou encore comme ce publicain. Je jeûne deux fois par semaine et je verse le dixième de tout ce que je gagne.* Le pharisien s'acquitte vraiment des pratiques pieuses de sa secte, et il y trouve l'assurance de sa justice. Il fait encore un jeûne surérogatoire (plus que demandé) de dévotion.

Le collecteur d'impôts lui aussi a une juste perception de lui-même. *Lui se tenait à distance et n'osait même pas lever les yeux vers le ciel; mais il se frappait la poitrine en priant: Mon Dieu, prends pitié du pécheur que je suis.* La justice, que le pharisien prétendait acquérir par ses œuvres, est un don que Dieu seul peut accorder.

Aujourd'hui

Nous pouvons prendre pour nous-mêmes la critique formulée par Jésus *pour certains qui étaient convaincus d'être justes et qui méprisaient tous les autres.* La parabole met en scène des personnes qui sont caricaturales. Il faut l'adapter pour en vivre. Saint Paul a réussi une heureuse synthèse des deux personnages dans ce qu'ils avaient de bon. C'est le type du pharisien fier de sa rectitude, de son obéissance à la loi et de ce que la secte a donné à Israël. Il a participé de tout cœur à la vie du mouvement pharisien mais sa foi chrétienne lui a enseigné que le salut est non plus une justice à soi… mais une justice qui vient de Dieu.

Il faut ajouter un autre personnage qui monte au temple pour prier… moi! Je ne suis ni tout à fait comme l'un, ni tout à fait comme l'autre, ou peut-être comme l'un et l'autre tour à tour. Je n'ai qu'une chose à demander. Je ne peux pas éviter qu'on me juge sur les apparences, je peux solliciter du vrai juge qu'il ne me fasse pas de procès avant de m'avoir donné sa justice.

31e dimanche du temps ordinaire

« Ceux qui tombent, tu les reprends peu à peu. » Ainsi le livre de la Sagesse (première lecture) décrit-il la patience miséricordieuse de Dieu. Jésus, lui, d'une certaine manière, se montre impatient : c'est dans l'immédiat qu'il appelle Zachée à devenir son ami et à changer de vie. La réponse rapide de Zachée s'explique si l'Esprit de Dieu l'y préparait. Il y avait un certain temps que « ça le travaillait ».

Dans la deuxième lettre aux Thessaloniciens, Paul enseigne, d'une façon chaleureuse et convaincante, qu'il faut être « dignes de l'appel » que nous avons reçu de Dieu.

Dieu est l'Emmanuel, le Tout-Proche,
Dieu-avec-nous, Dieu en nous, dont
le contact ne fait plus mourir mais vivre.

John Henry Newman

TU AIMES CE QUI EXISTE

Sagesse 11,23-12, 2

Le contexte

L'auteur du livre de la Sagesse a emprunté l'identité de Salomon pour réfléchir sur l'histoire d'Israël. Il a écrit vers l'an 50 av. J.-C. en Égypte. La version grecque du livre s'appelait « Sagesse de Salomon ». À cause du lieu de rédaction, l'auteur a été amené à réfléchir sur Yahvé, Dieu d'Israël, et les Égyptiens, ennemis séculaires du peuple hébreu depuis l'époque de Moïse. Est-ce qu'il ne convenait pas que Dieu venge son peuple pour tous les tourments endurés avant l'Exode ? Le livre de l'Exode rapportait en effet la destinée très dure des ancêtres : *Les Égyptiens contraignirent les Israélites au travail et leur rendirent la vie amère par de durs travaux* (Exode 1,13). On se souvenait trop bien que les enfants mâles étaient condamnés à mort dès leur naissance et qu'une armée disposée à les anéantir les avait poursuivis lorsqu'ils s'échappaient de la servitude.

Le message

Ce qui aurait dû régler les rapports de Dieu avec les Égyptiens, c'est la loi du talion : œil pour œil, dent pour dent. Cette loi est d'ailleurs répétée sous une autre forme dans le livre de la Sagesse quelques versets avant ceux de la lecture du jour : *Qu'ils sachent que l'on est châtié par où l'on pèche* (v. 16).

Les Égyptiens auraient mérité la mort pour leurs homicides. Et certes, c'est ce qui est arrivé dans la mer Rouge. Néanmoins, en pensant à tous ces événements du passé, Salomon découvre quelque chose sur Dieu. Il a usé de modération envers les Égyptiens malgré l'absurdité de leur zoolâtrie. Il n'a pas anéanti ce peuple.

Salomon prie ainsi : *Seigneur, tu as pitié de tous les hommes, parce que tu peux tout. Tu fermes les yeux sur leurs péchés, pour qu'ils se convertissent* (v. 23). Déjà les mots de Sirac le sage allaient dans le même sens avec beaucoup d'émotion : *La pitié de l'être humain est pour son prochain, mais la pitié du Seigneur est pour toute chair: il reprend, il corrige, il enseigne, il ramène, tel le berger, son troupeau* (Sirac 18,13). Un commentateur ajoute: « La pensée des v. 23ss n'est pas nouvelle en Israël, mais jamais on n'avait exprimé avec autant de force et sous forme de raisonnement l'universalité de la pitié de Dieu pour les pécheurs, le rôle déterminant de l'amour dans la création et la conservation des êtres. » (Nouvelle Bible de Jérusalem) Les mots « Tu as pitié de tous les hommes » annoncent de fait le salut pour tous réalisé en Jésus-Christ.

La raison profonde de cette attitude: *Tu aimes en effet tout ce qui existe, tu n'as de répulsion envers aucune de tes œuvres; car tu n'aurais pas créé un être en ayant de la haine envers lui.* Ce thème de l'amour de Dieu pour ses créatures avait été bien exprimé dans la prière du grand-prêtre au jour du Yom Kippour: « Souviens-toi de nous pour la vie, ô Roi qui désires la vie, et nous inscris dans le livre de vie. »

Aujourd'hui

La modération envers l'ennemi que l'on découvre chez Dieu devient une invitation pour tout croyant à faire de même. Salomon dit dans sa prière: *Ceux qui tombent, tu les reprends peu à peu, tu les avertis, tu leur rappelles en quoi ils pèchent, pour qu'ils se détournent du mal, et qu'ils puissent croire en toi, Seigneur.* Des rabbins mettaient dans la bouche de Dieu le reproche suivant quand les anges voulaient chanter devant la noyade des Égyptiens: « L'œuvre de mes mains est en train de se noyer et vous voudriez chanter des hymnes ? »

L'attitude de Jésus envers les pécheurs est devenue la révélation plénière de Dieu dans la vie de l'Église.

TU AIMES CEUX QUE TU APPELLES

2 Thessaloniciens 1,11 - 2, 2

Le contexte

Thessalonique est une ville de Grèce que Paul a évangélisée durant son deuxième voyage missionnaire (49-52). Les lettres aux Thessaloniciens ont été écrites de Corinthe en l'an 51, soit vingt ans environ après la résurrection de Jésus. Ces deux épîtres sont les premiers documents écrits du Nouveau Testament (donc avant les évangiles) qui nous soient parvenus sans retouches substantielles. Elles sont le treizième et quatorzième « livres » du Nouveau Testament dans l'ordre de nos Bibles. La deuxième lettre aux Thessaloniciens traite surtout de la seconde venue de Jésus à la fin des temps.

Le message

Nous prions continuellement pour vous, afin que notre Dieu vous trouve dignes de l'appel qu'il vous a adressé. En parlant de disciples dignes de l'appel, Paul se place dans une longue tradition biblique. Le début d'une alliance ou de relations spéciales entre Dieu et un partenaire se fait toujours par un appel. La Parole de Dieu interpelle celui ou celle qui désormais doit vivre en serviteur de Dieu. Et, tout d'abord, le premier couple est appelé à l'existence, à la suite d'une parole de Dieu (Genèse 1,26). Ensuite, lorsque Dieu conclut une alliance avec Abraham et sa descendance, la parole survient pour établir la vocation du patriarche. Plus, son nom est changé d'Abram en Abraham pour montrer que c'est dans son être intime qu'il est changé et qu'il devient l'interlocuteur de Dieu (Genèse 12,1 ; 17,5).

L'humanité est transformée par la résurrection de Jésus, et Paul exulte de voir que la transformation s'opère réellement à Thessalonique. L'Église s'y développe dans la foi et la charité. *Qu'il vous donne d'accomplir tout le bien que vous désirez, et qu'il rende active votre foi.*

Cependant, le reste de sa lettre montre que les forces du mal disposent d'un certain pouvoir. Il y a un temps d'épreuve à traverser. Les Thessaloniciens ont l'ardeur de ceux qu'on vient de baptiser mais il leur faut encore comprendre que le temps fait partie du mystère chrétien. Qu'ils ne s'énervent pas avec des bruits sur la fin du monde ! Qu'ils envisagent l'avenir soutenus par la prière de Paul, dont ils ont besoin. Ils sont encouragés à se servir de tout ce dynamisme spirituel irrésistible qu'ils ont reçu au baptême. C'est une valeur sûre qui est là au plus intime de leur personnalité nouvelle.

Aujourd'hui

Dans son best-seller *Comment se faire des amis*, Dale Carnegie donnait le conseil d'appeler les personnes par leur nom et même de le répéter le plus souvent possible. Il n'y a rien de plus agréable aux oreilles d'une personne. Elle se sent connue dans ce qu'elle a de plus personnel, quelque chose qui lui est propre. Nous pouvons rendre nos rapports avec les autres plus chaleureux en faisant un effort pour nous souvenir de leur nom.

Plus profondément, pensons que le nom de baptême est le nom sous lequel Dieu nous connaît. Il nous a appelés à lui. Nous sommes en dialogue avec lui, écoutant ce qu'il a à nous dire et lui répondant par la prière et la conduite droite. Les Thessaloniciens ne nous sont pas connus par leur nom, mais s'ils ont formé une communauté chrétienne exemplaire, c'est que chacun s'y trouvait en rapports personnels avec Dieu et connu de lui.

TU AIMES CELUI QUI TOMBE

Luc 19,1-10

Le contexte

La conversion de Zachée a lieu à Jéricho, la ville la plus basse du monde. Jéricho est situé à 300 mètres au-dessous du niveau de la mer.

C'est la dernière étape dans la montée de Jésus à Jérusalem et l'étape ultime avant la Passion. Jésus a fait trois choses à Jéricho: la guérison d'un aveugle, la rencontre de Zachée et le récit d'une parabole sur l'avènement d'un roi. Jéricho était déjà un symbole des merveilles de Dieu, car la ville, considérée comme imprenable au temps de Josué, avait pourtant été prise grâce à l'intervention de Dieu (Josué 6). Zachée le riche semble lui aussi imprenable mais l'initiative de Jésus rend l'inattendu tout à fait possible.

Le message

Zachée a tout contre lui, y inclus son nom. En hébreu ce nom signifie « le Pur », ce qui est tout à fait ironique quand on sait ce que la foule pense de lui. En tant que collecteur d'impôts et même chef des publicains, il a la réputation d'être devenu riche à force de fraudes. C'est un pécheur public, que la foule à la fois déteste et envie.

Zachée est *petit de taille*, dit Luc. C'est ce qui rend le récit particulièrement populaire auprès des enfants des écoles d'aujourd'hui, eux qui ont hâte de grandir. Zachée a encore une âme d'enfant même s'il a les mains sales. Le fait de monter sur un sycomore (un grand arbre qui a des branches basses) permet de croire en une ingénuité curieuse de gamin chez lui. Il a sans doute noué à sa taille ses vêtements de riche, peut-être une toge à la romaine. Ses rapines n'ont pas étouffé le sens du bien en lui. Comme c'est vers la fin de la vie publique de Jésus, Zachée connaît les paroles du prophète sur les riches (*Il est plus facile à un chameau d'entrer dans le trou d'une aiguille qu'à un riche d'entrer dans le Royaume de Dieu* [Luc 18,25]). La preuve qu'il connaît les grandes paroles de Jésus contre l'argent: son premier geste sera de partager avec les pauvres dès sa conversion. Zachée admire secrètement Jésus. Selon toute apparence — ce n'est pas dit dans le texte —, c'est à partir de cette soif secrète que Dieu le sauve. Seul, il ne serait pas capable de faire le pas décisif. Les paroles de Jésus réalisent l'inattendu.

Zachée, descends vite: aujourd'hui il faut que j'aille demeurer chez toi. Jésus a une connaissance mystérieuse de Zachée, alors qu'il ne l'avait jamais rencontré. Les mots « il faut » désignent un plan qui se déploie.

L'amour de Dieu est vaste comme le monde et Dieu va chercher les gens qu'on n'espérait plus. Le Christ a besoin de Zachée, comme il a eu besoin de Pierre, d'André et des autres et de Marthe et Marie... Il en a besoin pour se faire des amis et des proches.

Luc dit que Zachée accueille Jésus avec joie. Cette joie laisse transparaître le changement opéré. Il saura réparer maintenant ses mauvaises actions. Le peuple murmure, et en cela, il imite les pharisiens : le prophète Jésus devrait partager leur cause et leurs rancunes ! Mais Jésus n'est pas un démagogue. L'incompréhension de la foule ne lui importe pas plus que celle des pharisiens.

L'engagement de Zachée est spectaculaire : *Je fais don aux pauvres de la moitié de mes biens, et si j'ai fait du tort à quelqu'un, je vais lui rendre quatre fois plus.* La Nouvelle Bible de Jérusalem commente : « La loi juive, Exode 21,37, ne prévoyait que pour un cas la restitution au quadruple ; la loi romaine l'imposait pour tous les *furta manifesta.* Zachée étend pour lui cette obligation à tous les torts qu'il aurait pu causer. »

Aujourd'hui

Le Seigneur dit : *Aujourd'hui, il faut que j'aille demeurer chez toi.* Il n'est pas exigé que le pécheur se rende à l'église. Dieu se déplace, il se rend lui-même à la maison. *Aujourd'hui le salut est arrivé pour cette maison.* Des petits groupes se forment, des gens échangent et prient ensemble, ils mangent dans la cuisine. L'action de Jésus se fait parfois un chemin inespéré dans les cœurs. Des situations jugées irréversibles se dénouent, des personnes condamnées trouvent la joie, des existences se retournent. *Car le Fils de l'homme est venu chercher et sauver ce qui était perdu.*

32e dimanche du temps ordinaire

En 167 av. J.-C., le peuple juif se soulève contre le roi d'origine grecque Antiochus Epiphane qui veut remplacer le culte du Dieu d'Israël par celui de Zeus. La répression est cruelle et les martyrs nombreux, comme ces sept frères qui préfèrent mourir plutôt que de renier le Dieu de leurs pères et qui, en mourant, affirment leur foi en la résurrection pour la vie éternelle.

Les sadducéens qui ne croyaient pas en la résurrection tendent à Jésus un piège quelque peu abracadabrant avec cette histoire de sept frères qui épousent successivement la même femme. Jésus leur répond qu'on n'a pas à dire qui sera époux et épouse dans l'au-delà : « Ils ne se marient pas. Ils sont semblables aux anges. » Le célibat consacré anticipe déjà cette condition future d'une certaine façon.

La seconde lettre aux Thessaloniciens est remplie de la joyeuse espérance du retour triomphal du Christ qui rendra la vie à tous les siens et qui commence déjà son action dans leurs cœurs.

Le futur est cela pour quoi
on est prêt à sacrifier le présent.

ROBERT LEVITT

LA RÉSURRECTION ATTENDUE PAR LES TÉMOINS

2 Martyrs 7,1-2.9-14

Le contexte

Le célèbre conquérant Alexandre avait entraîné son armée grecque jusqu'à l'Inde. Il n'avait pas survécu à ses victoires continues et ce sont ses généraux, qu'on appelle parfois Diadoques, qui s'étaient partagé son empire. Après de nombreuses guerres entre ces rois ou leurs successeurs, la Palestine était tombée dans le lot des rois de Syrie. Pour faire l'unité dans son royaume, Antiochus IV Épiphane voulait imposer les dieux grecs à tous ses sujets. Les plus réticents étaient évidemment les juifs dont la foi au Dieu unique s'était affermie depuis l'exil à Babylone.

Le lectionnaire liturgique appelle le livre qui raconte la persécution d'Antiochus *Livre des Martyrs,* alors que le titre dans la Bible est plutôt *Livre des Maccabées* du nom d'une famille de résistants qui finira par bouter les Grecs hors de Palestine et faire recouvrer à Israël son indépendance.

Le message

Une des choses les plus étonnantes dans la religion d'Israël, c'est que ce peuple n'ait pas eu plus tôt la foi en la résurrection des morts. Il est presque naturel à l'être humain de croire à la survie et les peuples qui entouraient Israël y croyaient tous. En particulier, les Égyptiens croyaient que si les rites funéraires étaient respectés, les morts jouissaient d'une vie heureuse dans l'au-delà. Les pyramides et les tombeaux de la Vallée des rois sont des témoins de cette croyance.

Chez les Hébreux, on ne croit pas à la résurrection des morts ou on y croit d'une manière déprimante : les morts sont des ombres qui traînent leur ennui dans le shéol, situé sous la croûte terrestre.

Au temps des martyrs, la pensée des auteurs inspirés évolue. Ce n'est plus le vide, ce n'est plus la survie de fantômes qui attendent les croyants, mais bien une résurrection glorieuse, la récompense donnée aux justes pour leurs œuvres. L'un des frères va jusqu'à dire : *Le Roi du monde nous ressuscitera pour une vie éternelle.*

Pourquoi une telle évolution ? Si on peut interpréter la volonté de Dieu après coup, on constate une pédagogie divine très belle. La vie de bonheur après la mort ne va pas de soi. Elle ne dépend pas des rites funèbres comme en Égypte, elle ne relève pas de l'humain, elle est un don de Dieu. Elle n'est pas le résultat de la magie, elle est conditionnelle à la vie morale des personnes, ou à la qualité spirituelle des individus.

Aujourd'hui

D'une part, les chrétiens doivent se voir semblables aux bourreaux des sept frères juifs, car durant l'histoire de l'Église, ils ont été responsables de nombreux massacres des juifs, justifiant leur cruauté par l'accusation de peuple « déicide » et le préjugé encore courant que les persécutions sont un châtiment pour avoir tué Jésus.

D'autre part, les chrétiens peuvent s'identifier spirituellement aux sept frères parce que beaucoup d'entre eux souffrent pour Dieu. La foi des sept frères martyrs continue de soutenir les croyants dans les difficultés d'une vie chrétienne engagée. Désormais, elle s'appuie sur Jésus-Christ. Lui aussi est *le martyr* ou *le Témoin* (Apocalypse 1,5) qui certifie qu'un poids de gloire attend celui qui supporte l'épreuve.

LA RÉSURRECTION A FAIT DE JÉSUS LE SEIGNEUR

2 Thessaloniciens 2,16-3,5

Le contexte

Les deux épîtres aux Thessaloniciens semblent avoir été écrites à peu d'intervalle l'une de l'autre. Dès le début, la deuxième lettre identifie

Paul, Silvain et Timothée comme les auteurs mais dans la salutation finale, seul Paul est nommé. L'attitude psychologique de Paul est la même dans les deux. Les faits confirment la vocation que Paul a reçue, soit intérieurement dans son expérience mystique ou encore dans le mandat confié par l'assemblée à Antioche. Oui, Dieu est bien avec lui dans la prédication aux nations païennes, puisque celles-ci répondent avec élan à la parole de salut qui leur est adressée.

La foi des Thessaloniciens, des non-juifs qui habitent une ville de Grèce appelée maintenant Salonique, est si grande qu'on la dirait aujourd'hui naïve. Ils croient le retour de Jésus imminent et ils ne travaillent plus (les hommes gagnent normalement de l'argent pour un travail rémunéré et sans doute certaines femmes exercent-elles une activité lucrative dans le commerce ou comme nourrice). Paul les blâme : arrêter de travailler et se faire vivre par les autres est une attitude coupable. Il leur recommande plus de prudence dans l'attente. Qu'ils ne cessent pas de vivre dans l'ordre et la vertu, c'est encore la meilleure attitude pour l'accueil du Seigneur Jésus.

Le message

Il ne faut pas oublier que l'Église en est à ses toutes premières années, puisque les épîtres aux Thessaloniciens sont les plus anciennes lettres de saint Paul que nous possédons. La foi au Christ de l'Église est encore quelque chose qui s'exprime en bien peu de mots : Jésus est Seigneur (*Kurios*). De l'accueil de la parole découlent deux attitudes :

1. *La foi dans le Christ.* — Le prophète de Palestine, l'homme de Galilée, est Dieu (*Kurios*). Et plus on déroule et déploie son mystère, plus on découvre ce que Jésus signifie dans la vie des humains. Il agit dans le cœur des croyants tout comme le Dieu d'Israël avait agi en faveur de ses élus.

2. *La foi en la prière.* — Le mystère se découvre dans les mêmes circonstances qu'autrefois. C'est dans la contradiction de la persécution qu'en est révélée la richesse. Les Thessaloniciens, comme toutes les communautés nouvellement fondées, ont été en butte à des difficultés. Des adversaires sont venus pour anéantir le travail de Paul. *Priez pour que*

nous échappions à la méchanceté des gens qui nous veulent du mal, car tout le monde n'a pas la foi.

Jésus est mentionné avant son Père au début de la lecture. Comprenons-le comme le signe que Jésus est considéré comme nullement inférieur à son Père.

Aujourd'hui

C'est parce que Jésus est ressuscité que nous pouvons lui demander les vertus que recommande Paul. La *joyeuse espérance*, l'amour de Dieu, *la persévérance pour attendre le Christ* sont autant de facettes de la grâce. Jésus ressuscité a témoigné qu'il existe une vie supérieure, l'héritage du disciple. Il est Seigneur et donc dispensateur des dons au même titre que son Père.

LA RÉSURRECTION, C'EST ÊTRE AVEC DIEU

Luc 20,27-38

Le contexte

La Passion commence au chapitre 22 et le ministère de Jésus à Jérusalem est fait surtout d'escarmouches avec les pharisiens et les sadducéens avant le grand combat. Sur le sujet de la résurrection, Jésus était certainement assez près des pharisiens qui l'enseignaient, et contre les sadducéens qui la niaient. Les pharisiens avaient cependant tendance à identifier résurrection et réanimation, ce que Jésus refuse dans le débat d'aujourd'hui. Au-delà des querelles partisanes, Jésus affirme que la résurrection est la vie d'amitié pleinement épanouie avec Dieu.

Le message

D'abord la question : les sadducéens n'acceptaient d'autorité scripturaire que la Torah, c'est-à-dire les cinq premiers livres de la Bible attribués à Moïse. Ils veulent ridiculiser Jésus, connaissant probablement déjà sa position au sujet de la résurrection. Ils se servent d'une loi tombée en désuétude, la loi du lévirat qui assurait une descendance légale à un homme mort sans enfant (Deutéronome 25,5-6). *Si un homme a un frère marié mais qui meurt sans enfant, qu'il épouse la veuve pour donner une descendance à son frère. Or il y avait sept frères : le premier se maria et mourut sans enfant ; le deuxième, puis le troisième épousèrent la veuve, et ainsi tous les sept : ils moururent sans laisser d'enfant. Finalement la femme mourut aussi. Eh bien, à la résurrection, cette femme, de qui sera-t-elle l'épouse, puisque les sept l'ont eue pour femme ?* Puisque, dans un exemple comme celui qu'ils donnent, on aboutit à l'absurde, n'est-ce pas une preuve que la résurrection est niée par l'Écriture elle-même ?

La réponse ? elle est double. D'abord Jésus, comme il le fait si souvent dans l'évangile de Jean, dépasse l'étroitesse des questions humaines. Il dit qu'il vaut mieux ne pas se marier quand on est héritiers de la résurrection, et que le monde à venir, c'est-à-dire son retour glorieux, est si proche, que la foi en lui suppose qu'on oublie le monde présent et les réalités charnelles. *Ceux qui ont été jugés dignes d'avoir part au monde à venir et à la résurrection d'entre les morts ne se marient pas.* En fait, les premiers chrétiens n'ont pas pris cette directive à la lettre. Ils se mariaient. Seuls ceux qui avaient reçu le charisme s'abstenaient du mariage comme saint Paul (1 Corinthiens 7,34), devenant l'icône de la vie éternelle.

Ensuite, il répond à la question directement mais dans le style rabbinique. On discute à propos du mot à mot d'une loi qui n'est même plus en vigueur. Lui aussi se sert donc du mot à mot. Il dit que dans l'Exode (Exode 3,6), Dieu s'est présenté à Moïse comme le Dieu d'Abraham, alors qu'Abraham était mort depuis des siècles. Les choses inanimées ont un créateur, mais seuls les êtres vivants ont un Dieu. Le Dieu d'Abraham signifie donc qu'Abraham vit encore à l'époque.

Aujourd'hui

Jésus nous dit en se servant implicitement d'Abraham, « l'ami de Dieu », que toute la vie, maintenant et toujours, est affaire d'amitié avec Dieu. Rien d'autre ne mérite le nom de vie. Une amitié comme celle d'Abraham avec Dieu ne peut être affectée par la mort. L'existence matérielle cesse, bien sûr, mais pas un lien qui, de soi, est éternel. Les êtres humains perdent leurs amis par la mort, mais Dieu, lui, ne perd pas les siens.

Abraham sur l'ordre de Dieu a accepté de sacrifier son fils. Pour vivre il a plus confiance en son Dieu qu'en son fils. Ce ne sont pas les enfants qui font la vraie vie, se dit Abraham, c'est le Dieu vivant : Dieu disposera.

33e dimanche du temps ordinaire

Le jour du Seigneur pour les prophètes, c'était essentiellement le jour du jugement final où Dieu, soleil de justice, se lèverait pour récompenser les justes et punir les impies, et ce serait le début d'un nouveau règne de Dieu dans lequel le peuple d'Israël aurait un rôle privilégié. Jésus, en se faisant l'écho de cet enseignement prophétique, le transpose à un autre niveau : la destruction du temple de Jérusalem sera le signe d'une transformation des rapports de Dieu avec son peuple. Cela se fera dans l'épreuve et la persécution.

À ceux qui, parce qu'ils croyaient imminent le retour du Christ et la fin du monde, jugeaient inutiles de se mettre en peine pour gagner leur vie, Paul donne des conseils de modération et de bon sens, en rappelant que lui-même travaille jour et nuit pour assurer sa subsistance.

La vie est un pont. Traverse-le,
mais n'y fixe pas ta demeure.

SAINTE CATHERINE DE SIENNE

LE SOLEIL DE JUSTICE EST PROMESSE DE GUÉRISON

Malachie 3,19-20a

Le contexte

Le livre dit « de Malachie », selon la Nouvelle Bible de Jérusalem, était probablement anonyme, car ce nom signifie « mon messager » et paraît être tiré du chapitre 3 (v. 1). Deux grands thèmes en ressortent : les fautes cultuelles des prêtres et des laïcs ; le scandale des mariages mixtes et des divorces. Dans le contexte immédiat de notre lecture, le prophète annonce le Jour de Yahvé, quand Dieu purifiera les membres du sacerdoce, dévorera les méchants par le feu et assurera le triomphe des justes.

Le contenu du livre permet de déterminer sa date : il est postérieur au rétablissement du culte dans le temple rebâti, en 516 av. J.-C., et antérieur à l'interdiction des mariages mixtes sous Néhémie, en 435, probablement assez proche de cette dernière date.

Le message

La lecture est la description du Jour de Yahvé. Elle ressemble à ce que les prophètes d'autrefois avaient dit puisqu'elle est une intervention extraordinaire de Dieu dans l'histoire. Malachie décrit l'événement avec des images riches : la fournaise, la paille, la racine, le soleil. Auparavant, le Jour de Yahvé était la lutte du Dieu guerrier contre les ennemis d'Israël. Maintenant, c'est devenu une purification morale : *Tous les insolents, tous ceux qui commettent l'impiété, seront de la paille. Le jour qui vient les consumera.*

Malachie fait aussi une promesse de bonheur. On le voit sensible à l'imagerie égyptienne pour qui le soleil est la plus belle représentation de la divinité. C'est un soleil « de justice » ou « de sainteté », pour rappeler les exigences morales du Dieu d'Israël. Au retour de Babylone, Israël est plus conscient que jamais de la nécessité de la conversion intérieure. Yahvé n'est pas qu'un Dieu de la nature comme le proposerait la pensée païenne. Il n'est pas non plus Yahvé *le guerrier* (Exode

15,3), selon les mots du cantique de Moïse. Plus, il est celui qui peut guérir ceux qui s'exposent à ses rayons bienfaisants. *Le Soleil de justice se lèvera: il apportera la guérison dans son rayonnement.* Dieu transformera les blessés du péché qui mettent en lui leur confiance.

Le cantique de Zacharie à la naissance de son fils Jean-Baptiste montre la réalisation de cette prophétie par le Christ. Il est *le Soleil* (Luc 1,78). S'il est vrai que Jésus interpelle vigoureusement les pécheurs (*Malheur à vous les riches!* [Luc 6,24]), il vient surtout pour guérir (*Vous direz: Médecin, guéris-toi toi-même!* [Luc 4,23]), la santé recouvrée n'étant qu'une image du bien-être intérieur et spirituel.

Aujourd'hui

Viendra le moment où, dans la clarté de la rencontre du Christ, soleil de justice, la personne qui vient de mourir verra ce qu'elle est. Dans cette perspective, le jugement particulier sera moins une sentence divine que la révélation, grâce à la lumière de l'Esprit, du secret des cœurs. Mais ce moment, l'évangile nous avertit que nous le vivons déjà jour après jour dans l'obscurité de la foi. Le jugement, c'est maintenant.

La pensée du jugement de Dieu qui s'exerce dès maintenant en gestation et s'exercera totalement au dernier jour nous aide à surmonter la tristesse provenant des injustices de l'existence. Les inégalités du destin qui paraît aveugle, le Seigneur les corrigera. *Tous les arrogants, tous ceux qui commettent l'impiété, seront de la paille: le jour qui vient les consumera.*

LE TRAVAIL ET SES PROMESSES

2 *Thessaloniciens* 3,7-12

Le contexte

La communauté de Thessalonique était très chère à plus d'un titre au cœur de Paul. Il avait souffert un rejet violent des juifs de la ville (Actes

17) mais la communauté formée par les gentils allait bien. En Europe, Thessalonique était une des premières villes où la prédication avait porté du fruit. Dans les pages des Actes qui racontent le ministère de Paul, on le sent perplexe. Doit-il aller jusqu'en Europe ? Doit-il franchir la frontière de l'Asie ? Oui, lui dit le Seigneur dans la vision du Macédonien (Actes 16,9) qui l'appelle. Après les Philippiens, les Thessaloniciens étaient les plus enthousiastes. L'enthousiasme les a même menés trop loin.

Le message

La lecture fait partie de l'exhortation de Paul au sujet du retour de Jésus (appelé souvent « Parousie »). Attention à la nervosité dans l'attente du Christ. C'est vrai qu'il doit revenir : Paul paraît même croire que c'est pour bientôt. Cependant, cela n'est pas une raison pour tomber dans le désordre. *Nous apprenons que certains d'entre vous vivent dans l'oisiveté, affairés, sans rien faire. À ceux-là, nous adressons dans le Seigneur Jésus-Christ cet ordre et cet appel : qu'ils travaillent dans le calme pour manger le pain qu'ils auront gagné.*

Des Thessaloniciens croient qu'ils peuvent vivre dans la paresse. À quoi bon travailler puisque la fin du monde est proche ! Des mouvements contestataires contemporains rejettent le matérialisme et ses acolytes, la course au profit et la violence. Dans les années 1960, les hippies ont nourri un grand rêve, l'ère de la fraternité universelle : ils l'anticipaient par la culture de la drogue, qui a laissé des traces profondes jusqu'au début du troisième millénaire. Si Paul vivait à présent, il se détournerait de ce style d'existence et il détournerait les disciples de Jésus des plaisirs qui déshumanisent. Il reprendrait certainement l'encouragement au travail qu'il a donné aux Thessaloniciens. Ils doivent l'imiter et il ne vit pas dans l'oisiveté. Au contraire, à Corinthe d'où il écrit, *il se lia avec* Aquila et Priscille, *et, comme ils étaient du même métier, il demeura chez eux et y travailla. Ils étaient de leur état fabricants de tentes* (Actes 18,2-3).

Paul ne veut pas que les chrétiens vivent dans l'attente passive du « gros lot ». Il aurait en horreur les casinos et les lotos.

Le travail ennoblit l'être humain lorsqu'il est organisé selon des principes humanistes. Les chrétiens peuvent choisir comme modèle Jésus *le charpentier* (Marc 6,3) que Paul, curieusement, ne mentionne pas avec ce titre. Ils ont devant les yeux l'exemple de Paul, fabricant de tentes. *Nous n'avons pas vécu parmi vous dans l'oisiveté, et le pain que nous avons mangé, nous n'avons demandé à personne de nous en faire cadeau; au contraire, dans la fatigue et la peine, nuit et jour, nous avons travaillé pour n'être à la charge d'aucun d'entre vous.*

Aujourd'hui

Si l'apôtre Paul avait été au concile de Vatican II, il aurait certainement voté en faveur de la constitution « L'Église dans le monde de ce temps ». Une phrase lui aurait plu tout spécialement, car elle rappelle l'ardeur et l'application qu'il faut mettre dans les tâches terrestres. « Ils s'éloignent de la vérité ceux qui, sachant que nous n'avons point ici-bas de cité permanente, mais que nous marchons vers la cité future, croient pouvoir, pour cela, négliger leurs tâches humaines, sans s'apercevoir que la foi même, compte tenu de la vocation de chacun, leur en fait un devoir plus pressant. »

LA PROMESSE D'UN AVENIR

Luc 21,5-19

Le contexte

Au terme d'un long voyage depuis la Galilée, Jésus est arrivé à Jérusalem. Il est entré dans le temple (19,45), et c'est là que sont prononcés tous les enseignements rapportés jusqu'à la fin du chapitre 21. *Le peuple entier l'écoutait, suspendu à ses lèvres* (19,45). Ce fait rapporté par Luc a une portée symbolique. Dans le temple lui-même, qui est le centre de la piété juive, la parole de Jésus, qui est le cœur de la liturgie chrétienne, remplace les autres formes de culte.

Le groupe de Jésus et des disciples se trouve à l'intérieur du sanctuaire et peut donc voir de près les pierres dont les dimensions colossales peuvent encore être vues au Mur des Lamentations. Les Grecs entassaient dans leurs temples des offrandes comme des statues, trépieds, tableaux. Les rois d'Antioche avaient agi ainsi à l'époque de leur domination sur Jérusalem pour amadouer les juifs (2 Maccabées 9,16). Les pèlerins juifs les avaient imités et les objets étaient acceptés à condition de n'offrir aucune prise à l'idolâtrie. Un historien signale une magnifique vigne dorée.

Le message

Les disciples ont posé une question sur la destruction du temple : *Quand cela arrivera-t-il, et quel sera le signe que cela va se réaliser ?* La question a un horizon limité. Comme d'habitude dans les dialogues reproduits par les évangélistes, les interlocuteurs de Jésus sont curieux ou n'ont que des préoccupations à courte vue. On se rappelle, chez Jean, la Samaritaine qui veut de l'eau. Jésus a dépassé la question et lui a répondu par l'eau vive et l'Esprit. Ici, c'est la même chose. Jésus profite d'une question bien ordinaire pour aborder l'avenir de l'Église.

Jésus ne répond pas du tout à la question sur le signe qui doit précéder la ruine de Jérusalem.

À bien y regarder, les descriptions de faux messies, de tremblements de terre, de guerres, d'épidémies et de signes célestes sont plutôt banales. En effet, il ne se passe guère de jour sans qu'un relevé des bulletins de nouvelles ne puisse fournir d'assez bons exemples de chacun de ces événements. Ni l'époque des premiers siècles de vie d'Église, ni notre époque ne semblent « privilégiées » en cela : une connaissance même rudimentaire de l'histoire ne permet pas d'en douter. Ce ne sont pas des signes bien utiles pour prévoir « la fin du monde », n'en déplaise aux soi-disant prophètes qui, régulièrement, occupent l'attention des médias.

Le royaume doit être toujours proche puisque les signes de sa venue sont toujours là.

Pour Jésus, il y a plus important que les signes. D'abord, que les chrétiens restent attachés à un seul Christ (Messie) parce que seul Jésus peut s'attribuer cette dignité. Dans les bouleversements qui se produisent périodiquement, il faut s'attacher au Christ quoi qu'il arrive.

La persécution sera un de ces moments où la foi devra passer l'épreuve. *Vous serez détestés de tous, à cause de mon Nom.*

Aujourd'hui

Lors de la rédaction de ces lignes par Luc, le recul du temps permettait de donner à la destruction du temple un sens qui sur le coup n'avait pu être saisi : le Seigneur était demeuré fidèle et même plus, il avait décidé de sceller de nouveau l'alliance en ressuscitant son Fils et en le rendant présent dans la prière commune des disciples, surtout celle de l'eucharistie. La présence sacramentelle est suggérée dans la conclusion de l'épisode des disciples d'Emmaüs : *Ils le reconnurent à la fraction du pain* (Luc 24,35).

Christ-Roi

De la royauté de David à celle du Christ, quelle distance ! Le second livre de Samuel nous montre en effet David, chef de bandes guerrières, imposant peu à peu son autorité à toutes les tribus de Juda et d'Israël.

Mais ce royaume, en demeurant modeste, ne sera que le signe et l'annonce du véritable royaume du Christ et celui-ci se révélera avec toute sa profondeur dans l'apparent échec de Jésus : sa mort sur la croix. Lui le Maître du royaume, il partage la mort, condition commune de l'humanité. C'est dire que la royauté du Christ est d'un ordre qui n'a rien à voir avec les royautés terrestres. Elle est royauté de fraternité et d'amour reconnue par le bon larron.

Pour saint Paul, le Christ est roi d'abord par son œuvre de réconciliation et de paix, œuvre elle aussi scellée par le sang de sa croix.

Nous sommes faits pour ne voir le visible qu'en épiant l'invisible.

Charles Journet

ROYAUTÉ ET FRATERNITÉ

2 Samuel 5,1-3

Le contexte

Les deux livres de Samuel suivis des deux livres des Rois forment un ensemble qui porte un autre nom dans la tradition de la liturgie latine. Ces quatre livres s'appellent en effet Livres des Règnes. C'est là un nom très riche de sens, car les règnes étant au pluriel, on peut imaginer que c'est Dieu qui règne sur Israël même s'il y a un souverain de la dynastie de David à Jérusalem ou un petit tyran à Samarie. Tous les rois ont déçu à cause de leur injustice et ainsi la pensée se dirigeait de plus en plus vers l'idée originale d'une domination directe de Dieu sur son peuple. Il demeure l'unique roi. Peut-être une exception existe-t-elle sur la sainteté des rois : David, qui n'est en fait que le deuxième roi, est le premier dans l'affection du peuple et dans le quasi-mythe qui s'est formé à son sujet. Ses péchés sont connus, surtout l'adultère avec Bethsabée et le meurtre d'Urie, mais la tradition a retenu grandement son esprit de repentance et son lyrisme qui a guidé la prière des psalmistes. De telles qualités en ont fait une figure du messie à venir. L'offre qui lui est faite de ceindre la couronne sur tout Israël après avoir été le roitelet d'Hébron sur la seule tribu de Juda constitue une prophétie vivante de la seigneurie du Christ.

Le message

Les représentants des tribus qui viennent à la rencontre de David pour lui proposer de régner sur eux sont au courant d'un oracle prononcé par un prophète en faveur de la royauté de ce jeune homme. L'oracle dit : *Tu seras le pasteur d'Israël mon peuple, tu seras le chef d'Israël.*

Le roi qui se voit comme un pasteur est une image commune au Moyen-Orient ancien. David a vraiment été pasteur pour le troupeau de brebis de son père. Il a décrit sa tâche de pasteur lorsque le roi Saül a accepté de le voir aller à la rencontre de Goliath à mains nues, sa seule fronde lui servant d'arme. Alors qu'il refuse l'épée et la cuirasse, il fait ainsi le portrait du bon berger : *Quand ton serviteur faisait paître les brebis de son père et que survenait un lion ou un ours qui enlevait une bête du troupeau, je le poursuivais, je le frappais et arrachais celle-ci de sa gueule. Et s'il se dressait contre moi, je le saisissais par les poils du menton et je le frappais à mort. Ton serviteur a battu le lion et l'ours, il en sera de ce Philistin incirconcis comme de l'un d'eux, puisqu'il a lancé un défi aux lignes du Dieu vivant* (1 Samuel 17,34-36).

Les anciens du peuple ont déjà rencontré David ou sans doute au moins entendu parler de sa vaillance. S'il avait été prêt à faire fi de la vie pour défendre une bête du troupeau, combien plus sera-t-il capable de défendre ses frères. La victoire sur Goliath n'était que l'exemple le plus spectaculaire de sa bravoure, car il avait lutté contre les Philistins avec succès pendant plusieurs années. C'est ce que veut dire : *Tu dirigeais les mouvements de l'armée d'Israël*, selon les mots d'éloge de ses visiteurs.

Une autre onction d'huile est faite sur la tête de David à la manière égyptienne, pour réaffirmer sa royauté.

Aujourd'hui

La personnalité chevaleresque de David séduit toujours. Certes, les héros attirent, mais lui nous révèle un visage particulier des chargés d'autorité. La figure du pasteur qui prend soin de son troupeau, qui s'en inquiète, qui l'accompagne, qui le guide transparaît dans sa personnalité. Notre manière de comprendre l'autorité peut en être empreinte, que ce soit dans la société civile ou même dans l'Église. La révélation des temps anciens aura son sommet dans les modes d'être du Christ.

LIBÉRATION ET FRATERNITÉ

Colossiens 1,12-20

Le contexte

De sa prison, Paul écrit aux Colossiens. Un mouvement idéologique est né chez eux selon lequel il faut chercher un dépassement de l'évangile apostolique. Ses spéculations sur le monde des puissances angéliques, un certain recours à des observances légalistes devaient compléter la foi au Christ et communiquer aux croyants une connaissance supérieure des mystères et une vie religieuse plus conforme à leurs aspirations. « L'évangile judaïsant » déjà combattu en Galatie a évolué : il est davantage marqué d'ésotérisme.

Le message

Pour faire éviter aux Colossiens une conception du salut qui serait pure construction de l'esprit, Paul emploie un vocabulaire qui les rattache à l'histoire d'Israël. Il parle de l'« Héritage du peuple saint ». Les chrétiens sont aussi privilégiés que la *nation sainte* (Exode 19,6) ainsi désignée par Dieu à l'arrivée au Sinaï. Ils sont mis à part pour une rencontre avec Dieu. Les exigences morales suivent une élection, un choix par un Dieu qui aime. Ils peuvent vivre en plénitude ce qui avait été annoncé dans la destinée du peuple de l'alliance.

Le Père les « a fait entrer dans le Royaume de son Fils bien-aimé » comme jadis il avait fait entrer Israël dans la terre promise. Sous le règne de David, c'était le bonheur. Maintenant les chrétiens jouissent des biens spirituels que Jésus, fils de David, a acquis.

Nous sommes rachetés. Pour Paul comme pour tous les juifs pieux, le concept de rédemption (en grec *apolutrosis*) était intimement lié à la grande expérience, à l'expérience fondamentale de son peuple, la libération de l'asservissement en Égypte. Dieu lui-même a constamment rappelé à son peuple dans la Première Alliance cette grande action salvatrice de sa toute-puissance ; la liturgie, en particulier celle de la fête de la Pâque, servait le même but avec « des paroles et des gestes » très efficaces. La libération d'Égypte n'était que la préfiguration de cette libération en Jésus qui est en gestation. Il faut prendre très profondément au sérieux l'asservissement, l'esclavage, dont *la rédemption acquise par son sang* (Éphésiens 2,7) nous a sauvés.

Des commentatrices déplorent l'évolution que subit la pensée sur l'Église et sur l'autorité. L'Église, dans l'épître aux Colossiens, n'est plus la communauté locale de quelques dizaines de personnes décrite dans les premières épîtres de Paul : elle devient une fédération d'Églises avec une masse de fidèles. Le style d'autorité que suppose ce modèle amène un changement. Ce n'est plus l'autorité à échelle humaine qui permet les relations fraternelles mais plutôt une grande structure où l'autorité s'exerce à la façon de celle de l'empereur romain. Le Christ est vu comme la tête de qui dépend toute la vie du corps au lieu que l'accent soit mis sur la polyvalence des charismes dans le corps du Christ. L'autorité qui en découle est beaucoup plus directive quand elle est exercée par les ministres ordonnés ou par le père de famille. Le couple cesse d'être une communion d'égaux comme dans la première épître aux Corinthiens, désormais le commandement qui caractérise l'autorité dans la famille est : *Femmes, soyez soumises à vos maris* (3,18). La fête du Christ-Roi doit nous permettre de réévaluer notre style actuel d'autorité.

Aujourd'hui

Le plus souvent, Dieu ne nous libère pas d'une puissance extérieure à nous-mêmes. Il nous libère plutôt de nous-mêmes. Le même Dieu, Père d'Israël qui l'arrachait à la tristesse du travail forcé, le même Dieu qui éclairait les Colossiens par la vérité et les délivrait de l'erreur me propose à présent la liberté.

ROYAL ET FRATERNEL

Luc 23,35-43

Le contexte

Dans les épisodes de la vie de Jésus que Luc a choisi de nous raconter, les hommes et les femmes prennent position par rapport à lui. Alors que Simon le pharisien, en ne lui lavant pas les pieds, a opté pour une attitude de froideur, la femme pécheresse vient lui verser un parfum précieux sur les pieds. Alors que Simon de Cyrène est réquisitionné par les soldats romains pour porter la croix derrière Jésus sur la voie douloureuse, les femmes de Jérusalem, elles, spontanément, se frappent la poitrine et se lamentent sur lui dans un geste d'amour. Après la crucifixion de Jésus, les attitudes demeurent encore variées. Quelques-unes de ces réactions diverses nous sont proposées pour la fête du Christ-Roi.

Le message

Il faut remarquer les attitudes des personnes présentes au Calvaire pour nous en inspirer ou les rejeter.

La foule. Le peuple restait là à regarder. Le refus de s'engager vis-à-vis du Christ est présenté sans plus de mots.

Les chefs juifs. *Ils ricanaient en disant: Il en a sauvé d'autres: qu'il se sauve lui-même, s'il est le Messie de Dieu, l'Élu!* Les miracles de Jésus n'ont été pour eux que les gestes extraordinaires d'un faiseur de miracles, ils n'ont pas su y voir des signes d'un salut de toute la personne.

Les gardes romains. *Les soldats aussi se moquaient de lui. « Si tu es le roi des juifs, sauve-toi toi-même! »* Ils ne pouvaient pas comprendre que le roi ait été différent de leur empereur qui tirait son bonheur de la jouissance du pouvoir.

Le mauvais larron. *L'un des malfaiteurs suspendus à la croix l'injuriait: « N'es-tu pas le Messie? Sauve-toi toi-même, et nous avec! »* Ces paroles résument tout ce que les foules enthousiastes espéraient de Jésus dans un fâcheux malentendu depuis sa prédication en Galilée. On voulait un autre David capable de délivrer sa nation des Romains à la façon dont le petit roi avait vaincu les Philistins.

La pointe du récit consiste dans le comportement d'un des deux bandits crucifiés avec Jésus :

— Il déclare Jésus innocent : *[Au premier larron] il fit de vifs reproches : « Tu n'as donc aucune crainte de Dieu ! Tu es pourtant un condamné, toi aussi ! Et puis pour nous c'est juste : après ce que nous avons fait, nous avons ce que nous méritons. Mais lui, il n'a rien fait de mal. »* Il dit que Jésus n'est pas coupable comme Pilate l'avait répété trois fois durant l'enquête.

— Il va plus loin en reconnaissant à Jésus un pouvoir supérieur : *Jésus, souviens-toi de moi quand tu viendras inaugurer ton Règne.* Dans la situation où se trouve Jésus, il est évident qu'on ne peut croire en lui seulement au niveau politique et humain. Le larron anticipe la résurrection et le pouvoir réel qu'elle conférera à Jésus.

La réponse de Jésus démontre une conscience profonde de son être puisqu'il agit en roi qui dispose du pouvoir de gracier. Il le délivre de ses péchés en lui disant : *Amen, je te le déclare : aujourd'hui, avec moi, tu seras dans le Paradis.* Le Paradis n'est pas une pauvre répétition du bien-être d'Adam et Ève. Plutôt, c'est la communion avec le Christ, qui n'est pas reportée au dernier jour mais se vit aujourd'hui.

Aujourd'hui

« En répondant au bon larron, Jésus-Christ révèle sa divinité, car il dispose de la destinée éternelle de l'être humain ; il manifeste son infinie miséricorde et sa prédilection pour l'âme animée d'un repentir sincère. Par ces paroles, Jésus nous enseigne aussi une vérité fondamentale de notre foi : « Nous croyons à la vie éternelle. Nous croyons que les âmes de tous ceux qui meurent dans la grâce du Christ, soit qu'elles aient encore à être purifiées au purgatoire, soit que dès l'instant où elles quittent leur corps, Jésus les prenne au Paradis comme il a fait pour le bon larron, sont le peuple de Dieu dans l'au-delà de la mort, laquelle sera définitivement vaincue le jour de la résurrection où ces âmes seront réunies à leur corps. » (Paul VI, *Profession de foi catholique*)

LECTURES BIBLIQUES DES DIMANCHES ET SOLENNITÉS

(Année C)

Gn	14,18-20	Saint-Sacrement
	15,5-12.17-18	Carême 2
	18,1-10a	16e dim. ord.
	18,20-32	17e dim. ord.
Ex	3,1-8a.10.13-15	Carême 3
	17,8-13	29e dim. ord.
	32,7-11.13-14	24e dim. ord.
Nb	6,22-27	Marie, Mère de Dieu
Dt	26,4-10	Carême 1
	30,10-14	15e dim. ord.
Jos	5,10-12	Carême 4
1 S	1,20-22.24-28	Ste Famille
	26,2.7-9.12-13.22-23	7e dim. ord.
2 S	5,1-3	Christ-Roi
	12,7-10.13	11e dim. ord.
1 R	8,41-43	9e dim. ord.
	17,17-24	10e dim. ord.
	19,16b.19-21	13e dim. ord.
2 R	5,14-17	28e dim. ord.
Ne	8,1-4a.5-6.8-10	2e dim. ord.
2 M	7,1-2.9-14	32e dim. ord.

Pr	8,22-31	Ste Trinité
Qo	1,2; 2,21-23	18e dim. ord.
Sg	9,13-18	23e dim. ord.
	11,23 - 12,2	31e dim. ord.
	18,6-9	19e dim. ord.
Si	3,3-7.14-17a	Ste Famille
	3,17-18.20.28-29	22e dim. ord.
	27,4-7	8e dim. ord.
	35,12-14.16-18	30e dim. ord.
Is	6,1-2a.3-8	5e dim. ord.
	9,1-6	Noël — nuit
	42,1-4.6-7	Baptême du Seigneur
	43,16-21	Carême 5
	50,4-7	Dim. des Rameaux et de la Passion
	52,7-10	Noël — jour
	60,1-6	Épiphanie
	62,1-5	2e dim. ord.
	66,10-14c	14e dim. ord.
	66,18-21	21e dim. ord.
Jr	1,4-5.17-19	4e dim. ord.
	17,5-8	6e dim. ord.
	33,14-16	Avent 1
	38,4-6.8-10	20e dim. ord.
Ba	5,1-9	Avent 2
Am	6,1a.4-7	26e dim. ord.
	8,4-7	25e dim. ord.
Mi	5,1-4a	Avent 4

Ha	1,2-3 ; 2,2-4	27e dim. ord.
So	3,14-18a	Avent 3
Za	12,10-11 ; 13,1	12e dim. ord.
Ml	3,19-20a	33e dim. ord.
Mt	2,1-12	Épiphanie
Lc	1,1-4 ; 4,14-21	3e dim. ord.
	1,39-47	Avent 4
	2,1-14	Noël — nuit
	2,16-21	Marie, Mère de Dieu
	2,41-52	Ste Famille
	3,1-6	Avent 2
	3,10-18	Avent 3
	3,15-16.21-22	Baptême du Seigneur
	4,1-13	Carême 1
	4,21-30	4e dim. ord.
	5,1-11	5e dim. ord.
	6,17.20-26	6e dim. ord.
	6,27-38	7e dim. ord.
	6,39-45	8e dim. ord.
	7,1-10	9e dim. ord.
	7,11-17	10e dim. ord.
	7,36 - 8,3	11e dim. ord.
	9,11b-17	Saint-Sacrement
	9,18-24	12e dim. ord.
	9,28b-36	Carême 2
	9,51-62	13e dim. ord.
	10,1-12.17-20	14e dim. ord.
	10,25-37	15e dim. ord.
	10,38-42	16e dim. ord.
	11,1-13	17e dim. ord.
	12,13-21	18e dim. ord.

	12,32-48	19e dim. ord.
	12,49-53	20e dim. ord.
	13,1-9	Carême 3
	13,22-30	21e dim. ord.
	14,1a.7-14	22e dim. ord.
	14,25-33	23e dim. ord.
	15,1-2.11-32	Carême 4
	15,1-32	24e dim. ord.
	16,1-13	25e dim. ord.
	16,19-31	26e dim. ord.
	17,5-10	27e dim. ord.
	17,11-19	28e dim. ord.
	18,1-8	29e dim. ord.
	18,9-14	30e dim. ord.
	19,1-10	31e dim. ord.
	20,27-38	32e dim. ord.
	21,5-19	33e dim. ord.
	21,25-28.34-36	Avent 1
	22,14 - 23,56	Dimanche des Rameaux et de la Passion
	23,35-43	Christ-Roi
	24,46-53	Ascension
Jn	1,1-18	Noël (jour)
	2,1-12	2e dim. ord.
	8,1-11	Carême 5
	10,27-30	Pâques 4
	13,31-33a.34-35	Pâques 5
	16,12-15	Ste Trinité
	20,1-9	Pâques
	20,19-31	Pâques 2
	20,19-23	Pentecôte
	21,1-19	Pâques 3
Ac	1,1-11	Ascension
	2,1-11	Pentecôte

	5,12-16	Pâques 2
	5,27b-32.40b-41	Pâques 3
	10,34-38	Baptême du Seigneur
	10,34a.37-43	Pâques
	13,14.43-52	Pâques 4
	14,21b-27	Pâques 5
Rm	5,1-5	Ste Trinité
	10,8-13	Carême 1
1 Cor	10,1-6.10-12	Carême 3
	11,23-26	Saint-Sacrement
	12,3b-7.12-13	Pentecôte
	12,4-11	2e dim. ord.
	12,12-30	3e dim. ord.
	12,31 - 13,13	4e dim. ord.
	15,1-11	5e dim. ord.
	15,12.16-20	6e dim. ord.
	15,45-49	7e dim. ord.
	15,54-58	8e dim. ord.
2 Cor	5,17-21	Carême 4
Ga	1,1-2.6-10	9e dim. ord.
	1,11-19	10e dim. ord.
	2,16.19-21	11e dim. ord.
	3,26-29	12e dim. ord.
	4,4-7	Marie, Mère de Dieu
	5,1.13-18	13e dim. ord.
	6,14-18	14e dim. ord.
Ep	1,17-23	Ascension
	3,2-3a.5-6	Épiphanie
Ph	1,4-6.8.11	Avent 2
	2,6-11	Passion

	3,8-14	Carême 5
	3,17 - 4,1	Carême 2
	4,4-7	Avent 3
Col	1,12-20	Christ-Roi
	1,15-20	15e dim. ord.
	1,24-28	16e dim. ord.
	2,12-14	17e dim. ord.
	3,1-4	Pâques
	3,1-5.9-11	18e dim. ord.
	3,12-21	Ste Famille
1 Th	3,12 - 4,2	Avent 1
2 Th	1,11 - 2,2	31e dim. ord.
	2,16 - 3,5	32e dim. ord.
	3,7-12	33e dim. ord.
1 Tm	1,12-17	24e dim. ord.
	2,1-8	25e dim. ord.
	6,11-16	26e dim. ord.
2 Tm	1,6-8.13-14	27e dim. ord.
	2,8-13	28e dim. ord.
	3,14 - 4,2	29e dim. ord.
	4,6-8.16-18	30e dim. ord.
Tt	2,11-14	Noël — nuit
Phm	9-10.12-17	23e dim. ord.
He	1,1-6	Noël — jour
	10,5-10	Avent 4
	11,1-2.8-19	19e dim. ord.
	12,1-4	20e dim. ord.
	12,5-7.11-13	21e dim. ord.
	12,18-19.22-24a	22e dim. ord.

1 Jn	3,1-2.21-24	Ste Famille
Ap	1,9-11a,12-13.17-19	Pâques 2
	5,11-14	Pâques 3
	7,9.14b-17	Pâques 4
	21,1-5a	Pâques 5

TABLE DES MATIÈRES

Temps pascal

Solennités après la Pentecôte

Temps ordinaire

AGMV Marquis
MEMBRE DU GROUPE SCABRINI
Québec, Canada
2000